「十四五」國家重點出版物出版規劃項目
北京市優秀古籍整理出版扶持項目

翁同龢舊藏名人尺牘輯證

甲午時期翁同龢朋僚書札輯證

馬忠文
謝冬榮 編著

北京聯合出版公司

前言

國家圖書館保存了兩種晚清重臣翁同龢的朋僚、門生往來書札粘貼册——《倭韓新事》與《倭韓近事》，封面皆翁氏親筆題寫。前者收入張蔭桓、李鴻藻、孫毓汶、孫家鼐等官員寫給翁氏的書札七十三通（件）；後者收入狀元張謇寫給翁氏的書信十九通、丁立鈞致翁氏函一通。這近百通書札均寫於光緒二十年（一八九四）五月至九月期間，即甲午戰争爆發前後，内容多反映當時的軍事、外交和朝局情況。時人稱日本爲「倭」，稱朝鮮爲「韓」，故有此稱。本書即是對這批尺牘文獻的系統整理和考釋。

一

翁同龢（一八三〇—一九〇四），字聲甫，號叔平，又號瓶生、均齋主人，晚年自署松禪老人，江蘇常熟人。大學士翁心存之幼子。咸豐六年（一八五六）狀元，授修撰。同治四年（一八六五），奉命在弘德殿授讀，成爲同治皇帝的老師。光緒元年（一八七五），官至户部右侍郎，奉兩宮太后懿旨，在毓慶宫授讀皇帝，再度成爲帝師。因慈眷甚隆，歷官都察院左都御史，遷刑部尚書、工部尚書、軍機大臣（甲申易樞後退出）。光緒十二年（一八八六）改任户部尚書。光緒二十年中日甲午戰争爆發，翁同龢與禮部尚書李鴻藻在清議官員的推動下，積極主戰，六月十三日奉旨會議「韓事」，參與對日交涉決策。同年十月，奉旨在軍機大臣上行走，重返樞垣；後兼總理衙門大臣，升協辦大學士。光緒二十四年（一八九八）戊戌變法中因與戶部左侍郎張蔭桓支持變法，舉薦康有爲，以及辦理借款、外交事宜「失職」，受到言路屢屢糾參，百日維新前開缺回籍，八月政變發生後再遭革職，光緒三十年卒於鄉。宣統元年（一九〇九）開復原官。遜帝溥儀時予謚「文恭」。

翁同龢出身簪纓世家，以正途入仕，官至協辦大學士，兩次入樞，身兼帝師，與京城權貴和地方督撫聯絡廣泛，是清季深刻影響朝局變遷的重要人物。此次整理的《倭韓新事》與《倭韓近事》，集中保存了甲午戰爭時期京城同僚寫給翁氏的書札，是研究甲午戰爭史和晚清政治史的重要文獻。從種種情況推斷，這兩本書札册應係二十世紀五十年代翁氏後裔翁之憙（號克齋）先生捐獻給北京圖書館（今國家圖書館）家藏文獻中的一部分。當時克齋先生捐贈了幾代翁氏先輩的日記、家書和友朋存札等，近年李紅英女士據其中各類信札整理、出版了《常熟翁氏友朋書札》（鳳凰出版社，二〇二〇年）一書。《倭韓新事》與《倭韓近事》雖因某種緣故未能與其他翁氏文獻集中存放，應屬翁氏友朋存札的一部分。

考慮到翁同龢曾將中法戰爭期間醇親王奕譞與他討論越南問題的信札彙編爲《樸園越議》，并保存下來（原由翁萬戈先生保存，後捐贈上海圖書館），將甲午時期的朋僚函札做專門輯存，也是順理成章的事情。翁氏用意甚是明顯，對日和戰之爭，當時就大有爭議，作爲參與過這些重大歷史事件的親歷者，他顯然希望留下原始資料，讓後人能明瞭當年的真情。這十分符合浸潤於儒家傳統、具有强烈歷史責任感的一代名臣的行爲理念。

《倭韓新事》粘貼、收録了十一位同僚官員的信札。寫信者都是與翁氏往來密切的同僚、門生或下屬，他們是：

張蔭桓（一八三七—一九〇〇）

號樵野，廣東南海人。時任戶部左侍郎、總理衙門大臣。

李鴻藻（一八二〇—一八九七）

字蘭蓀，直隸高陽人，時任禮部尚書。

孫家鼐（一八二七—一九〇九）

字燮臣，號蟄生，安徽壽州人，時任工部尚書，與翁同龢同爲光緒皇帝師傅。

孫毓汶（一八三三—一八九九）

字萊山，號遲庵，山東濟寧人，時任兵部尚書、軍機大臣。

徐桐（一八二〇—一九〇〇）

字蔭軒，隸漢軍八旗，時任吏部尚書。

許應騤（一八二五—一九〇三）

字筠庵，號素文，廣東番禺人，時任倉場侍郎。

汪鳴鑾（一八三九—一九〇七）

字柳門，浙江錢塘人，時任工部右侍郎。

王懿榮（一八四五—一九〇〇）

字廉生，山東福山人，時任國子監祭酒。

俞鍾穎（一八四七—一九二四）

字君實，號佑萊，江蘇昭文人，時爲吏部員外郎、總理衙門總辦章京。

傅嘉年（一八四八—一九一五）

字蓮峰，福建建甌人，時爲工部主事、總理衙門章京。

曾廣鈞（一八六六—一九二九）

字重伯，湖南湘鄉人，曾國藩之孫，時任翰林院編修。

《倭韓近事》則集中彙存了張謇和丁立鈞的書札。張謇（一八五三—一九二六），字季直，號嗇庵，江蘇南通人，光緒二年（一八七六）入淮軍將領吳長慶幕佐文案，光緒八年（一八八二）朝鮮發生壬午兵變後，隨吳長慶率軍援朝，參與決策。光緒二十年參加甲午恩科會試，中狀元，成爲翁同龢門生。是年六月中日釁發，張謇和其他清流官員一起，嚴參李鴻章，反對議和，與翁頗通聲氣。翁氏將張謇的來信單獨彙爲一編，足以說明對清議人士的倚重和對張氏的格外賞識。另一位寫信人丁立鈞（一八五四—一九〇二），字叔衡，江蘇丹徒人，時官翰林院編修，也是翁氏門生，與張謇交密，均爲積極主戰的清議人士。

這兩册書札册由翁氏親手編訂，大致依據時間順序編排，粘貼（偶爾也有錯亂者）。《倭韓新事》中最早的函札是五月初十日王懿榮寫給翁同龢的，最晚是九月十三日張蔭桓寫給翁氏的；《倭韓近事》中張謇最早一封信寫於六月初六日，最晚一封是七月二十三日所寫。這個時期正是日本挑起戰爭、清廷內部和戰出現紛爭之時，所以這些書信十分鮮活地反映出當時的內政、外交動態，實屬珍貴的文獻史料。

二

不過，雖未使用《倭韓新事》《倭韓近事》的名稱，這兩種書札册中的書信作爲珍稀史料，早在二十世紀六十年代和九十年代代就被整理和公佈過，并爲史界所熟知和利用。

一九六二年十一月，由近代史研究所主辦的《近代史資料》總二十八號（一九六二年第三期）刊發了陸壯游輯《張蔭桓等致翁同龢函》，很快被甲午戰争史研究者所關注。這批書札是根據陸氏抄本整理、發表的，衹是當時人們并不知道，它們是藏於北京圖書館的《倭韓新事》中的一部分。

陸壯游（一八九一—一九八二），本名陸世益，又名史一，也作史逸。江蘇嘉定外岡鎮人，民國初年任江蘇督軍府參謀，一九一七年曾隨孫中山南下護法。後回鄉爲各報撰寫文字，以筆墨爲生，尤留心鄉邦文獻。晚年被聘爲上海文史館館員。據《近代史資料》的整理説明，這批書信是一九二四年秋陸壯游爲避兵禍暫居常熟（虞山）時「無意中發現的」，均爲致翁同龢者，因事關甲午中日戰争時期朝局動態，陸氏遂對這批翁氏友朋書札進行了抄録，計録張蔭桓函三十八通，李鴻藻函四通，孫家鼐函二通，孫毓汶函三通，曾廣鈞函一通，總計四十八通。陸氏發現一九五六年出版的中國史學會主編《中國近代史資料叢刊 中日戰争》中收録不少甲午戰争時期的名人書信，却無他當年抄録過的這批書札，遂交由《近代史資料》編輯部以《張蔭桓等致翁同龢函》爲題發表出來，供學界研究使用。因爲部分信札或不具名，或未寫日期，陸氏抄録時曾根據筆迹、所用箋紙及上下文内容的聯繫，確定了大部分書信的寫信者和時間，并對信中人名、字號、職官等做了簡明注釋。可見，這批書信從抄録到發表，歷經三十多年。

到了二十世紀八十年代初，著名甲午戰争史研究專家戚其章先生主編《中國近代史資料叢刊續編 中日戰争》時，對一九五六年後新披露出的有關甲午戰争的史料進行整合、彙編，便將陸壯游輯《張蔭桓等致翁同龢函》收入該資料叢刊第六册（一九九三年中華書局出版）中。考慮到體例的統一，收入叢刊時將原來的注釋全部删去，衹將注釋中考訂出的寫信時間單提出來，標識在每件書札的序號後，至於信札内容則原封不動，全部予以照録。

同樣，現在看到的《倭韓近事》中收存的張謇、丁立鈞致翁同龢所有信札也是戚其章先生所編《中國近代史資料叢刊續編 中日戰争》第六册中首次向學界披露的，用的題目是《張謇致翁同龢密信》。對這份資料的價值和來源，戚先生在《中國近代史資料叢刊續編 中日戰争》第一册《前言》中言道：「有些資料是在一些熱心同志的幫助下才找到的」，「例如《張謇致翁同龢密信》透露了許多帝黨内部活動，堪稱重要史料，但僅有油印本，一般難以看到，是華中師範大學章開沅同志寄來了該本的影本」（見該書第五頁）。據此，這裏是依據章開沅教授提供的一個抄本（油印本複印件）完成整理的。另據《中國近代史資料叢刊續編　中日戰爭》第十二冊《本書徵引書目題解》稱：「張謇致翁同龢密函，一冊，張謇撰，陸史一輯，油印本。」（見該書第四八四頁）陸史一，即陸壯游，顯然，由章先生提供給戚先生的這個油印本複印件，所據也是陸壯游所抄者。無獨有偶，對於陸氏的這個抄本，前輩學者祁龍威先生也曾有所提及。他在《張謇日記箋注選存·後記》中說：「一九六三年初，在北京中華書局有關部門的幫助下，我看到了陸史一抄《張謇致翁同龢密信》，內容都涉及中日戰事。」（見該書，第一五四頁）說的正是陸氏的這個抄本。聯繫到《近代史資料》在二十世紀六十年代一直由中華書局出版，很可能《張蔭桓等致翁同龢函》與這份《張謇致翁同龢密函》都是給《近代史資料》的投稿，祇是前者被刊發了，後者因故未發，才使祁龍威先生得以獲見。我們推測，章開沅先生很可能是後來從祁先生處獲得該抄本的。兩位先生交誼篤厚，章先生專門研究張謇事蹟，祁先生舉以相贈，也在意料之中（當然，這還祇是推斷）。可以說，陸壯游先生對抄録、公佈翁氏存札確實功不可没，而祁、章、戚三位先生圍繞這批書札資料的交流、刊佈發生的故事，也足以讓今人感受到前輩學人高尚的學術情懷與感人風誼。

三

儘管《倭韓新事》與《倭韓近事》從內容上看，大部分已經整理、公佈了，史料價值也得到學界普遍認可。但是，此次將這兩種尺牘冊全部影印、整理仍然具有重要意義。

（一）此次將根據原件進行系統整理，不僅可以將原來抄本略去部分補齊，而且可矯正當年抄寫時形成的訛誤，爲學界提供一個內容最完備的文本。《倭韓新事》總計七十三封（件）信函，而陸壯游輯《張蔭桓等致翁同龢信》（以下簡稱「陸本」）祇抄録了四十八通，尚有二十五封書信（多短箋）從未公佈過。

具體而言，按照本次整理的編排順序，陸本未收的張蔭桓函札有第三十一、七十三函（電報抄件）及第十七函所附照會抄件；未收的孫家鼐函有第六十七函；孫毓汶函有第五十、七十二兩函。李鴻藻函則有十一通未收入（詳見釋文按語）。此外，《倭韓新事》中存王懿榮一通、俞鍾穎函一通、徐桐函二通、傅嘉年函一通、許應騤函三通、汪鳴鸞函一通，陸壯游均未抄録。此次我們將二十五通未刊書信一併予以整理，形成完璧。至於《張謇致翁同龢密信》內容雖與《倭韓近事》完全符合，但是抄寫時仍留下不少訛誤，這次整理時在注釋中均做了校訂和改正。

諸如《倭韓新事》第二函中「合肥已電葉提督暫屯牙山」一句，陸本作「合肥之電葉提督暫屯牙山」，將「已」誤識爲「之」；第三函中「兩赤願訪倭使作撮合云」一句，陸本誤爲「兩赤願訪倭使作撮合山」；第四函提及英、俄、法、美四國駐韓領事聯銜「貽袁、鳥書」，陸本誤爲「貽袁、馬書」；第五十四函中「頃遞北洋摺」一句，陸本誤爲「咋遞北洋摺」，等等。需要説明的是，《張謇致翁同龢密信》第二函，實爲第一函的附函，內容不宜分開，此次整理時合併爲一函，故《倭韓近事》的書札總數就由陸本的二十一通減少爲二十通。

（二）對書札進行研究式的整理，最大限度地發掘史料價值。因內容涉及中樞對日決策、北洋海軍的作戰情況及朝局人事關係，《倭韓新事》與《倭韓近事》中有些書信不具名，還有落款「名心」「兩宥」的密信；而且信中常用隱語、代號等，非瞭解朝局內情者每每很難理解。這次整理時，我們結合各種文獻，以按語和注釋的形式，對每封書信的作者、寫信時間重新進行考訂，同時對信中涉及人物的字號、代稱、隱語、官職、事件等也做了簡要介紹，釋文、標點也有所調整。

（三）以數字技術爲支撐的彩色影印方式，可以全息保存和展現這批尺牘手迹的風格，在呈現史料價值的同時，也彰顯出尺牘文獻的藝術價值。通過品味和賞閱尺牘，見字如面，可以加深對歷史人物的感性認知和瞭解。

中日甲午戰爭不僅是影響中日兩國歷史、改變東亞政治格局的重大事件，也是晚清政治史的一道分水嶺。這場戰爭大大加深了中華民族的危機，刺激國人猛醒，奮發圖强，掀起戊戌變法運動，從而揭開中國近代史上嶄新的一頁。新史料的發掘是史學研究不斷進步的前提，相信《倭韓新事》與《倭韓近事》的整理出版，將會對推進甲午戰爭史的相關研究有所助益。常熟翁同龢紀念館老館長朱育禮先生，不顧體弱多病，精心爲本書題簽，令我們十分感動，在此特別表示感謝。限於水準，本書難免留有舛誤，誠懇學界朋友予以批評指正。

整理者

二〇二二年十二月八日

凡例

（一）每封信函排列順序，按照《倭韓新事》《倭韓近事》原編順序排列；同一封信因粘貼失誤而分開的，這次影印時做了相應調整，使其保持完整。

（二）同一寫信人的書信不作集中排列，以保持原編者編訂的順序。

（三）每封書信釋文隨圖排印。原文中原來表示尊敬的抬頭、空格，在釋文一律取消，内容採取通排形式。

（四）未署名的密信，根據筆迹與前後相關書信的比較判斷作者；没有月份或具體時間的書信，依據其他文獻加以考訂，以按語的形式注明。

（五）釋文中的人名字號、郡望代號、隱語、制度、風俗等，適當加注釋，附於釋文當頁。寫信人小傳在前言中集中介紹。

（六）釋文中的異體字、舊字形根據古籍整理的習慣予以規範化，殘破或無法識别處用□代替，抄本與原件不同處，另作注釋説明。

（七）書後編製主要人名索引作爲附録，以便讀者檢索。

目録

倭韓新事

倭韓近事

附録

甲午時期翁同龢朋僚書札輯證

倭韓新事

倭韓新事

甲午五月

『〇一』王懿榮函 ［五月初十日］

夫子大人鈞坐：朝鮮關勝口，已查得非「館廂」二字，原單呈／閱。島夷古錢有「葙館通寶」四字文，「葙」從草頭，想亦必非此處／。文廟禮節無繁縟加增之處。小研太常[一]覆函呈／覽。榮亦空洞詢之，無着迹處一語也。肅叩／鈞安，門人懿榮謹啓。初十日。

按：此爲存札原編第一函，陸壯游輯《張蔭桓等致翁同龢函》（以下簡稱「陸本」）未收。原函無月份，因倭韓事發於五月，故繫於甲午年五月初十日。

注：

【一】「小研太常」，即李端遇，山東安丘人，字小研，時任太常寺卿。

夫子大人鈞坐 朝鮮關勝口已查得非館廟二字原單呈
閱島夷古錢有箱館通寶四字文箱從草頭想亦必非此處
文廟禮節無繇縟加增之處小研太常復函呈
覽禁亦空洞諭之無着落處、語也肅叩
鈞安 門人懿榮謹啓 初十日

〖〇一一〗張蔭桓函〔五月十一日〕

韓事粗定，袁道[一]與大鳥[二]約：華兵／不添，倭兵止退，已抵岸者僅留八／百駐漢城，并約定中日同時撤／兵。全州既復，韓兵疊有小勝／，慮倭爲祟，欲我撤兵，俾倭亦／撤。合肥[三]已電葉提督[四]暫屯牙山／[五]，整隊待發，俟與倭約定同撤／

注：

【一】「袁道」，指袁世凱，字慰廷，號容庵，河南項城人，以浙江温處道任駐朝鮮總理交涉通商事宜委員。

【二】「大鳥圭介」，日本駐朝鮮公使。

【三】「合肥」，指李鴻章，安徽合肥人，時任文華殿大學士、直隸總督兼北洋大臣。

【四】「葉提督」，即葉志超，號曙青，安徽合肥人，直隸提督。本年四月朝鮮發生東學黨起義，應朝鮮政府邀請，李鴻章派其率淮軍一千五百名赴朝鎮壓。

【五】此句，陸本誤作「合肥之電，葉提督暫屯牙山」，今據原件改正。

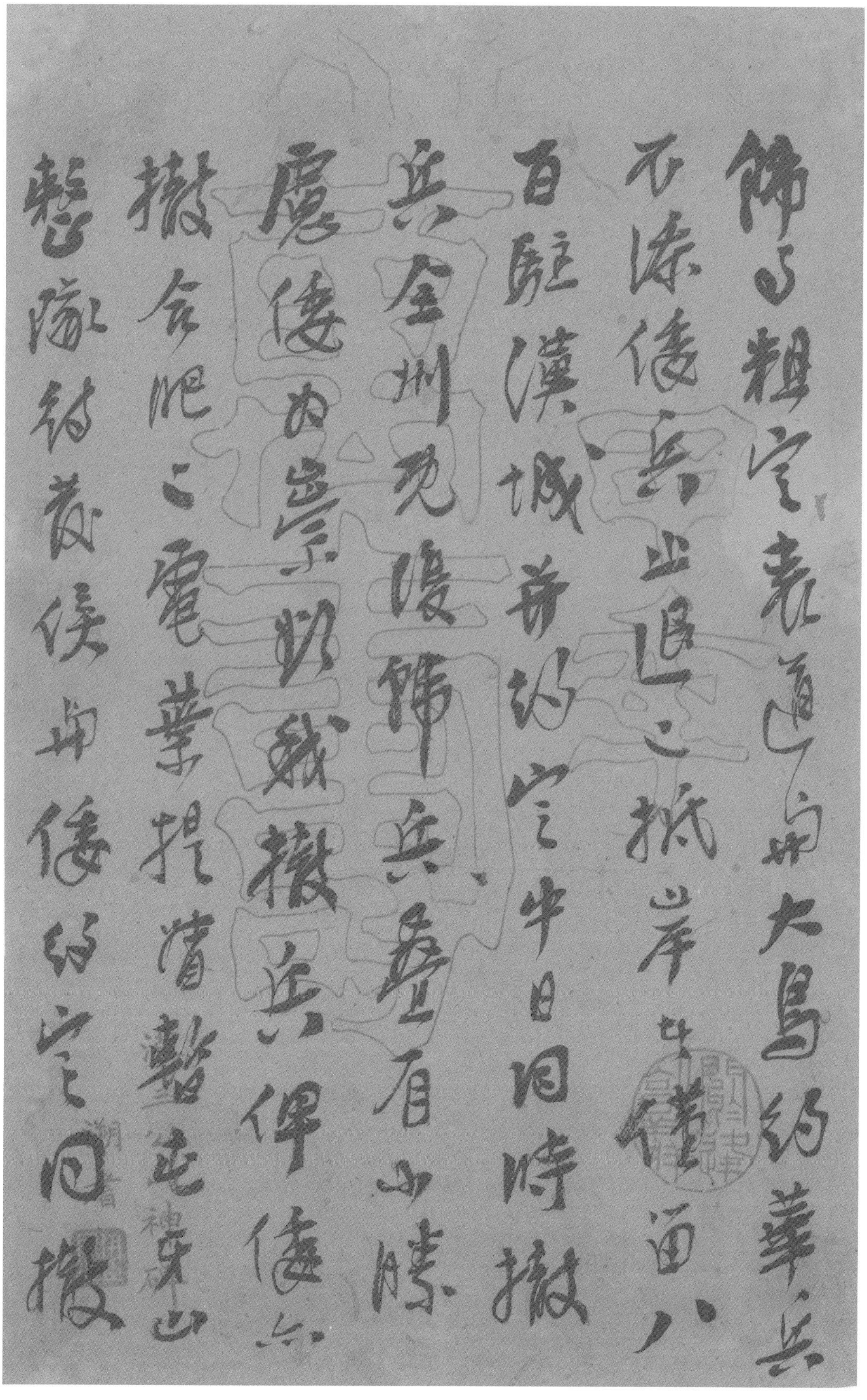

帥已粗定袁道與大島約華兵
不添倭兵亦退之據岸僅留八
百駐漢城并約定半日同時撤
兵全州既復帥兵叠有出勝
處倭内寓以我撤兵俾倭兵
撤今淝之電葉提督聲走
整隊待發俟與倭約定同撤

【〇二一】張蔭桓函〔五月十一日〕

之期，即派輪船往渡云。電奏／明早呈／覽，宜有電／旨也。韓亂從此竟弭，亦大幸／事。知／念密布，即承／晚安不具，桓頓首。十一日。

按：原函无月份。《翁同龢日記》甲午年五月十一日記：「夜得樵野函，知高麗叛黨已散，韓兵屢有小勝，我兵將歸矣。」（第六卷，第二七四四頁）故繫於是日。

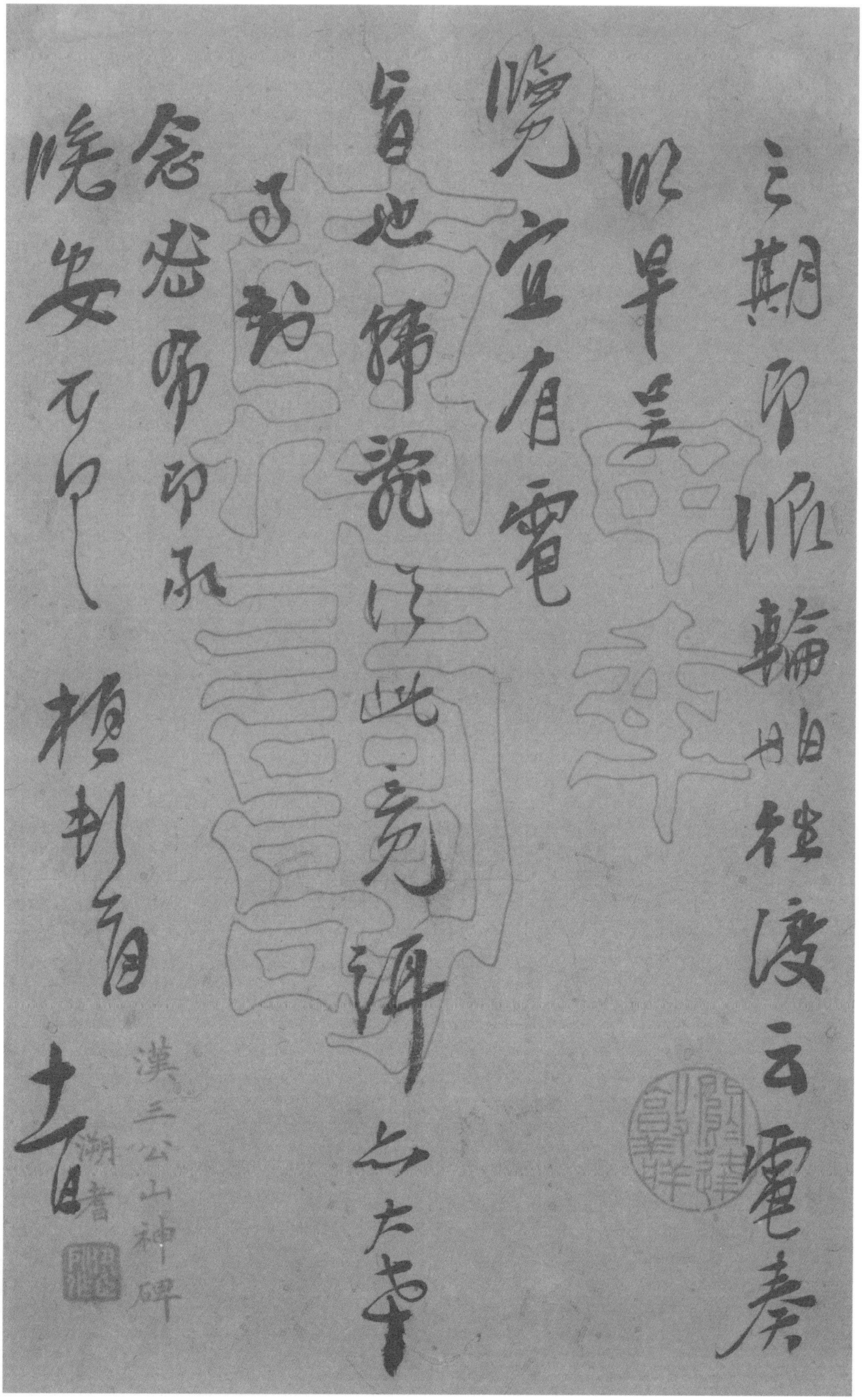

三期印派輪卅日往渡，三電奏
明，早呈
覽，宜有電
旨也。歸議行此，究須六大堂
了結。
念慈邸印承
晚安不一。　桓頓首
十日

漢三公山神碑　湖書

〖〇三〗張蔭桓函〔五月廿二日〕

今日／雅召，談讌甚歡，敬謝敬謝！〔一〕倭韓／之役，兩赤〔二〕意在調停，因以探／得倭人謀侵臺、滬之説來／告，并由德璀琳〔三〕達北洋。此種／議論，倭都新聞紙應有之／

注：

【一】「敬謝敬謝」，陸本作「敬謝謝」，似不妥，今按時人書信習慣改之。

【二】「兩赤」，即「赫」字，指赫德，英國人，中國海關總税務司。

【三】「德璀琳」，德國人，曾任中國海關税務司。後爲李鴻章所信任，頻頻參與洋務、外交活動。

旨
雅允後議甚懽敬謝謝後歸
之役而亦意在調停因以探
得倭人謀侵臺灣之說未
告前由德璀琳述北洋此種
議論倭都新聞紙攄揭之

【〇三】張蔭桓函［五月廿二日］

義，不足訝也。北洋已電南洋[一]/戒備。樞堂接晤兩赤，舉倭/之無理者告之，兩赤願訪倭使/作撮合云。[二]大約極高之著，不過四/國合保而已。容晤言。即承/晚安不具，名心叩。廿二日酉正。

按：此函落款署「名心印」，係密信。《翁同龢日記》甲午年五月廿二日記：「是日請劉景韓、李子木便飯，午初畢集，午正坐，申初散，看余藏碑。……夜訪孫遲庵。劉景韓樹堂，河南藩。李子牧正榮，直候補道。張樵野、孫燮臣、徐頌閣。」（第六卷，第二七四七頁）是日中午翁氏宴客，席間可能會提及日本派兵入朝之事。晚間，翁氏得到張蔭桓密函，又拜訪孫毓汶，均爲探聽韓事消息。翁氏是日又記：「高麗有叛民占泉州，國王來乞師，我千五百人往，而日本以七百人入其境。方議同撤兵，而日添兵五千入其國都，欲變易其政事，練其兵卒，而不認爲中華屬國。朝旨意屢飭李相添兵，僅以三千勇屯仁川、牙山一帶，遲徊不進。嘻，敗矣。」（第六卷，第二七四七頁）故繫於五月廿二日。

注：

【一】「北洋已電南洋」，陸本誤作「北洋二電」，今據原件改正。「北洋」即北洋大臣，「南洋」即南洋大臣。

【二】「云」，陸本誤作「山」，今據原件改正。

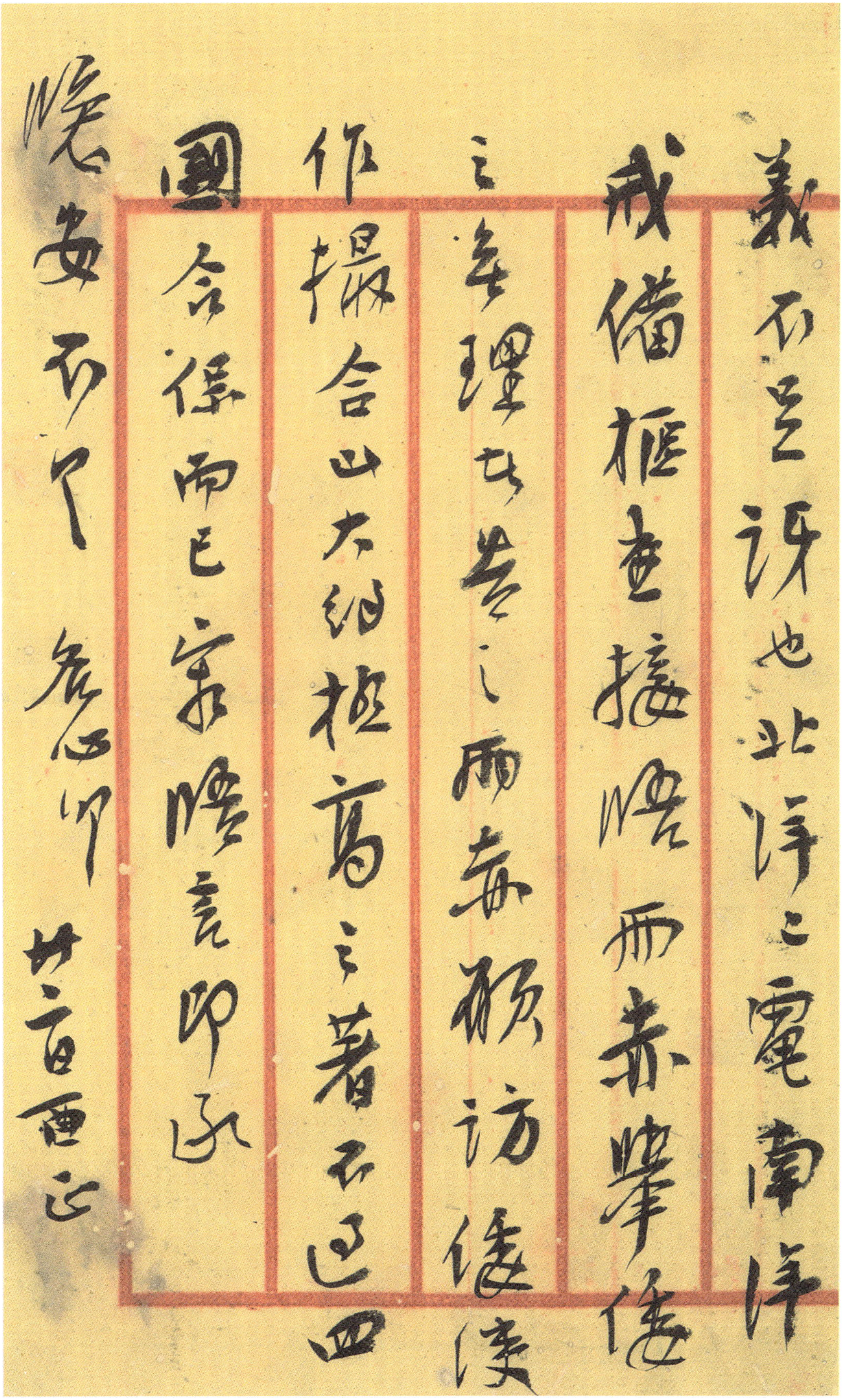

義不足訴也北洋之寵南洋
戒備樞垣接晤而赤峯僅
之餘理甚苦之而無頹訪俟達
作撮合山大紹植高之著不過四
圍含保而已家陰言即承
晚安不一　蔭叩　廿二日酉正

〖〇四〗張蔭桓函 [五月廿三日]

午後英使遣譯官來言，英、俄、法／、美四國駐韓領事聯銜貽袁、鳥[一]／書，請兩國撤兵。袁電到否？答以／接到。覆言倭兵既撤，華兵撤否／？答以倭兵果撤，華兵決不留戀／，特倭言難信耳。覆言倭與華／

注：

[一]「鳥」，陸本誤作「馬」，今據原件改正。

午後英使遣譯官來言英俄德
美四國駐韓領事照會袁馬
出清兩國撤兵袁電到丞答以
接到漢言倭兵先撤華兵撤也
今番倭兵果撤華兵決不留戀
特倭言難信于漢言倭與華

〖〇四〗張蔭桓函［五月廿三日］

合保朝鮮之說可商否？答以／此中却有區別，蓋倭與韓立／約，認韓爲自主之國，而韓之於／中，世爲藩服，我不能與倭相／提并論也。譯言倭署使已將／合保之說電請倭廷示諭，准／

合保朝鮮之說可商亞答氏
此乎卻有區別蓋倭與韓之
約認韓為自主之國而韓之於
中世為藩服我不能與倭相
提並論也譯言倭署使已將
合保之說電請倭廷示諭誰

其與華商議。答以無論作何商議／，總以先撤兵爲主，否則無可商／，請回達歐使［一］云云。譯唯唯而去。因／悟兩赤調停之説欲以兩國合／保作收束也。申初兩赤挈其／弟［二］來見，係藏約已結之事。兩赤／

注：

［一］「歐使」，即英國駐華公使歐格訥。

［二］「赫政」，英國人，赫德之弟。曾任海關稅務司。光緒中英國侵略西藏，總理衙門派他參與與英印政府的談判。

其華商議答以無論銀兩商[illegible]

擬以先撤兵內亞至則無可商

請西國歐使云云譯唯唯而去因

悟兩黨調停之說斷非兩國合

保作收束也東朝兩黨擊其

弟未見伊藏約已續之否兩黨

【〇四】張蔭桓函［五月廿三日］

亦以四國領事公請撤兵爲言，當舉／答英使之言告之【一】。至俄廷抑倭早間呈覽者。／之意，英俄相忌，不願令兩赤知／道，楚金【二】亦解此意。遲公【三】快人快語，遲後到，未及預約。舉津電告／之。此中機軸又煩周折耳。即承／晚安不宣，名心叩。廿三日酉刻。

按：此函署「名心叩」，係密信，乃張蔭桓筆迹。《翁同龢日記》甲午五月二十三日：「自亥初三刻至寅初，大雨如注，余徹夜未合眼，愁思百端。」（第六卷，第二七四七頁）是日翁氏日記未提及晚間接到張氏信函。但是，在前一天有關韓事的記録後用小字補記云：「次日，英使來，言英、俄、德、法四國願合詞令中日共保護高麗。」（同上頁）這句顯然是接到張氏此信、得知消息後添加的。「愁思百端」，無法入睡，或與聞知韓事消息有關。可見此信寫於五月廿三日。

注：

【一】陸本脱後一「之」字，今據原件補正。

【二】「楚金」，五代南唐時人徐鍇，字楚金，精小學，治《説文》。此處用以指代徐用儀。徐用儀，浙江海鹽人，時任吏部左侍郎、軍機大臣兼總理衙門大臣。

【三】「遲公」，指孫毓汶。孫毓汶，字萊山，號遲庵，山東濟寧州人，時任兵部尚書、軍機大臣兼總理衙門大臣。

台示四國領事可請撤兵，如言有牽
會兵，德之言告之。惟俄近抑倭（平閣呈覽在）
之意，英俄相忌，不願人之兩若矣（禁人侵占之能此意江）
遲速動未可預約
道遲速之快人快語，肇津電告
之。此事機柚又煩閣下可即承
曉安不宣 名心印
廿二日酉刻

〖〇五〗 張蔭桓函 〔五月廿四日〕

昨鳥〔一〕見韓王〔二〕，自言奉國命／，以韓地匪亂，帶兵來護館／，商請王即派辦理交涉大臣／，會商立法、治民、勸農、獎商／諸大端，便可與各國并立自／主。王答以爾先撤兵再說。北／

注：

【一】「鳥」，即大鳥圭介。

【二】「韓王」，即朝鮮國王李熙。

昨島見緋王自言奉國命
以緋地匪亂帶兵來護僑
商請王即派辦理交涉大臣
會商立法治民勸農獎商
諸大端便可與本國訂立自
主 王會以尔先撤兵再說此

【〇五】張蔭桓函 〔五月廿四日〕

洋述袁電如此，尚有問答續〳寄云。信如所言，較赤[一]述三端爲〳婉，然誘韓自主，撤革韓政，大〳致亦具耳。今日京津電窒，聲息〳忽滯，殊悶悶。敬承〳著安不宣，名心叩。廿四日申正。

按：此函署「名心叩」，係密信，乃張蔭桓筆迹。「北洋述袁電」，係五月廿三日，見《李鴻章全集》第二四冊，第八六頁。故此信寫於五月廿四日。

注：
【一】「赤」，指總稅務司赫德。

詳述袁電如此，尚有關會，請
寄云，信如所言，較亦述三端，為
婚姻議歸自主，撤華歸政，大
略之具了。今日京津電室亦見，
回津條閱之，敬承
著安，不宣。名心印
廿四日申正

【〇六】張蔭桓函［五月廿六日］

今日袁電，韓警甚急，倭以重／兵二萬壓之云，北洋以爲不確／。俄國[一]倭議正緊，必有區處，屬／袁語韓鎮靜以待。頃電北洋／，叩以俄議究如何措置，覆到／當有分曉也。連日英使[二]欲爲調／

注：

【一】「俄國」，陸本原作「俄□」，今據原件補。

【二】「英使」，陸本誤作「美使」，今據原件改正。

旨來電稱警甚急倭以重
兵三萬壓之之北洋以為不礙
俄國倭議正怨以必有隱慮屬
袁語稱鎮靜以待須電北洋
叩以俄議究如何措置復到
當有紛擾也連日英使頗為調

〖〇六〗　張蔭桓函　［五月廿六日］

和，先撤兵，會商善後，所商則共╱保朝鮮平安，并爲整理政治，此╱均不可行之事。英俄相忌，不便拒╱置不答，虚與委蛇，差免别增一╱敵。容晤言。即承╱著安不宣，名心叩。廿六日酉刻。

按：此函署「名心叩」，係密信，乃張蔭桓筆迹。北洋轉袁世凱電，係五月廿六日，見《李鴻章全集》第二四册，第八九頁。故此信寫於五月廿六日。

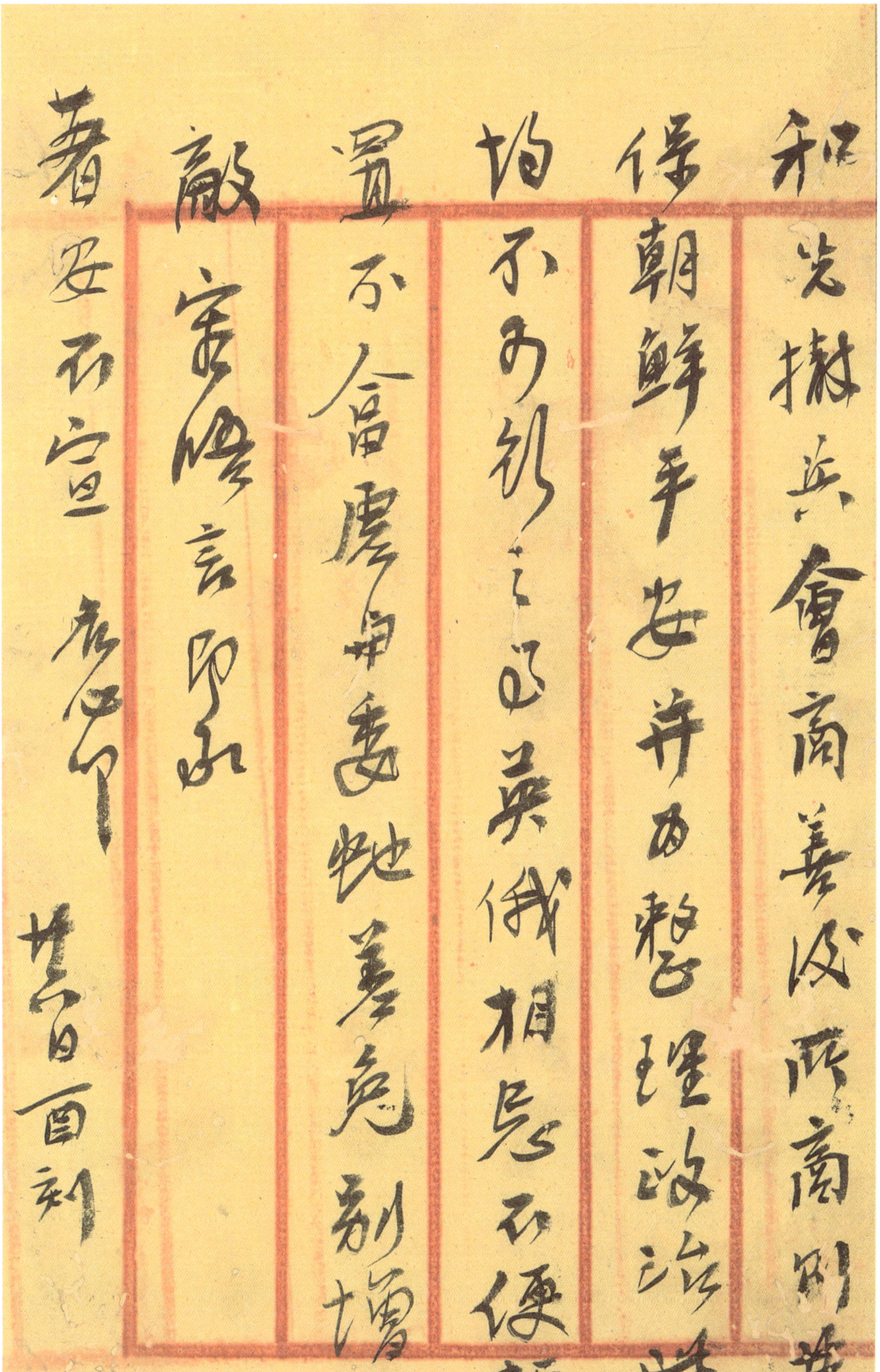
知先撤兵會商善後，所商則英係朝鮮平安，并由整理政治。此均不可能之之以英俄相忌不便拒置，不合處再妥籌善處，則增一敵害，餘言即函。著安不宣。蔭叩 廿六日酉刻

〔〇七〕張蔭桓函一　〔五月廿七日〕

韓事直無把握，奈何？山羊／覆文，早間庫中送閱，已令／速繕送矣。謹上／叔平六兄大人閣下／，蔭桓頓首／。

廿七日。

按：《翁同龢日記》甲午年五月廿七日記：「樵野信來，云韓事無把握，蓋合肥處處後退也。日添兵二萬。」（第六卷，第二七四八頁）「山羊」，同治年間京城名伶許福英，外號「山羊」，與武旦彩福禄（外號「狗豆子」）齊名。此處指許姓者，或指時任倉場侍郎許應騤。

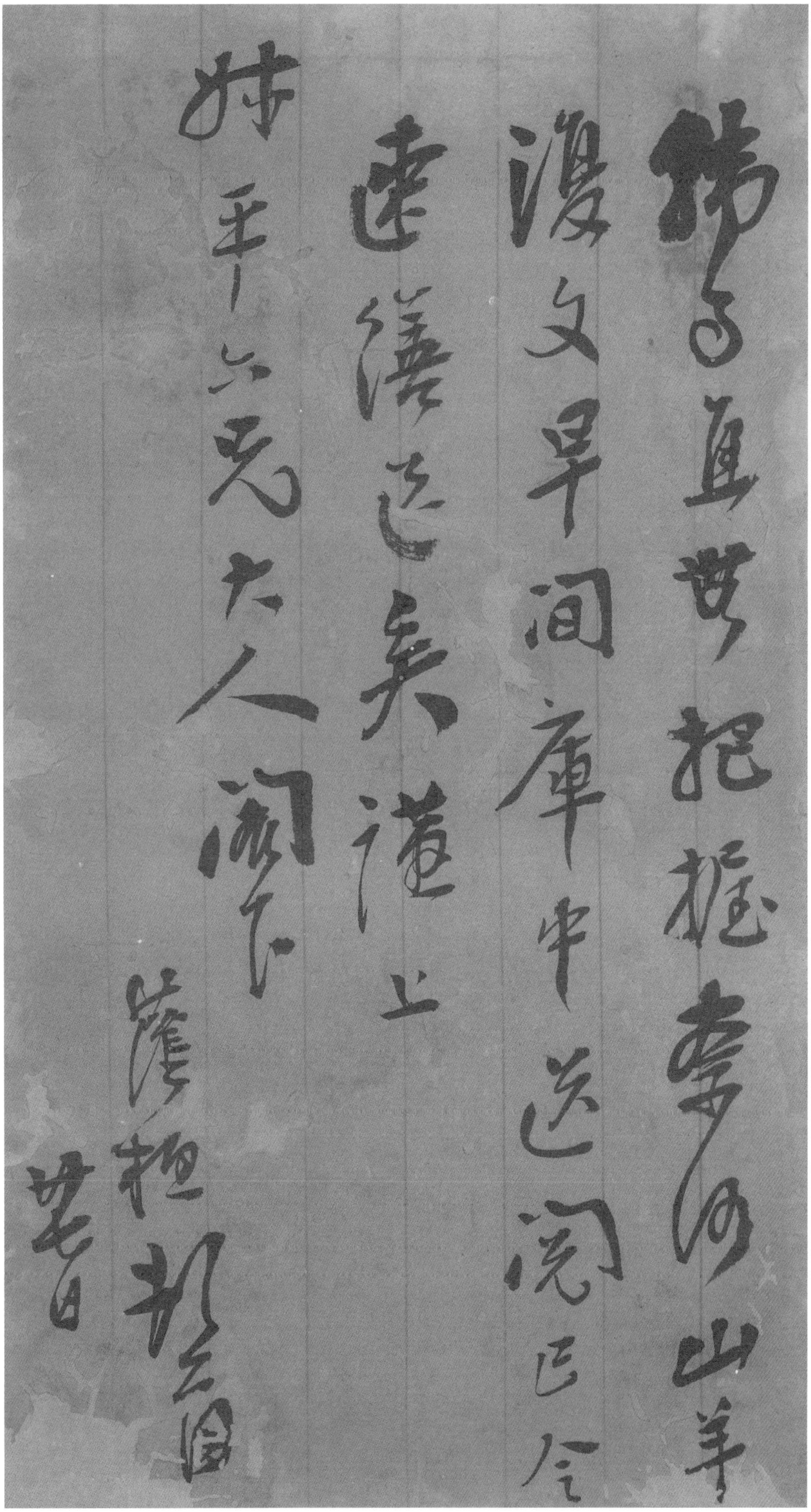

[illegible]
復文早間庫中送閱，已令
速繕送矣。謹上
[illegible]平十六兄大人閣下
蔭桓頓首
廿[illegible]日

『〇八』張蔭桓函二〔五月廿七日〕

頃函言無把握者，無成算之／謂也。去箋想未達／左右[一]。明日三庫覆奏，已注感冒[二]／，得暇當趨談。皖餉，容語庫／。早收山羊文，已覆。敬承／叔翁先生晚安，桓白。廿七。

按：張蔭桓發出上函後，感覺「無把握」之言不妥，又急忙補寫此函解釋，希望前函「未達左右」。是日，張蔭桓又私電李鴻章云：「樞喜壓服説，曾宣諸兩赤。歐得聞甚急，頻來調處，擬先撤兵，商共保及内政，允則小村電請廷示來商，已婉却之。」（《李鴻章全集》第二四册，第九五頁）可見，因翁、李有分歧，張氏依違其間，表現得十分謹慎。

注：

【一】原件此處缺損「之」字，據陸本補。

【二】此句，陸本誤作「明日三庫覆奏已（證）。感冒」，今據原件改正。

洞言垂把握也无暇尽
谓也弟胜想念耳
左右明日三庵须奏之注感冒
归耶甚觉误晓饷宗礼摩
早收山羊又已渡故承
姑留岩生馆安桓白
艿

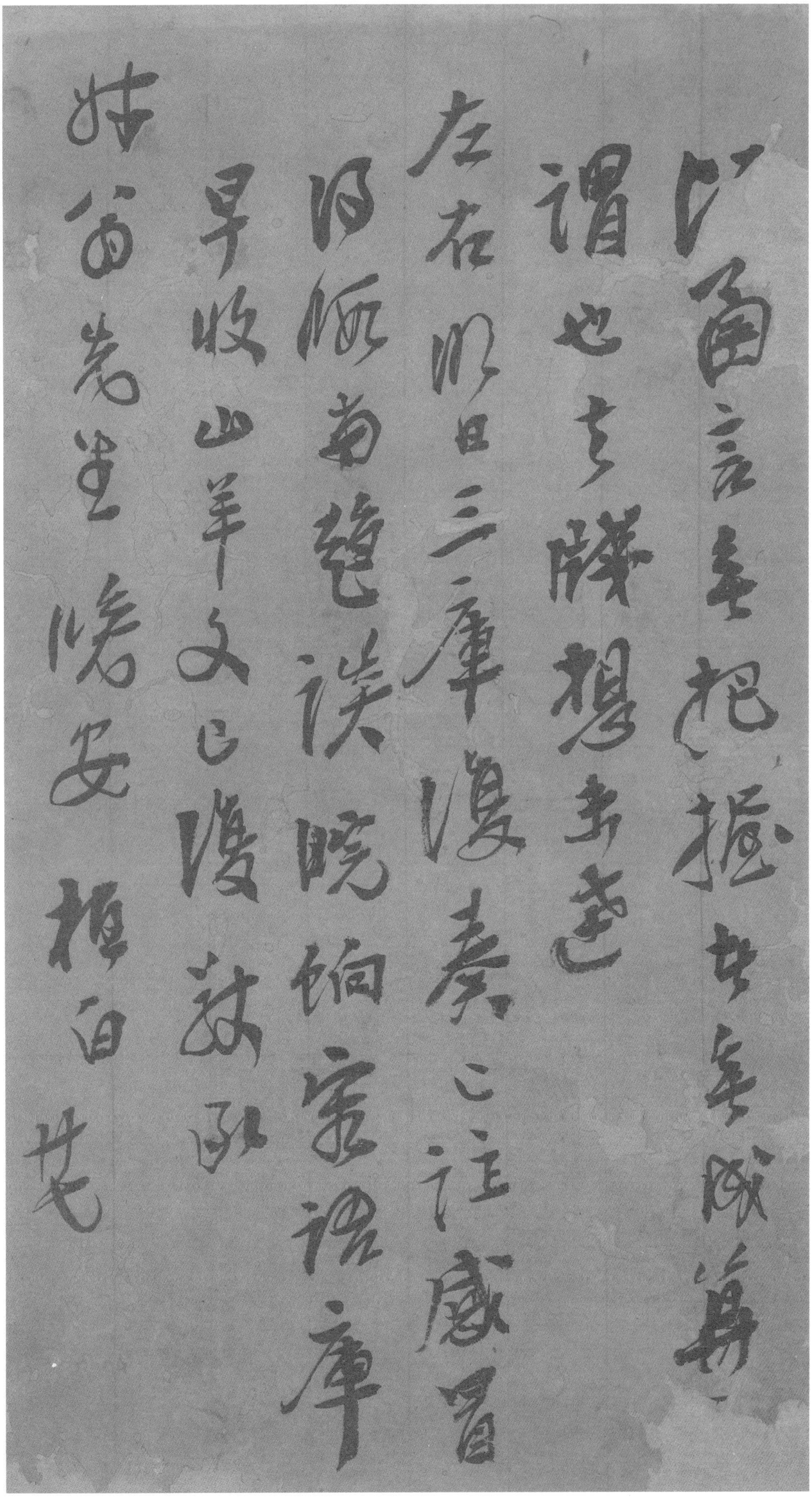

〖〇九〗張蔭桓函　〔五月廿八日〕

早間／枉談，甚感之。巳刻署得袁電／，韓答倭文未認非屬，現仍駐／漢以口舌争云。午後英使復來／調和，答以明日公商，再給回信。此承／叔平六[一]兄大人道安，蔭桓頓首／。廿八日。

按：《翁同龢日記》甲午年五月廿八日記：「訪晤樵野，談韓事，知俄助之事已成畫餅，而袁道電云日軍四佈，我使擬退出王都。」（第六卷，第二七四八頁）本函有「早间枉谈」一句，彼此吻合，故繫於是日。

注：

［一］原件此處缺損「承」「平」「六」三字，據陸本補。

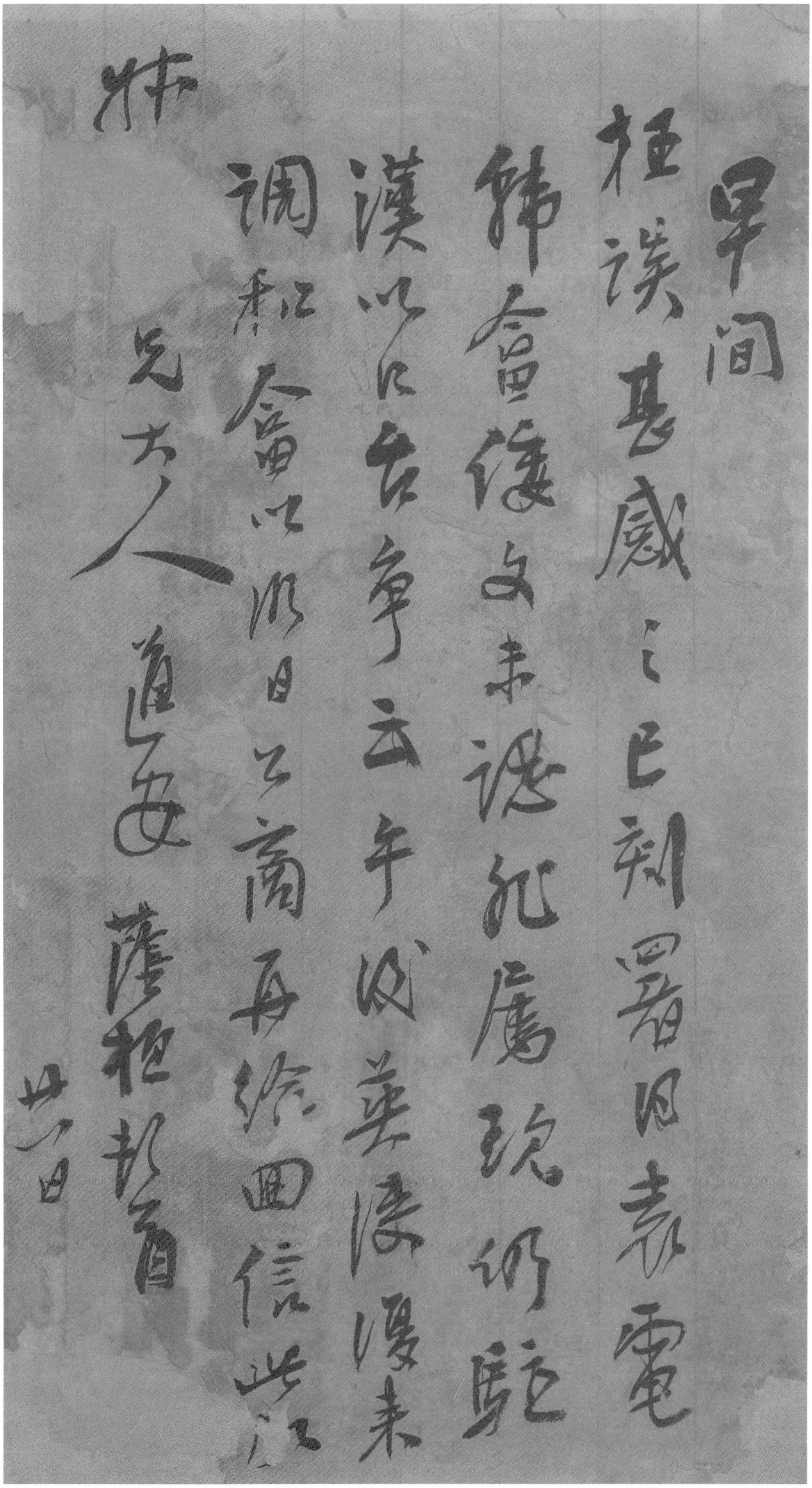
早間
枉談甚感感。已刻署因袁電
飭會議文未送訖，屬致鄂
漢以北台爭去年成英法來
調和，會以後日之商再續回信，此後
林
先大人
道安
蔭桓頓首
廿日

〖一〇〗張蔭桓函〔六月初二日〕

今日英使來言，倭署使已奉外部／電准來署商議之權，能否就範／，殊難預決。頃陝西司奉單，初四日／正班議覆甘肅[一]購買洋槍一摺，中／有「鏽壞」字樣，似在回避之列／，可否／

注：

【一】「甘肅」，陸本誤作「甘省」，今據原件改正。

昨芸溪来言傾暑達之事四却
電殿未署甬議之権幹在就範
張雄頹啖晊陳西司達車兩
京開議臨曾面買洋槍一擯牛
尚鎔還學样似左迎起之别
而已

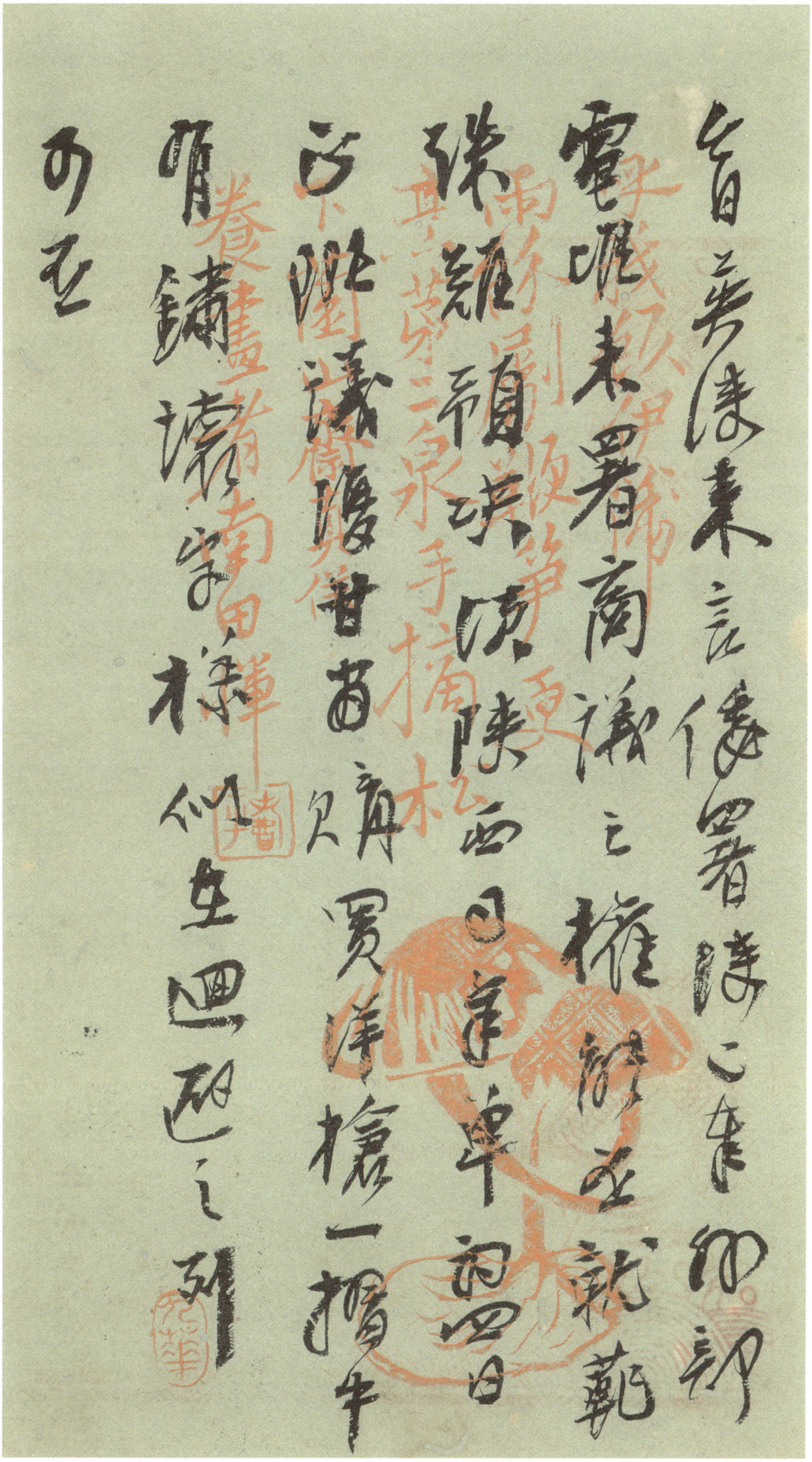

【一〇】張蔭桓函　〔六月初二日〕

飭令下班再遞，幸／酌裁。烟客〔一〕畫册頗有／能事促迫意，久承／鑒諸，輒願／如約，切盼之。〔二〕謹上／叔平先生座右，蔭桓頓首。初二酉。

按：根據上下函内容及粘貼順序，該函暫繫於六月初二日。

注：

〔一〕「烟客」，明末清初畫家王時敏，江蘇太倉人，號烟客。

〔二〕「切盼之」，陸本誤作「切切」，今據原件改正。

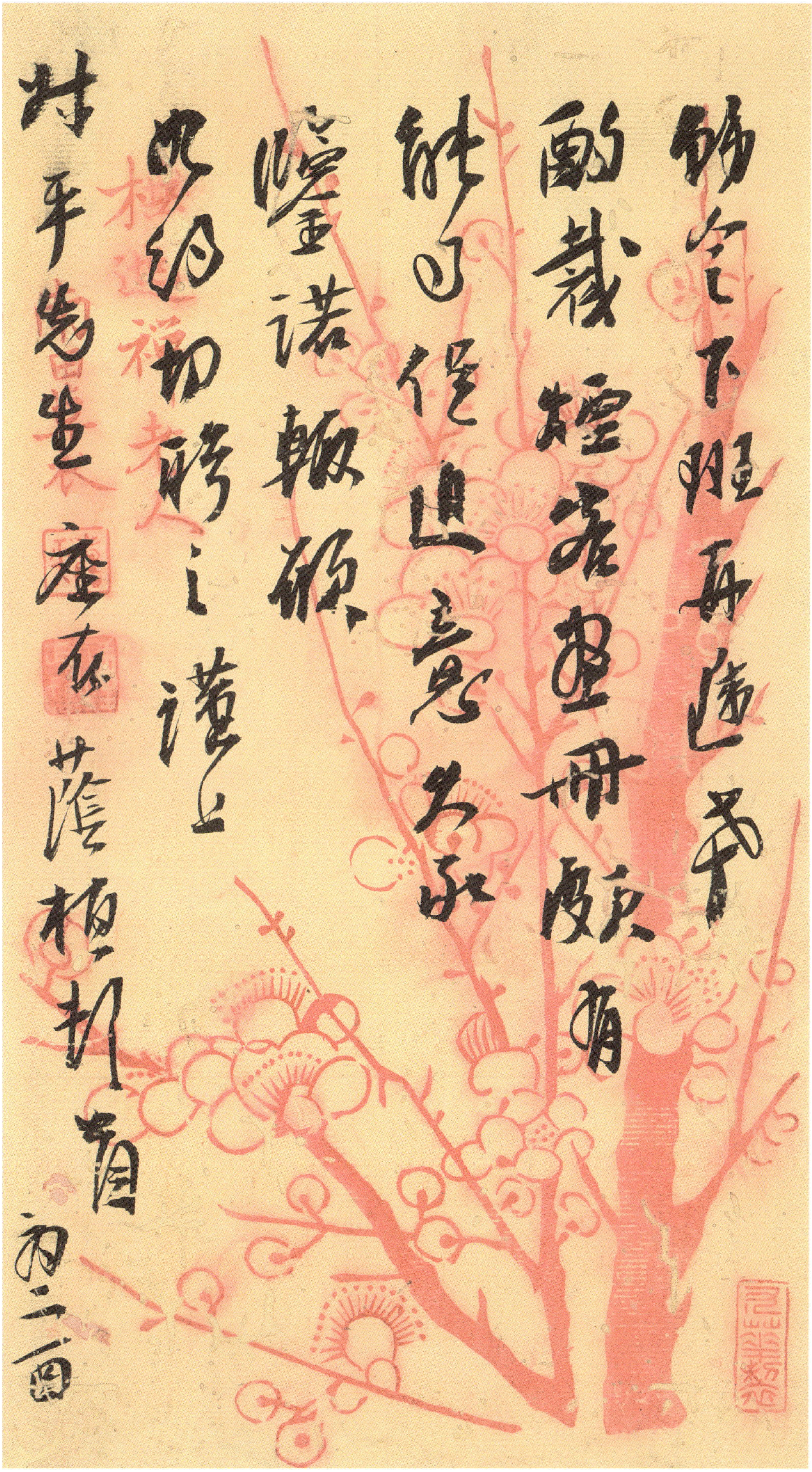
鈞台下昨再遣弁
敬裁煙客畫冊頗有
餘韻但退意尤承
鑒諾輒領
既紉切謝之謹上
樹平先生座右蔭桓頓首初二日

【一一】張蔭桓函［六月初五日］

南廳候至辰初，箴相[一]未到，看廳／人云箴相不來矣。因乘雨罅返寓／。昨件如須公商，擬請／酌定日時／，傳諭檔房預送知會，當無參差／。若俟晤商箴相定期，恐覆奏／

注：

【一】「箴相」，福錕，字箴庭，也作箴庵，隸鑲藍旗滿洲，宗室，時以體仁閣大學士管理户部。

南廳錄丈辰初歲相未到看廳人云歲相不來矣因柬商鑄匠屬作件如須少商謹請酌定日時傳諭檔房預先知會南府承差着候總商歲相定期照復奏

【一一】張蔭桓函［六月初五日］

不能速耳[一]。乞／裁奪。今日申初接晤倭使[二]，不識／如何？來函但云要事，能否善／了，直無把握，愧憤萬狀。謹上／叔平六兄大人閣下，蔭桓頓首／。六月五日。

按：《翁同龢日記》甲午年六月初四日記：「申初奉廷寄一件，北洋謂海軍難調，必别募二三十營，令部先籌二三百萬的餉方可戰。旨令海軍、户部會籌。」六月初五日記：「慶邸使人邀余商籌款事，定海軍、户部各任一半，共三百萬之數，語甚長，不悉記。」（第六卷，第二七五〇頁）《那桐日記》六月初五日記：「昨日接廷寄，因日本脅韓，北洋設防，由户部、海署籌餉三二百萬，今擬海署籌百五，户部籌百五，日内覆奏。未刻到張大人處回此事，未遇。」（上册，第一四九頁）其中「張大人」即張蔭桓。從翁、那日記看，户部官員爲籌款事十分焦急，故此函繫於六月初五日。

注：

【一】此句，陸本作「若俟晤商箴相，定期恐後，奏不能速耳」，「覆」誤作「後」，今據原件改正并標點。

【二】「倭使」，日本駐華代理公使小村壽太郎。

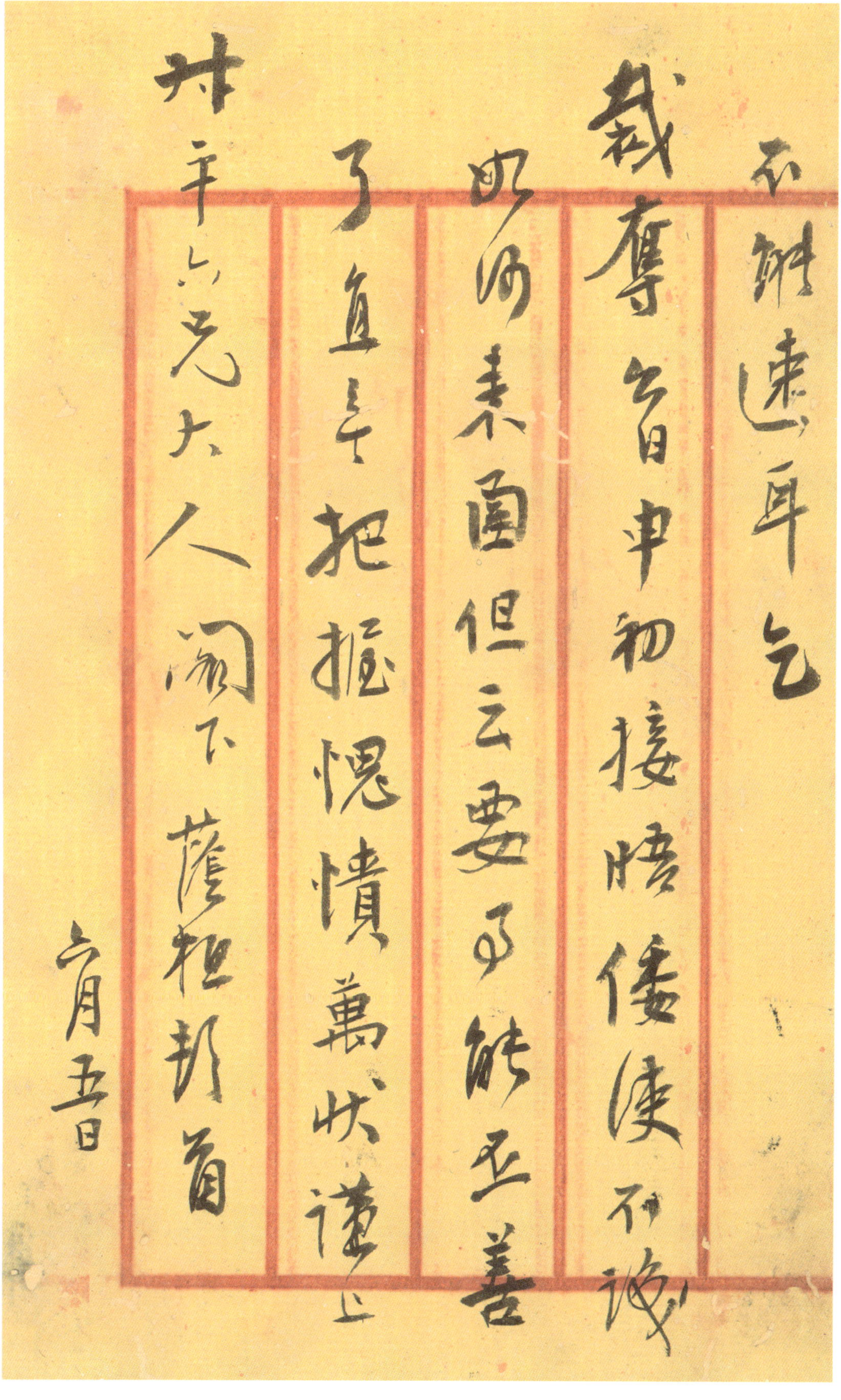

示悉連年乞
裁奪旨申初接晤倭使不論
此何來圖但云要予能正善
了直之把握愧憤萬狀謹上
叔平仁兄大人閣下　蔭桓頓首
六月五日

【一一二】張蔭桓函〔六月初六日〕

今早緩步趨班，苔滑泥濘，往／返倖免傾跌，然較晴時吃力／矣。承／示籌款，海、農〔一〕各任其半，甚公／允。惟海款他日由部籌還，此／與部中全認無異。宜／

注：

【一】「海、農」：海，即海軍衙門；農，時人也稱戶部爲農部。

久旱緩步趨班，苔滑泥濘，往返幸免傾跌，然較晴時喫力矣。承

示壽款海豐各任其半，甚公，先撥海款，他日由部籌還，此事部中全認無異，宜

〖一一二〗張蔭桓函 ［六月初六日］

執事之未許也。昨晤邸〔一〕，未再／提及，但云電津提款備撥／耳。議事昨無端倪，來人祇／任通信，無議權，仍隔膜。餘／面罄不盡。謹上／叔平先生閣下，蔭桓頓首。六六福日。

按：六六福日，即六月初六日。《翁同龢日記》甲午年六月初六日記：「樵野來，留點心，談至一時半。志伯愚來，大略皆論倭韓事。」（第六卷，第二七五〇頁）此函應是當日訪翁前所發者。

注：

〔一〕「邸」，這裏指管理總理衙門和海軍衙門的慶親王奕劻。

執事之未許也昨晤郎亭再
提及但云電津提款備撥
平議可略具端倪來人祇
任通信矣議權仍隔膜餘
面罄不盡謹上
叔平先生閣下 蔭桓頓首
六六禧日

【一三】張蔭桓函［六月初七日］

日昨厚承／教益，渥荷／關垂，飽／德之懷，何有極也。籌款[一]事，今／日晤慶邸，定初九日奏／。尊擬會語，潡莊[二]已交到云／。

注：

【一】「籌款」，陸本誤作「華款」，今據原件改正。

【二】熙敬，字潡莊，隸滿洲鑲黃旗，時任户部尚書。

日昨厚承

教益深荷

關垂銘

德之懷何有極也善矧已多

日晤慶邸定之初旨奏

尊擬會語激莊已多刪去

【一一三】張蔭桓函　［六月初七日］

署中今日自巳至酉，接晤西∕使三人，大都韓倭之事。倭署∕使已奉准議權，與商先撤∕兵，後會議，渠允照電本國∕，斷非倉卒能定也。即承∕叔平先生道安，桓白。初七日。

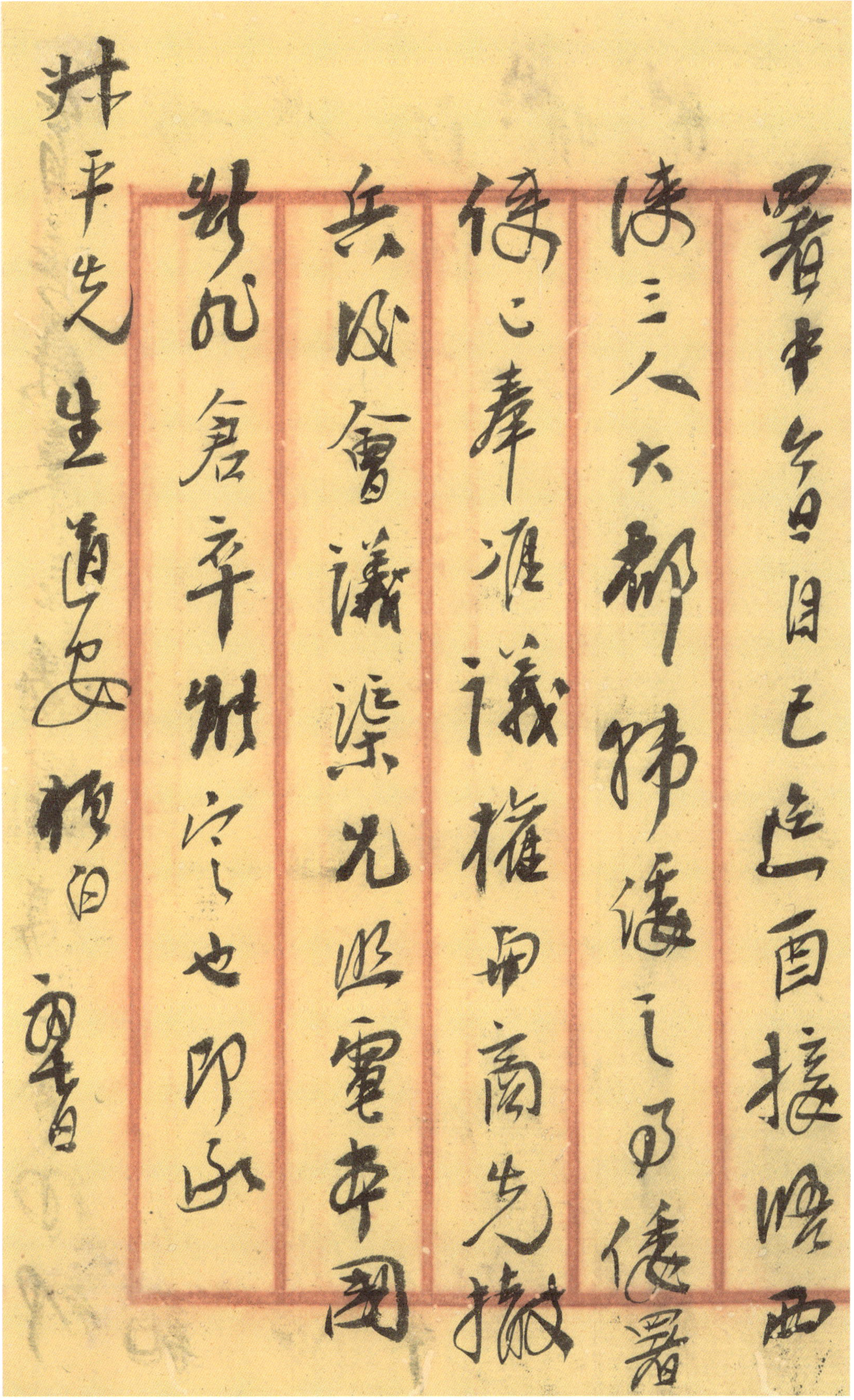
署中今日已延酉接晤西
使三人大都歸倭了再復署
係已奉准議權與商先撤
兵後會議渠光照電奉聞
斷非倉卒辦定也即頌
林平先生道安　桓頓首　[illegible]

【一四】張蔭桓函 〔六月初九日〕

今日／召見已將辰正，雷雨之後／，聖駕須速還瀛臺，内監傳宣／及之，祇可撮要陳對。承／諭，户部撥款靠得住，海軍恐不／現成。奏言，海軍亦〔一〕電津提撥／，但願備而不用。承／

注：

〔一〕原件此處缺損，「亦」字據陸本補。

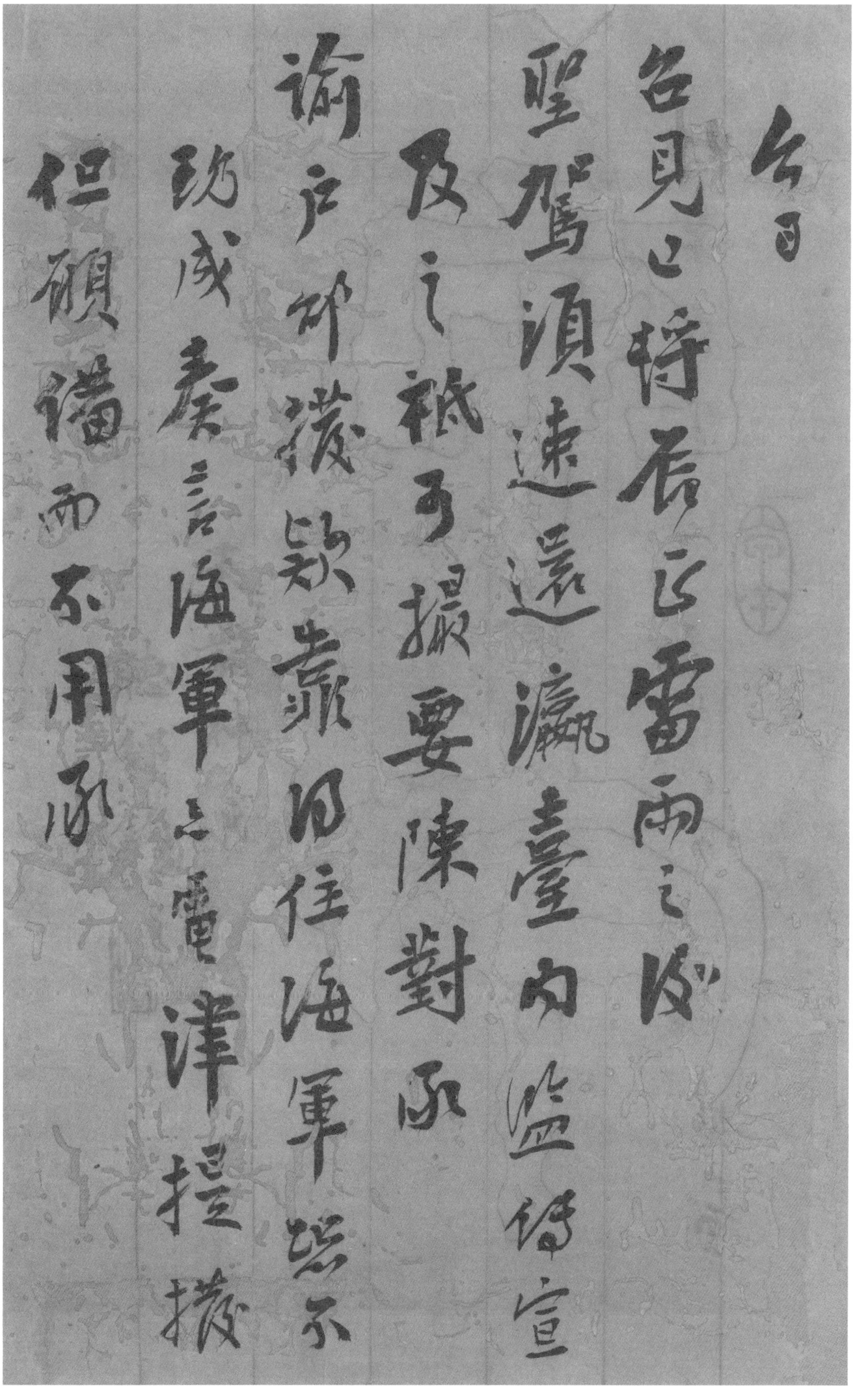

台旨

召見已將辰正雷雨之後

聖駕須速還瀛臺內監傳宣

及之祇可撮要陳對承

諭以所撥款叢因往海軍署不

既成奏言海軍之電津提撥

但頒諭而不用承

〖一四〗張蔭桓函［六月初九日］

詢前日接見倭使[一]情形，當略陳／大要，因問答已呈／覽，無煩瑣言。伯愚[二]條陳。奉／諭，總須顧全國體。并及明日／倭使／陛見事，謹分別條奏／。上顧案旁坐鐘／，

注：

［一］原件此處缺損，「倭使」二字據陸本補。

［二］「伯愚」，志銳，字伯愚，隸鑲紅旗滿洲，光緒帝珍妃、瑾妃之兄。時官禮部右侍郎。

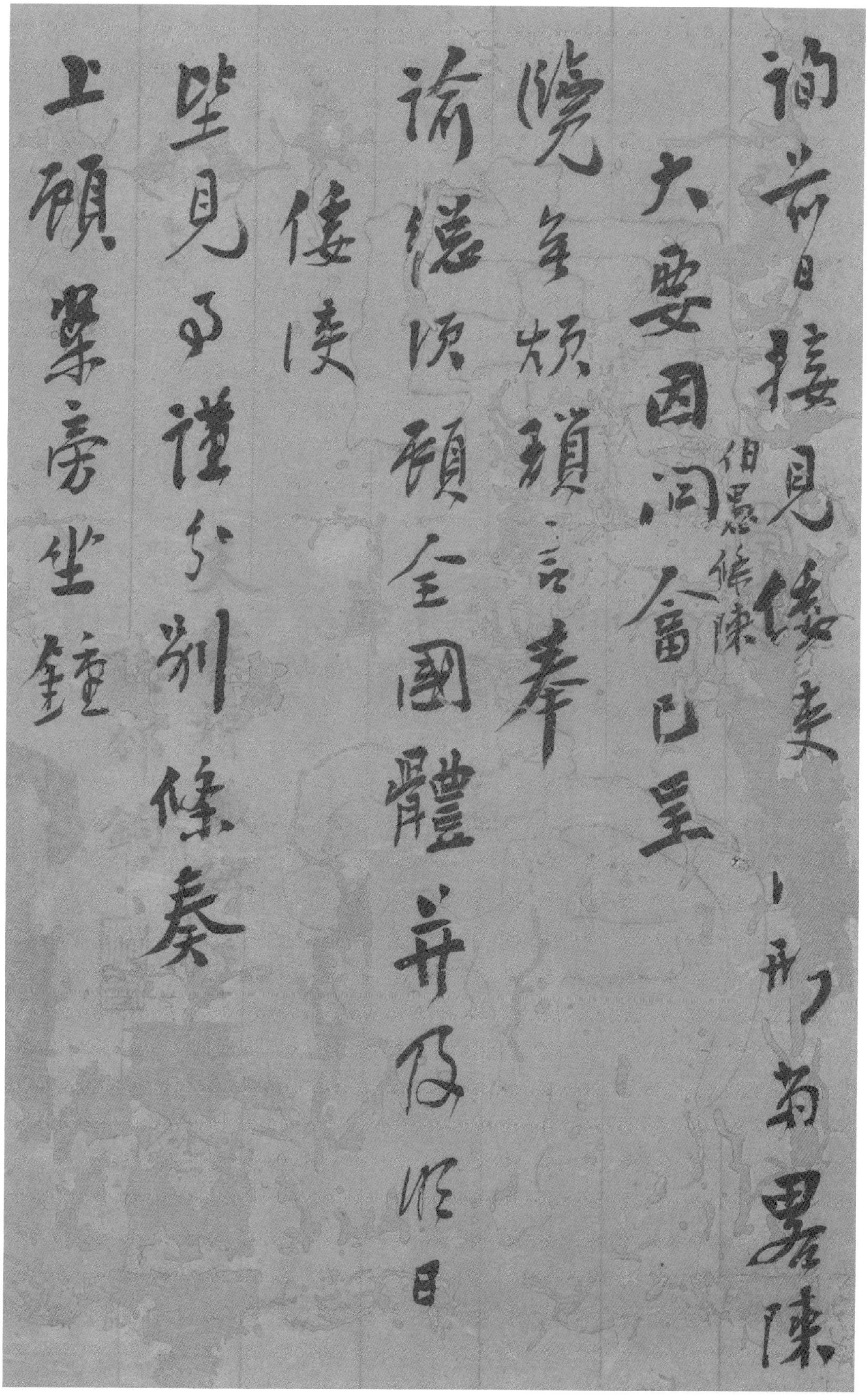

詢前日接見倭使一切前畧陳
大要因伯愚條陳同會已呈
覽年煩瑣言奉
諭總須顧全國體並及昨日
倭使
望見示謹分別條奏
上頓藥房坐鐘

【一四】張蔭桓函〔六月初九日〕

諭，已將九點鐘了。雨意未住，遂／退出。爲時雖暫／，天顔甚歡，安得早了邊事，以慰／宸廑。部撥外款，當有／樞寄也。餘晤言。即承／著安不次／。叔平先生閣下，蔭桓頓首／。初九日。

按：《翁同龢日記》甲午年六月初九日記：「奉廷寄一件，今日會海軍奏撥北洋的餉三百萬。如所議，即令該當月官交北檔房。」（第六卷，第二七五一頁）張蔭桓是日被召見時與光緒皇帝所論亦此事，故繫於是日。

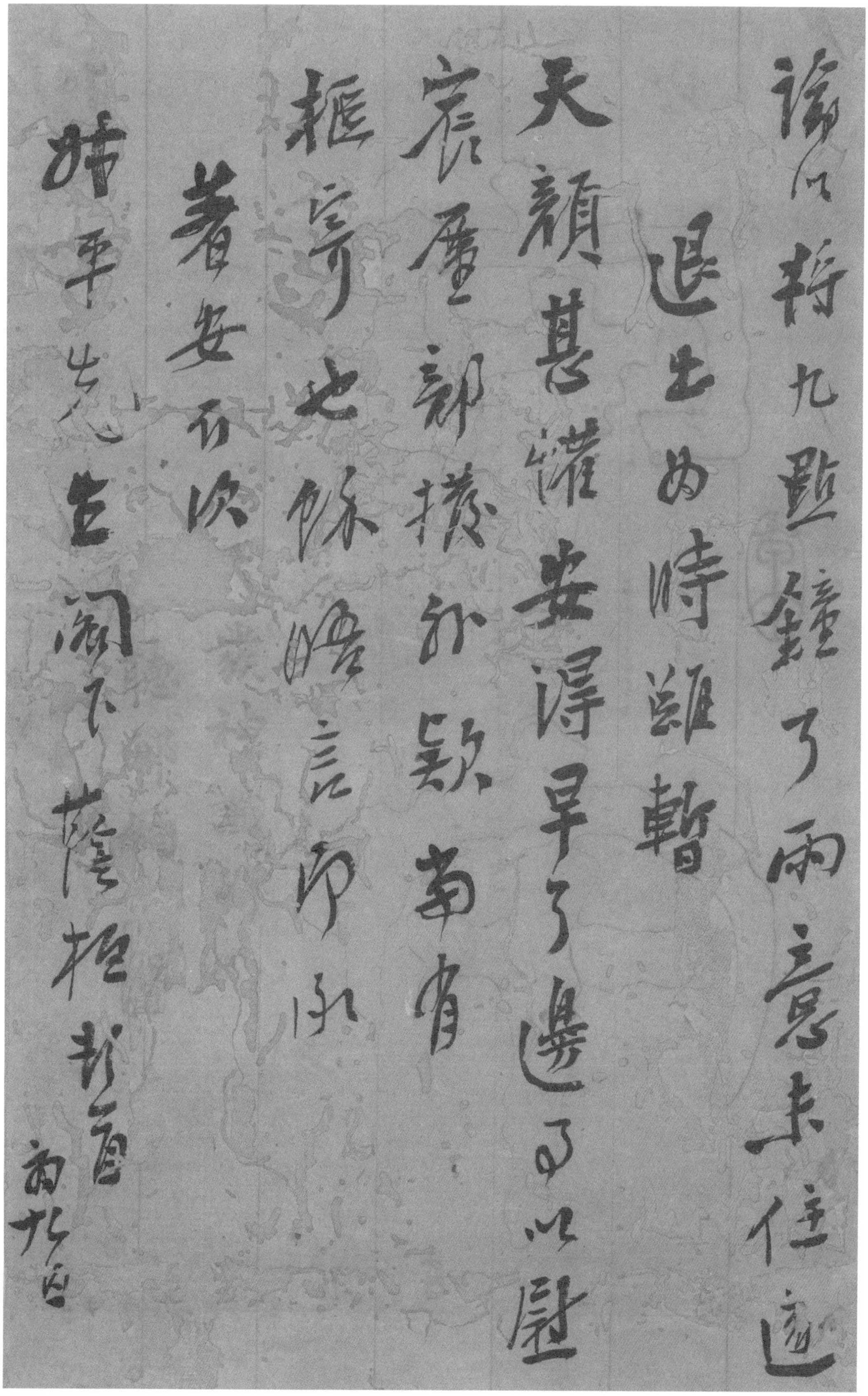

諭以將九點鐘了，雨意未住，適
退出，如時雖暫，
天顔甚懽，安得早了邊以慰
宸廑。部撥外款萬有
極言之餘，略言即承
著安。不次
叔平先生閣下 蔭桓頓首
初九日

〖一五〗張蔭桓函 〔六月十一日〕

今日汪使[一]電言，倭廷以各國相／勸，擬定期撤兵。龔使[二]初八電／言，倭在英新購大快船已駛／回日本[三]，倭情叵測。兩説互較／，頗難億逆。小村迄無回信。昨／與遲龕[四]商定，電屬汪使詢／

注：
【一】「汪使」，汪鳳藻，字芝房，江蘇元和人，時任駐日本公使。
【二】「龔使」，龔照瑗，字仰蘧，安徽合肥人，時任駐英國公使另，陸本脱「初八」二字，今據原件補正。
【三】「大快船」，即日艦「吉野」號，該艦是當時世界上航速最快的巡洋艦，於本年正月二十九日從英國駛抵日本吴港。
【四】孫毓汶號遲庵，也作遲龕。

旨汪使電言倭廷以我國相
勸擬定期撤兵議復又電
言倭在英新購大快船已駛
回本倭情叵測兩說互較
似難憑從不相違之事國權擬
前遣令龔商定電屬汪使詢

〖一五〗張蔭桓函　〔六月十一日〕

倭外部。頃詢總辦，此電遲／稿未交來，或須詳酌也。事機／百變，可慮實多。十三午後趨／教一談，小别不無戀戀。即承／道安不次／。叔平六兄大人閣下，桓白。十一日。

傳外部頃詢總署此電達

稿未交來現須詳酌也正機

百變方處實多十三年後趨

教一談小别不能懸懸即承

道安不次

林平仁兄大人閣下 桓頓首

【一六】李鴻藻函［六月十一日］

讀／手教，憤懑已極。刻有要語奉／商。吾／兄大人如能暫不入直，弟擬七八／點鐘趨詣，罄談一切。祈／示下爲幸。敬請／勳安，弟名謹上。十一酉正。

按：陸本未收此函，從筆迹判斷，爲李鴻藻函，原無月份。根據粘貼順序，暫繫於甲午年六月十一日。

請
手教憤懣已極刻有要語奉
商吾
兄大人如能暫不入直專擬七八
點鐘趨詣盤談一切祈
示下為幸敬請
勛安 弟名謹上

十一酉正

〖一七〗張蔭桓函并附抄件［六月十二日］

頃辱／鈞答，復拜／嘉惠，感紉何極！抄件呈／覽，不圖今日復有冒頓[一]，奈何？即承／晚安不次／。叔平先生閣下，桓白。十二日。

注：

【一】「冒頓」，即冒頓單于，秦漢之際匈奴首領，統一草原部落，建立强大帝國，對漢朝構成巨大威脅。這裏借指日本侵略朝鮮、威脅中國之事。

頃辱
鈞會復拜
嘉惠，感紉何極。抄件呈
覽，不圖旨復有冒扐虔何即承
晚安不次
焯年先生閣下 樵白 十二日

〔一七〕張蔭桓函并附抄件〔六月十二日〕

六月十二日未刻，日本小村照會／。

照會事：明治二十七年七月初九日[一]，本署大臣前往／貴署面談朝鮮事件／。貴王大臣聲明一切即日電報本國外務大臣／。茲准電稱，查朝鮮屢有變亂之事，從其内治紛亂而來，我／政府因念□，俾該國能更正内治，絶變亂於／未萌，冀若日清兩國勠力同心者。緣兩／國之於該國所有關係原常吃緊也，乃將／

注：

〔一〕明治二十七年七月初九日爲公元一八九四年七月九日，即甲午六月十二日。

六月十二日日本小村照會 來劄

照會事：照得二十七年七月初九日本署大臣前往

貴署面陳積辦朝鮮事件

貴王大臣聲明一節，即日電報本國外務大臣

茲准電稱：查朝鮮屢有之變亂之事，除其內

治務紛亂而來，我

政府因念今俾該國能更正內治，絕變亂根

未萌，莫若於日清兩國戮力同心者為兩

國之根，該國所有關繫，原帶兩國緊要也，乃於

〖一七〗張蔭桓函并附抄件［六月十二日］

此意提出／清國／政府。詎料／清國／政府定然不依，惟望撤兵，我／政府實深詫異。近聞駐京英國大臣顧／念睦誼，願日清兩國意歸於好、出力／調停等語，但／清國／

此三條出
清國
政府准辦
清國
政府實能而依惟照撤兵我
政府實深詫異近聞駐京各國大臣亦
僉曉證甚願見清兩國之歸好出力
調停等語但
清國

〖一七〗張蔭桓函并附抄件〔六月十二日〕

政府仍惟主撤兵之意，其於我／政府之意毫無可依之情形，惟以上所開／總而言之／，清國／政府有意滋事也，則非好事而何乎？嗣後／因此有不測之變，我／政府不任其責等因，前來相應照譯／來電照會／，貴王大臣查照可也。須至照會者。

按：陸本未收此函所附抄件。其時間，根據原函粘貼順序推斷。

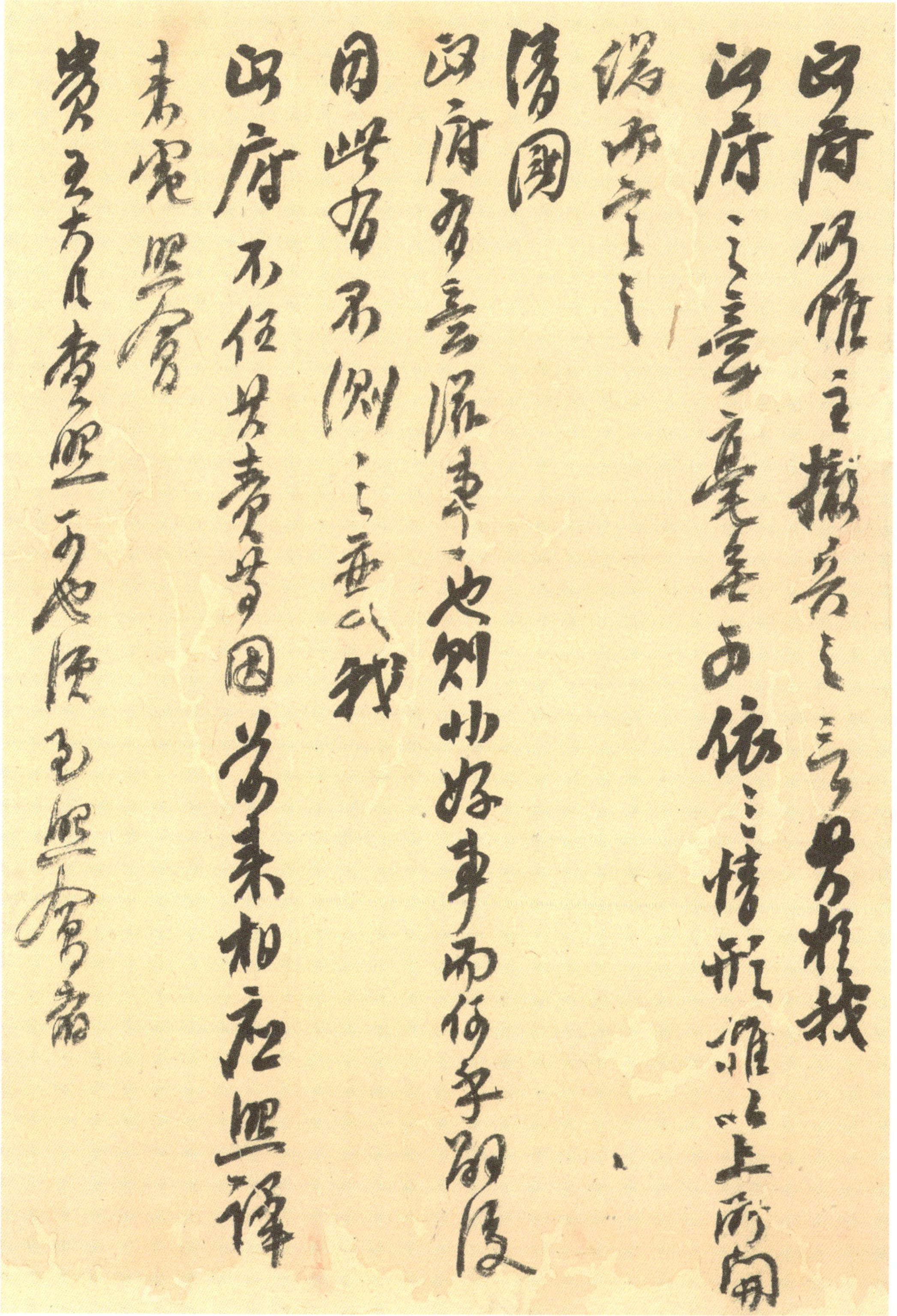
此府所懷之擬存之意甚相救
此府之之意見無不依之情形惟以上所開
謂係之又之
請國
此府有意保存之也則以好事而何爭限度
因此有不測之之再我
此府不任其責其國當來相應照譯
來電照會
貴王大臣處照會可也須至照會者

〖一八〗李鴻藻函　［六月十六日］

手教敬悉。此事恐未有／了期，奈何？頃南屋友人〔一〕送／奏底來，前銜竟書翁某／等，似是吾二人列名，或彼二／處皆列後銜耶？此從來／

注：

【一】「南屋友人」，指軍機章京。軍機處在隆宗門外，軍機章京辦公之處在軍機大臣值廬之南，故稱「南屋」。

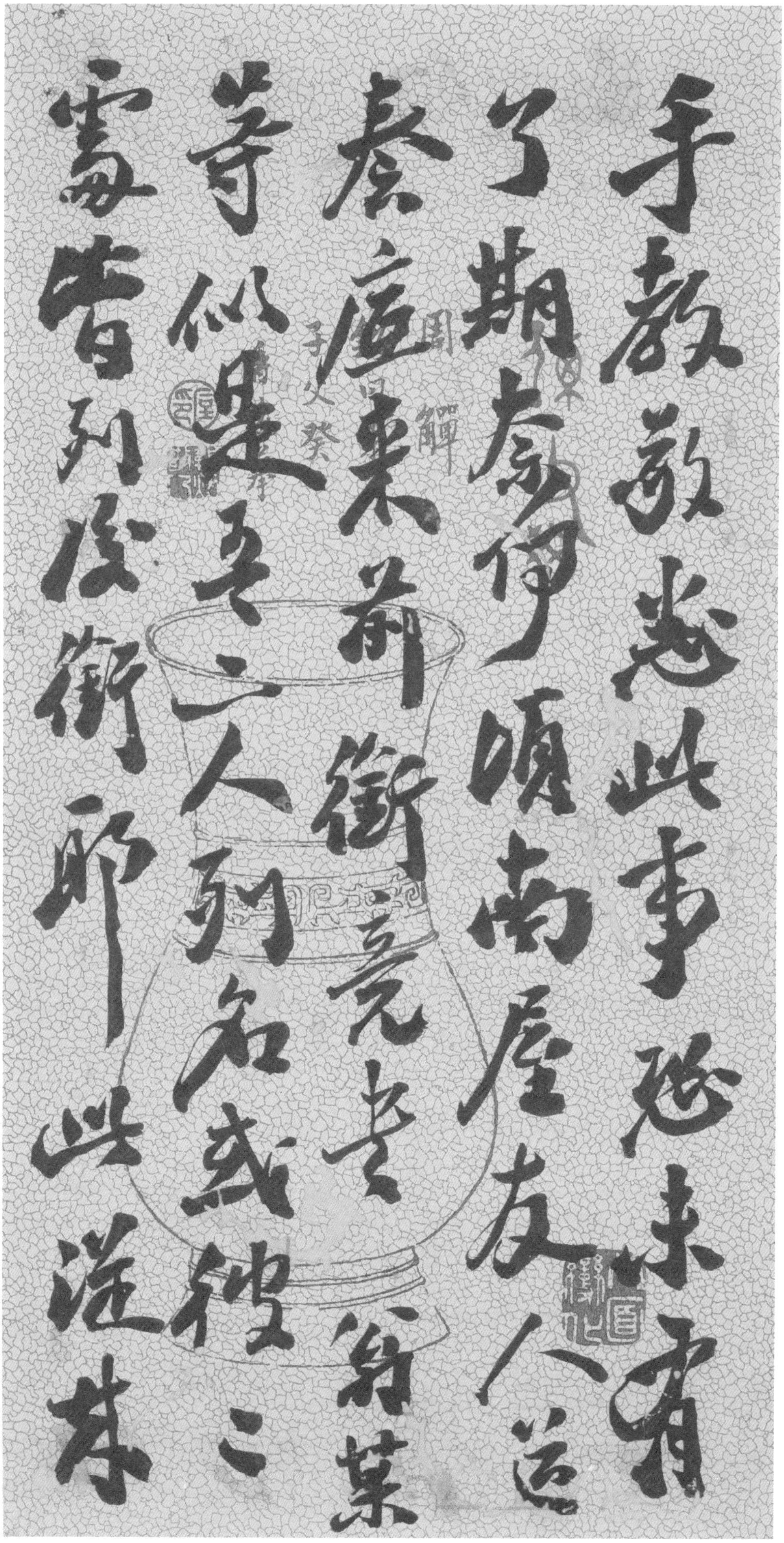

手教敬悉此事恐未有了期奏停頌南屋友人道奏廣東前衛亮貴翁葉等似是至二人列名或從二審告列從衛耶此滙林

【一八】李鴻藻函〔六月十六日〕

未有之事，必須争論明白／。明日如晴，當趨詣面陳一切／。匆匆，不盡欲言萬一。弟名謹覆／。十六日申初刻。

雨勢未已，可憂之至，如何如何？

按：此函係李鴻藻筆迹，陸本未收。據《李鴻藻日記》甲午六月十六日記：「申正後會文廷式、李盛鐸、張孝謙，翁大人來信。」（見《李鴻藻年譜》，第五四四頁）《翁同龢日記》是日記：「上至書房，近日覆奏摺上。（余名首列，此向來所無也，從前會議，或附後銜或遞奏片，無前銜。）」（第六卷，第二七五四頁）此函即是李氏就會奏署銜問題覆翁之信。

來書之事，必須爭論明白。昨日如晴，當趨詣面陳一切。每々不果，欲言之万一。弟名謹啟。

十六日申初刻

雨勢未已，可憂之至，如何如何。

【一九】李鴻藻函　〔六月十七日〕

承／示感甚。頃見知會，明晨又須／集議，仍卯正前在公所奉候／。一切容面罄不一。弟名謹覆／。十七申初刻。

按：此函係李鴻藻筆迹，陸本未收。《李鴻藻日記》甲午六月十七日記：「申刻軍機處來廷寄。翁大人來信。」（見《李鴻藻年譜》，第五四四頁）此函即是李氏覆信。

承
示感甚須見知會明晨又須
集議仍卯正前在公所奉候
一切容面罄不一 弟名謹覆
十七申初刻

【二〇】李鴻藻函［六月二十日］

昨柳門〔一〕送來一件，於／情形言之，頗悉。特以奉／閱。

餘俟晤談。敬請／台安，弟名頓首／。二十日。

按：此函係李鴻藻筆迹，陸本未收。因與上函前後粘貼，故暫繫於六月二十日。

注：

【一】「柳門」，汪鳴鑾，字柳門，浙江錢塘人，時任吏部右侍郎。

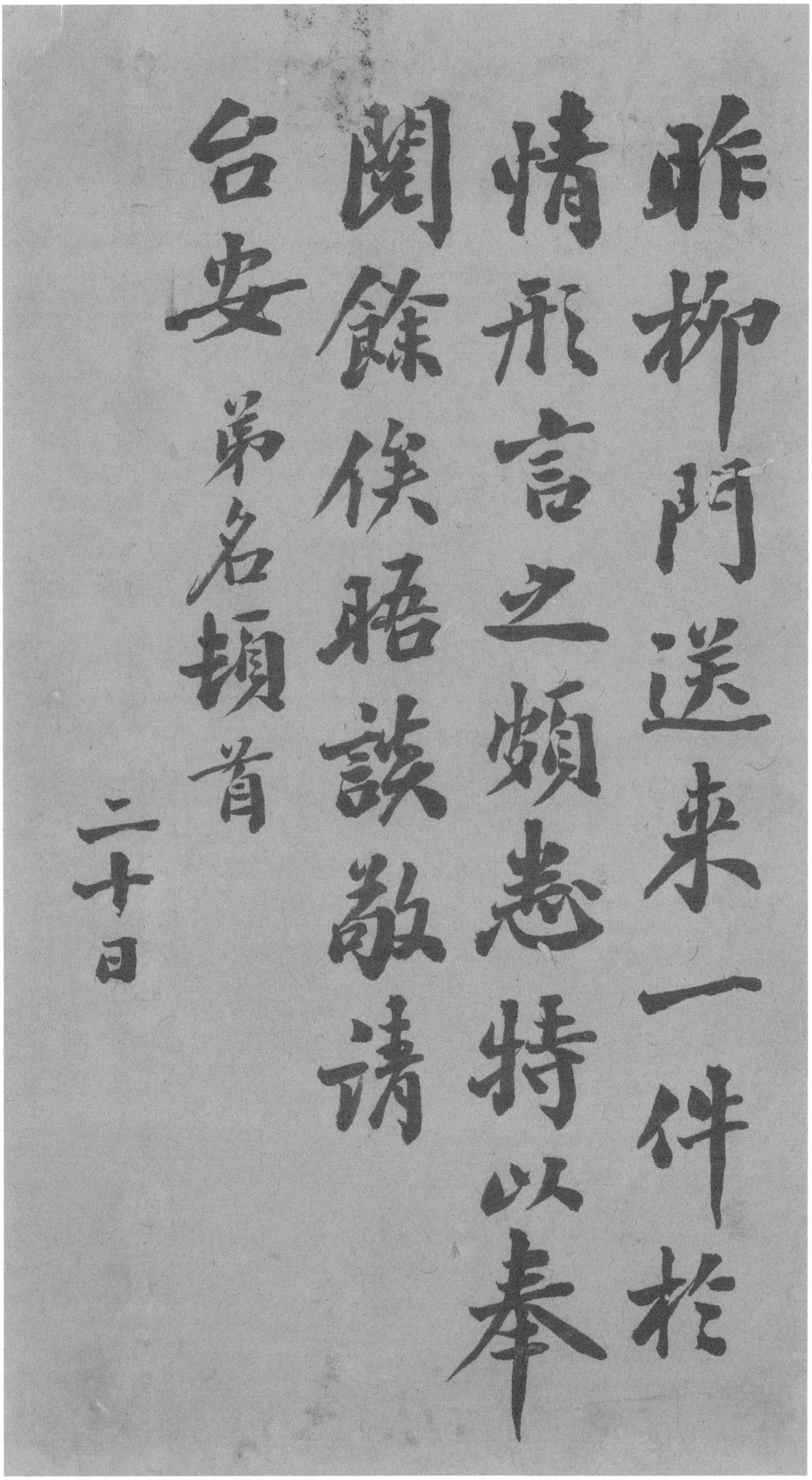

昨柳門送來一件，於情形言之頗悉，特以奉閱。餘俟晤談。敬請

台安

弟名頓首

二十日

【二一】俞鍾穎函 ［六月廿四日］

刻北洋電：「仁川委員劉永慶[一]附／英兵船到烟臺，電稱倭兵廿一圍／宮拘王，華電局、使署員役皆散云／，想拘王勒令背華。我兵已到義州／，催令前進。鴻。敬午。」云云。謹此密陳／太世叔大人鈞鑒，世再侄鍾穎叩上／。

六月廿四日三鐘二刻。

按：陸本未收此函。《翁同龢日記》甲午年六月廿四日記：「俞君實示余北洋電，有電局委員報廿一日倭拘韓王、華員星散語。君實來，陳六舟來。」（第六卷，第二七五七頁）

注：

【一】「劉永慶」，河南項城人，朝鮮通商委員袁世凱處屬下，駐仁川。

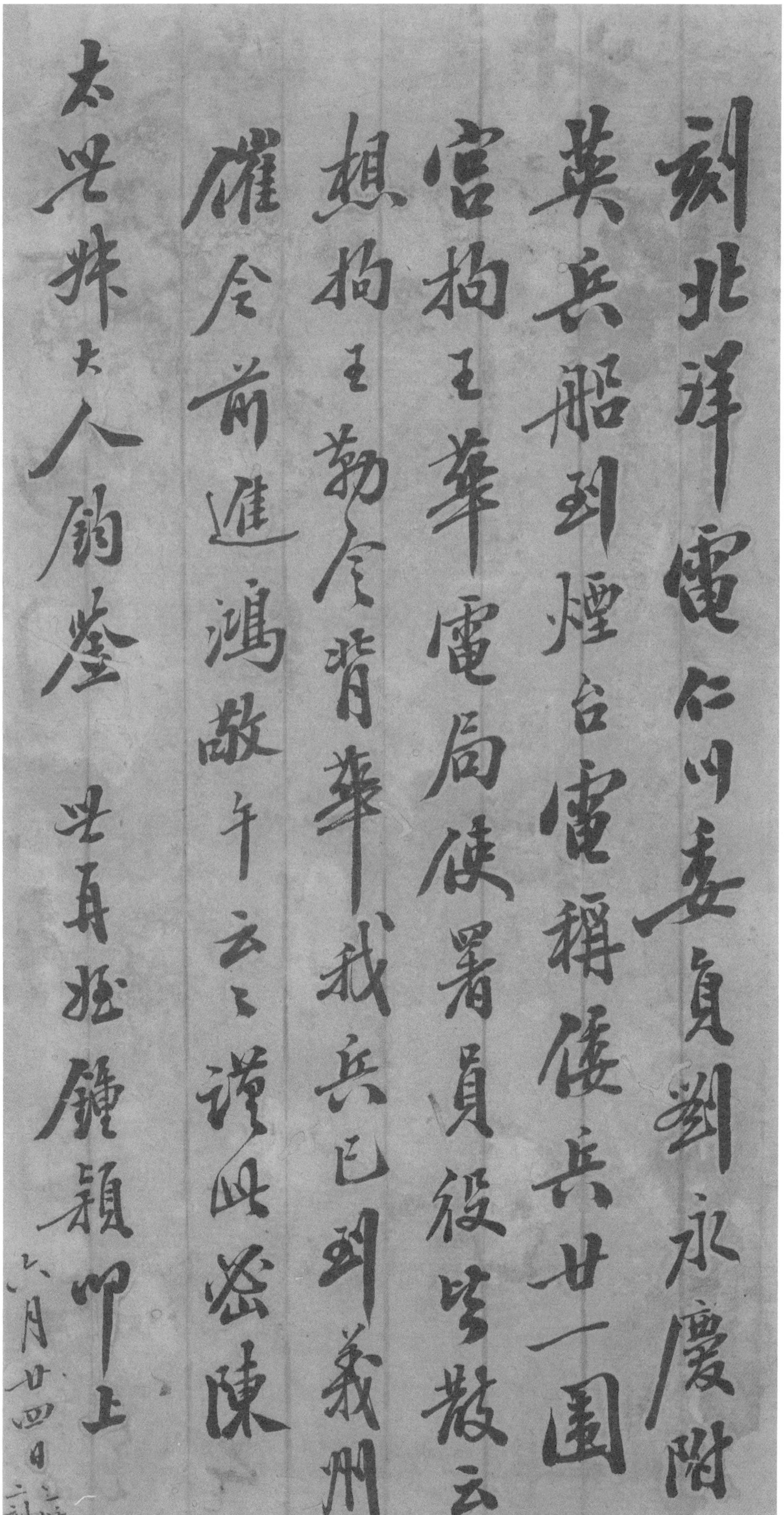

刻北洋電仁川委員劉永慶附英兵船到煙台電稱倭兵廿一圍宮拘王華電局使署員役皆散云想拘王勒令背華我兵已到義州確令前進鴻敬午云云謹此密陳

太史兄大人鈞鑒

世再姪鍾穎叩上

六月廿四日三鐘二刻

【一一二】 張蔭桓函一 ［六月廿四日］

手示謹悉。朝鮮地圖敝寓／無存，仍就署藏之本／校閱，容取來送／覽。頃北洋電韓王廿一日／被拘，使署、電局均散，係／

承示謹悉朝鮮地圖滬寓
尚存仍就署藏之本
校閱寄取來送
覽頃北洋電稱王廿日
被拘使署電局均散伙

【一一一】張蔭桓函一　〔六月廿四日〕

得自仁川委員自烟臺回稟[一]／，距今已四日。果有其事，稅關／自必稟達赫德。各使館亦必有聞。鄙意衡之／，恐未盡確，電綫爲倭割斷／，消息不靈，奈何？謹覆叔平先生座右，蔭桓頓首／。廿四日。

注：

【一】「回稟」，陸本誤作「回京」，今據原件改正。

頃自仁川委員回姻知四處
兵船今已四日果有其事議詢
會議彼亦必有詞
自必多索送蔡德鄙意衡之
然未盡確電諭各使劉戡
消息不靈奈何謹復
林年先生座右　蔭桓頓首
廿四

【一三二】張蔭桓函二　〔六月廿四日〕

倭繪韓圖一本送／覽。當與署中自繪本無／大參差也。

即承／叔平六兄大人著安，桓白／。廿四日。

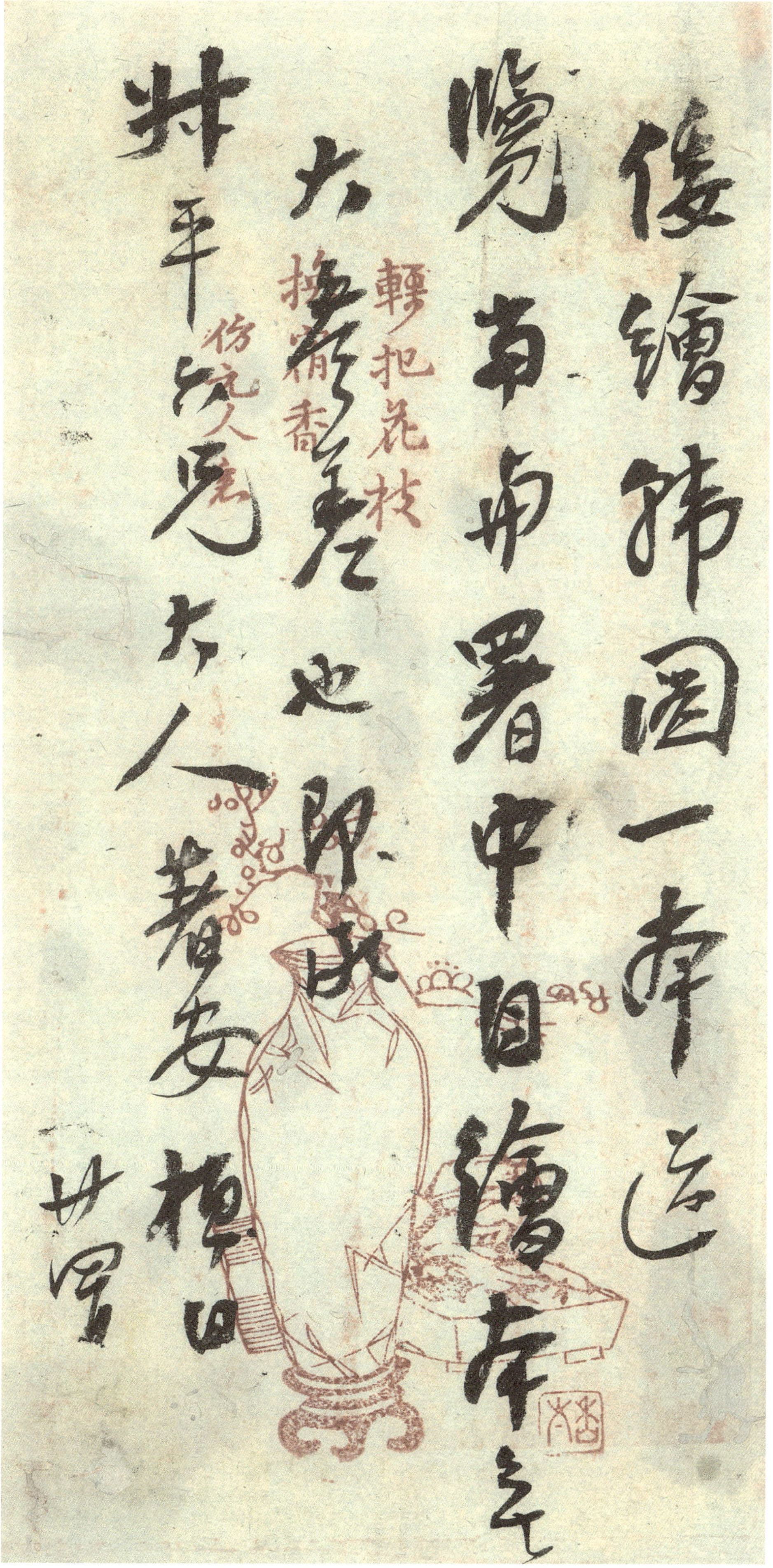
復繪錦園一本，送
覽。曾在署中自繪本，乞
大鑒看也，即收
壯年仁兄大人著安　樵野
廿四

【一一四】張蔭桓函［六月廿五日］

倭兵昨在牙山潛擊我船，釁由／彼開，勢迫於戰。今日英使來言／其事，有英商受雇裝兵之商／船[一]亦被擊沉，内有德國教習[二]一人／，在内我兵逃出十一人。「濟遠」[三]與之相／持，尚能自顧，「廣乙」[四]則敗矣。北洋／

注：

【一】「英商受雇裝兵之商船」，即豐島海戰中被日艦擊沉的英人商船「高升號」。

【二】「德國教習」，即漢納根，德國人，少尉銜，曾參與北洋海軍船塢、旅順口、威海衛炮臺建設。甲午年向李鴻章自薦前往朝鮮查看形勢，「高升號」遭遇日軍襲擊時，正在該船中。

【三】「濟遠號」，北洋海軍巡洋艦。

【四】「廣乙號」，清軍巡洋艦，屬廣東水師，朝鮮事發，隨北洋海軍軍艦一同前往仁川，豐島海戰中遭日艦圍攻受重創，遂自焚而沉。

倭兵昨在牙山潛擊我船，衅由彼開，據理接戰。今日英使來言，其乃所雇英商定雇裝兵之商船之被擊沉，內有德國教習一人在內，我兵逃生十一人。濟遠與之相持，尚能自顧；廣乙則以其將淺

〖一一四〗 張蔭桓函 ［六月廿五日］

來電甚長，已令章京速謄╱，明早攜呈╱台覽。昨送地圖，祇管╱留閱，署中尚有一本也。即承╱晚安不次╱。叔平先生閣下，桓白。廿五日。

按：《翁同龢日記》甲午年六月廿五日記：「比歸，得樵野信，始知倭在牙山潛擊我船，有英商載我兵船一隻擊沉，『濟遠』尚自顧，『廣乙』則敗矣。」（第六卷，第二七五七頁）

來電甚長，已令章京速謄，明早攜呈。尊處所購送地圖，亦望借閱，署中尚有一本也。即承晚安。不次。

樵野先生閣下　植白　廿晉

【一一五】張蔭桓函［六月廿六日］

今日會議曾及寧波、定海否／？撫、提〔一〕均到任未久，幸皆舊治，或／不致臨事倉卒耳。山東威海／衛，北洋水師根本。此時全師／而出，駐守不知幾營，敵若乘虛／來襲，亦甚可慮。

午間北洋來電／

注：

【一】「撫、提」：即巡撫和提督，指浙江巡撫廖壽豐和浙江提督張其光。

旨會議曾及甯波定海各
鎮提督到任未久皆舊治或
不致服了翕辛平 山東威海
衛北洋水師根本此時全師
而出駐守不知戰意敵若乘虛
來襲亦甚可慮午間北洋來電

【一·五】張蔭桓函 〔六月廿六日〕

兩紙，已令總辦專送樞中，當邀／垂察。邦交既絶，互市即停，自係／公法。北洋初電尚能制敵，第二／電則首鼠矣。倭之執政爲民黨／所攻，勢已睽異，禁其互市，則商／民益怨，彼族欲耀兵以弭謗而／

西紙已令撫藩書送框牛角收之
垂鑒郵文允絶至京即停自係
以請北洋初電嘗欲制敵第二
電知首鼠矣倭之報設為民臺
所攻埠已暌異禁其至京則商
民益望綫族將耀兵以弭謗而

【一一五】張蔭桓函 ［六月廿六日］

謗愈叢，當軸或自謀變計。若／互市雖停而他國仍能代運倭／貨，則停而不停耳。北洋慮各國／交責，自是老謀深算，然設爲／三層辦法：一、他國商民自用倭物／，准運入口；一、倭貨已屯於華者，准／

議僉叢有輔或自謀變計若
互市雖停而他國仍欲代運倭
貨則停而不停矣北洋屢奉國
交責目是老謀深算然設尚
三屬稱係一他國商民自用倭物
准集運入口一倭貨已屯於華者准

〖一·五〗張蔭桓函〔六月廿六日〕

他國商民代運出口；一、他國商民運／倭貨以銷售於我者，暫停入口，俟／戰事大定，照常運售。如此辦去／，似尚不致各國交訌。〔一〕大約運倭貨／來華者，英美兩商而已。北洋初／電足爲佈告文中添作料，〔二〕所慮／

注：

【一】「交訌」，陸本誤作「交譲」，今據原件改正。

【二】「料」，陸本脱，今據原件補正。

他國商民代運出口一他國商民運
售貨以銷售於我此暫停之後
戰事大定照常運售如此辦去
似尚不致各國交訌大約運售貨
來華者英美兩商而已北洋初
電已爲布告各口添作料所慮

〖一二五〗張蔭桓函〔六月廿六日〕

絶妙好詞，以西人文法譯之，語氣/多不貫，專恃此以禦侮，似未足以/觀變也。或能杜言者之口，亦是一法。各國得此，亦斷不肯代判/曲直。法越非前車乎？即就條約/論，美約原有「他國欺藐不恭，美/國出爲排解」，法越之事，總署倩美/

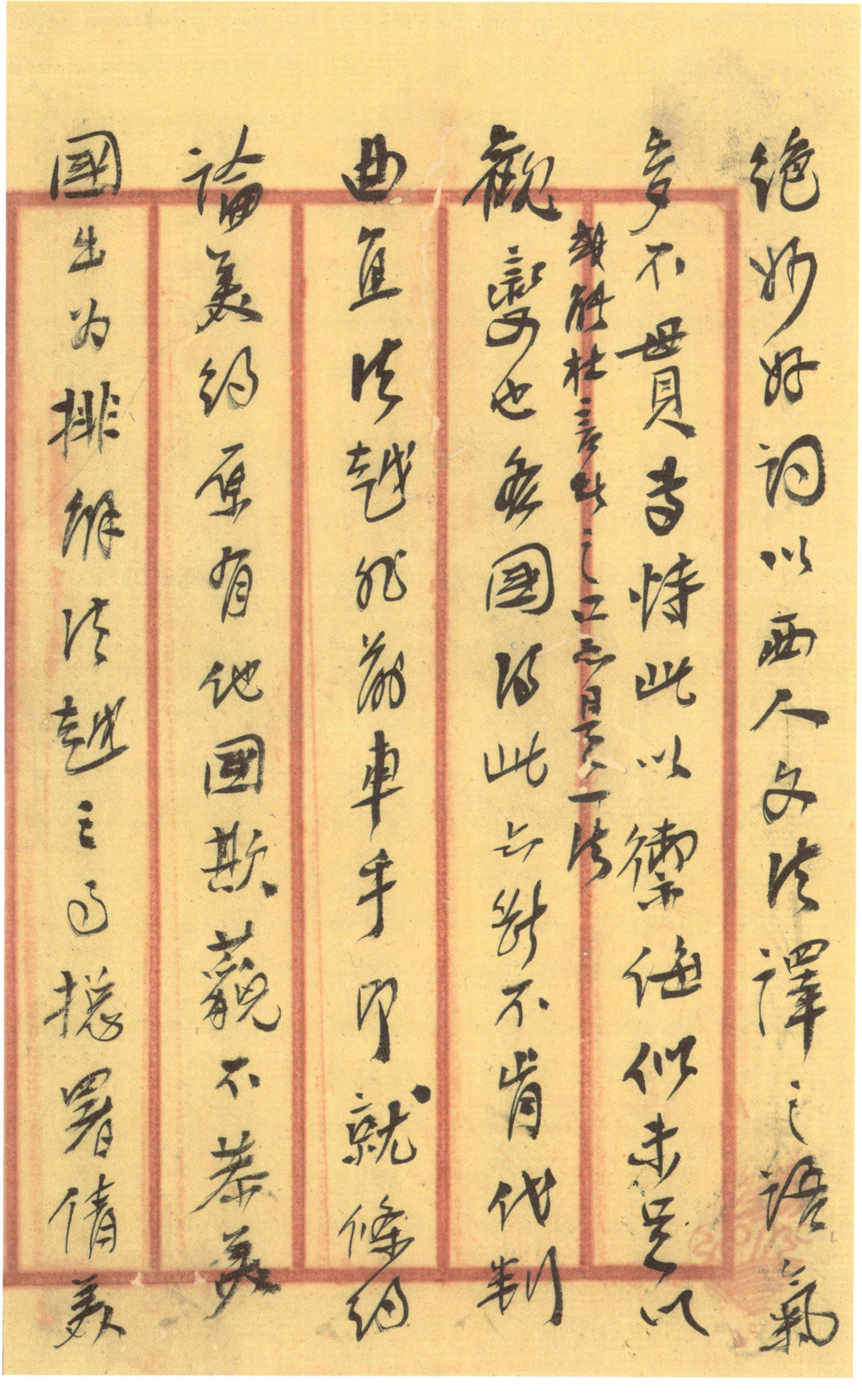
絶妙好詞以西人文法譯之語氣
多不貫書特此以儆俗似未足以
錄韓杜三詩紙乙亥正月廿八一紙
觀摩也無國有此亦斷不肯代判
曲直法越既弱束手即就條約
論矣約原有他國斯藐不恭矣
國生為排維法越之局攬署倩美

〖二五〗張蔭桓函〔六月廿六日〕

使排解以爲上策。年時赴美，始悉／美國實無此權。美之政事取決議／院，若未經議院議准，總統且不／能辦，況美使乎？固知前約，姑爲／此說耳。

每謂中國與外國聯結／，政教不同，言語不通，極難融洽／。

使排俄以為上策年時赴美始悉
美國實無此權美之政由兩政決議
院若未經議院議准總統且不
能雜說美使于國知前約始為
此說予每謂中國與外國聯結
政教不同言語不通極難聯絡

〖一一五〗張蔭桓函〔六月廿六日〕

外國自爲結納，其勢甚順；中國／自爲計，總非自强不可。此論已於／十年前奏陳及之矣。又前事之／可笑者，德署使允與中國立密／約，爲我攻法以紓越難，我酬以五百／萬金。當時張幼樵、吴惠吟[一]均以／

注：

【一】「張幼樵、吴惠吟」，即張佩綸、吴廷芬。張佩綸，字幼樵，號繩庵，又作蕢齋，直隸豐潤人，中法戰爭時署都察院左副都御史，入值總理衙門，因馬江戰敗遭到參劾，被革職發往軍臺效力。吴廷芬，字惠吟，安徽休寧人，光緒九年以太僕寺卿充總理衙門大臣。

外國自為法納其勢甚順中國
自為計總亦自強不可此論已於
十年前奏陳及之矣又前月之
子美與德署使先與中國立密
約為我攻法以紓越難我酬以五百
萬金當時張幼樵吳清卿均以

【二五】張蔭桓函［六月廿六日］

爲無上妙法，不悟德署使無此權／。德兵一動，亦豈五百萬金能了之／乎？走[一]奉使日斯巴彌亞[二]時，曾與／該署使相遇，其人方在德館充武／隨員也。署中於正使、代辦一例視／之，未必太優矣。偶有所觸，不／

注：

【一】「走」，即「下走」，謙辭，張蔭桓自稱。

【二】「日斯巴彌亞」，即西班牙。

為無上妙法，不悟德署使臣以權

德兵一動，亦豈五百萬金能了之

乎？去年使日斯巴弥亜時，曾與

談署使相遇，其人亦在德館充武

隨員也。署中於以使代辦一例視

之，未免太傲矣。偶有所觸，不

〖二五〗張蔭桓函　〔六月廿六日〕

禁覼縷。又今日暹龕電詢滬∕道，德華銀行是否華商貲本∕，有無洋商股份在内，已譯發矣∕。德華爲德商，庚寅擬借洋款∕時，巴蘭德[一]屢爲説項，張朗齋[二]所∕借有此銀行之款，暹公殆忘之∕

注：

【一】「巴蘭德」，德國人，曾任駐華公使。

【二】「張朗齋」，即張曜，字亮臣，號朗齋，直隸大興人。官至廣西巡撫、山東巡撫。「齋」，陸本誤作「壘」，今據原件改正。

楚翩邊又今日遲合訊電詢滬
道德華銀行是否華商與本
有無洋商股份在內已譯發矣
德華為德商康寅擬借洋款
時已蘭德屢為說項張朗無所
借有此銀行之款遲不能覆之

【二五】 張蔭桓函 ［六月廿六日］

耳。前承／屬抄約本三紙送／覽。此時恐用不著，聊備他日／查考耳。手布，即承／道安不次／。叔平六兄大人閣下，桓頓首。廿六日。

按：《翁同龢日記》甲午年六月廿六日記：「午初二客去。余與蘭翁入至軍機房，早間奉旨會商。慶王亦來商量。見北洋兩電：一撤使，禁倭貨入口；一又云不必禁倭貨，恐搜查爲難。」（第六卷，第二七五八頁）因日艦偷襲清軍運兵船，中日戰爭正式爆發，是日翁同龢、李鴻藻與慶王及軍機大臣一起會議「韓事」，并收到李鴻章的电报，張蔭桓故有此函，詢問消息，并申述己見。

手教承

屬抄約本三紙送

覽此時殊用不著聊備他日

查考耳手布即頌

道安不次

叔平仁兄大人閣下 桓頓首

廿二日

倭韓新事

〖二一六〗 張蔭桓函 〔六月廿八日〕

北洋電，牙軍廿三日鏖戰，殺／敵千餘，我軍傷已過百，擬移／駐水原云。葉亦能軍，差强／人意。惟平壤已爲倭踞，義／州各隊恐須以戰爲進耳／。水師丁提督統戰艦往／

北洋電牙軍廿三日鏖戰殺
敵千餘我軍傷亡近百擬移
駐北原云葉已解軍差強
人意惟平壤已為倭據義
州無險路須以戰船運兵
水師丁提督統戰艦往

〖二六〗張蔭桓函［六月廿八日］

返漢江口，未遇敵而還，謂／回顧威海云，大約無意接／戰，摩壘[一]而已。容續布，即承／道安，惟祈／亮察不宣。名心叩／。廿八日申正。

注：

【一】「摩壘」，迫近敵壘，挑戰的意思。

返漢江口，未遇敵而還，謂迴顧威海，云大約無意接戰，摩壘而已。宋慶部即承

道安，順祈

亮察，不一。蔭桓叩

廿八日申正

【二七】徐桐函［六月廿八日］

牙山大捷，快事也。惟夷人狡計，我／軍小勝，即有人議和以緩兵勢；果能／得手，似宜乘勝直入。臺灣、定海皆非通／商所，恐其以游兵牽制我也。聞由津／至滬僅太古兩輪，餘皆載軍裝／，人心頗惶惶。又周玉山[一]奉調來都，烏能／勝任？兩宥。

按：此函陸本未收。原函落款署「兩宥」，係密函，也無日期。據《翁同龢日記》甲午年六月廿八日記：「俞君實、樵野先後函告廿三日牙軍與倭鏖戰，殺倭千餘，我兵亡百餘，而倭添兵五千。又平壤已爲彼踞，得失勝負之數未可較也。」（第六卷，第二七五八至二七五九頁）則此函應寫於是日。至於作者，從字迹判斷，應是協辦大學士、吏部尚書徐桐所寫。信中稱洋人爲「夷」，又對清廷任用周馥表示不滿，也符合其一貫仇視洋人和洋務的心態。

注：

【一】「周玉山」，即周馥，字玉山，安徽建德人，早年入淮軍，長期追隨李鴻章辦理洋務，時任直隸按察使。

徐桐函

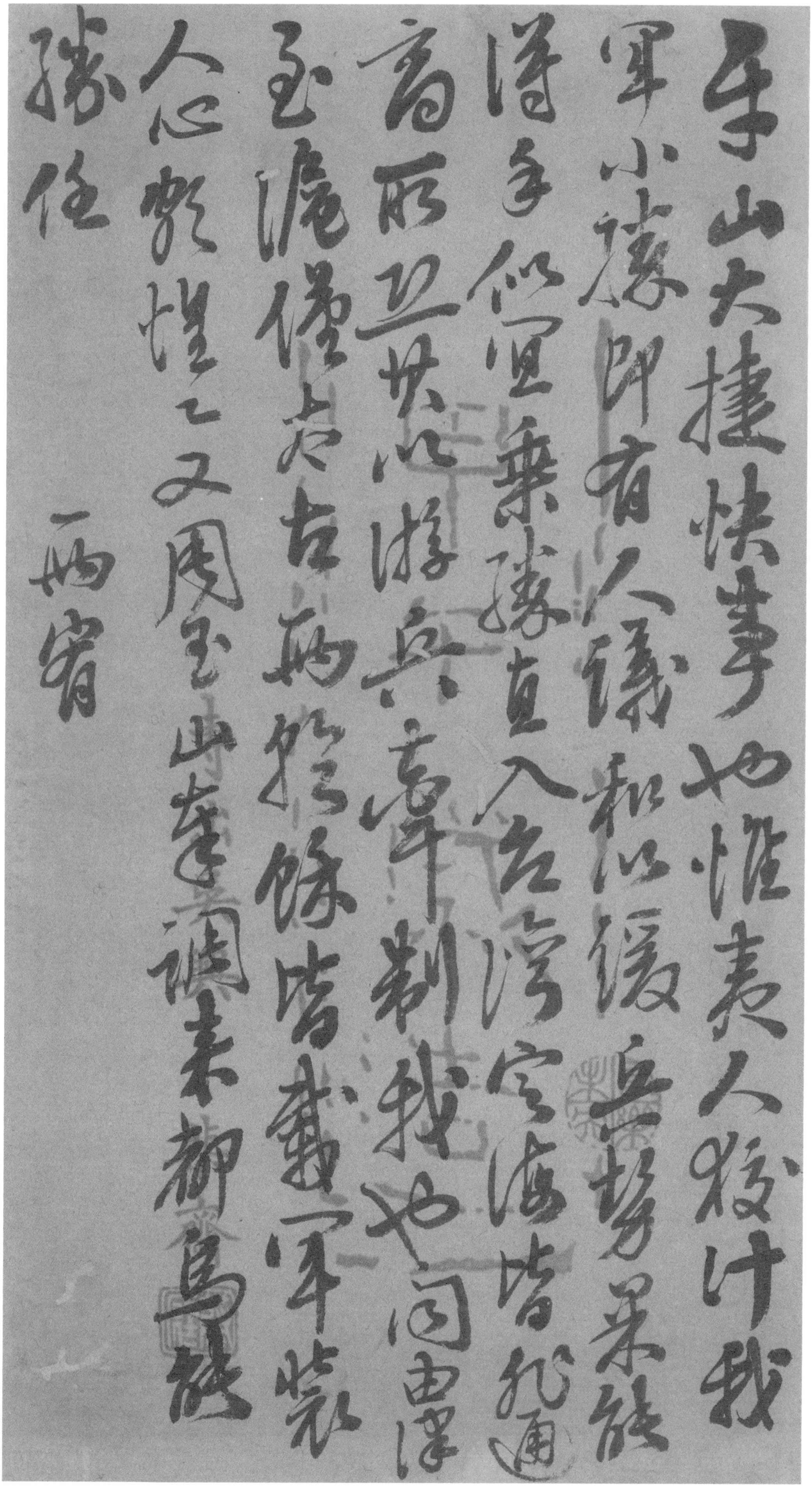

【一一八】李鴻藻函［六月廿九日］

昨電聞係紳商所傳，未知確否╱？若倭踞平壤，則義州各隊恐難╱前進，葉孤軍深入，後路援絶，是╱大可慮也。道塗泥淖難行，不能╱趨晤，悶極。今日╱尊處如有所聞，尚望╱示悉爲感。弟名謹上╱。廿九日辰刻。

按：此函陸本未收，係李鴻藻筆迹。《翁同龢日記》甲午年六月廿九日記：「晨入，遇慶邸於乾清門外，立談數語，謂平壤未失，昨乃訛傳，衛、馬、左三人皆抵義州，廿四日牙山又有戰事，未知勝負，消息不通也。」（第六卷，第二七五九頁）故將此函繫於是日。

昨電聞係紳商所傳未知確否
若倭踞平壤則義州各隊恐難
前進葉孫軍深入後路援絕是
大可慮也道途泥淖難行不能
趨聆悶極今日
尊處如有所聞尚望
示悉為感 弟名謹上
廿六日辰刻

【二十九】徐　桐函　［七月初□日］

島事若何？頗聞津海有封口之說，果爾\，則於通商不便，各國必出而解圍也。昨至\東江米巷，閑中觀望日國，毫無動靜，仍\有人出入，似彼國尚未下旗，恐其有所恃而\不理，則大可慮。陸軍已渡江否？

按：此函陸本未收。原無署名，從筆迹判斷應係徐桐所寫，且徐桐宅邸靠近東交民巷，函中有「閑中觀望」語，情景也符合。至於日期，因函中言「彼國尚未下旗」之事，時間應在六月廿三日中日豐島海戰爆發後。六月廿九日，總理衙門照會日本駐華公使小村壽太郎，以兩國已無事可商，「諷之使去」。故此函當寫於七月初。「島事」指臺灣孤懸海外，恐爲日軍覬覦，清廷命南北洋大臣、閩浙總督預籌對策之事。

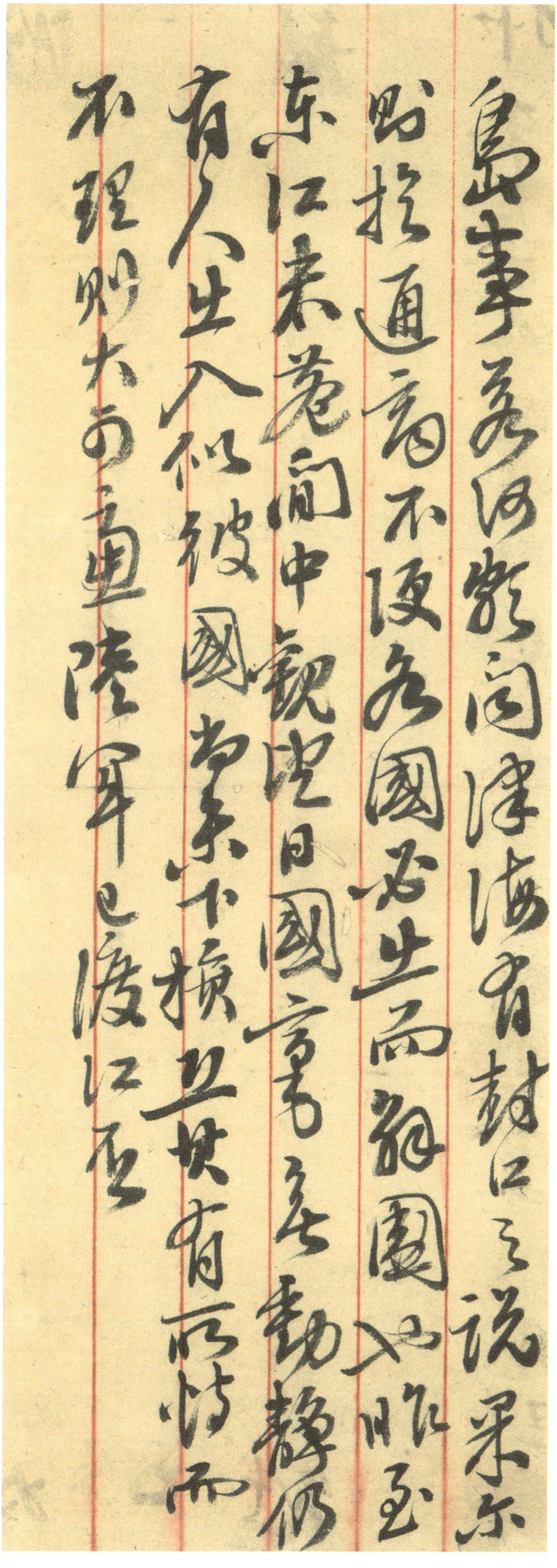

島事若何，聞津海有封江之說，果繫

點於通商不便，各國必出而籠圍之。昨函

東江來卷，函中窺測日國意之動靜，仍

有人出入彼國，尚柔不擾，以其有所恃而

不理，則大可慮。陸軍已渡江否

【三〇】 張蔭桓函 〔七月朔旦〕

平壤依然。北洋續電呈／覽。昨英使來，意在説合，故爲／危詞，未足聳聽也。拙作一首，乞／教政。寺僧初四出京，若農[一]恐不能／作急就章耳。敬承／叔平先生道安，蔭桓頓首／。七月朔旦。

注：

［一］「若農」，即李文田，字若農，廣東南海人，時任禮部右侍郎，南書房行走。

手據備悉　北洋續電呈
覽。昨美使來意，至說合，故為
危詞，來書足淆聽也。擬作一首呈
赫設寺禮，初四出京，彥農照不能
作急就章耳。特此
朴平先生道安　蔭桓頓首
十月朔旦

【三一】張蔭桓函〔七月朔〕

廿五六日牙軍又捷，北洋電言雇英商小輪往探仁川，英領事貽稅司書。殺敵二千＼餘，云現已進紮，距漢城八十里，若＼得平壤之師會合，聲勢較＼壯，北洋已促衛、左、馬三軍〔一〕前＼進矣。明早會議＼，從者右路之行當稍後耶?·承＼

注：

【一】「衛、左、馬三軍」，指被李鴻章派往朝鮮增援葉志超部的清軍，包括衛汝貴統率的盛軍、左寶貴統率的奉軍、馬玉崑統率的毅軍。

廿五之有來筆又接報，殺敵二千餘，號已進扎於距漢城八十里，若（北洋電言在英商小輪往探，作以英旗，日人稅日出）云

與平壤之師會合，聲勢較

壯。北洋之保衛左馬三軍，前

進矣。明早會議。

行在路之行第稍緩，即頌

【三一】張蔭桓函〔七月朔〕

教改文稿，感甚！瓊炤請經／，自非／賜經之比，然向來粵僧請經，奉／諭旨有錫杖、袈裟之／賜，此文附會及之，究是溢美。謹上／叔平先生閣下，桓白／。七月朔。

按：此函陸本未收。《翁同龢日記》甲午年七月朔記：「得樵野書，北洋電雇英輪探仁川，知廿五六牙山又捷，殺敵二千餘，進紮距漢城八十里，可喜也。」（第六卷，第二七五九頁）

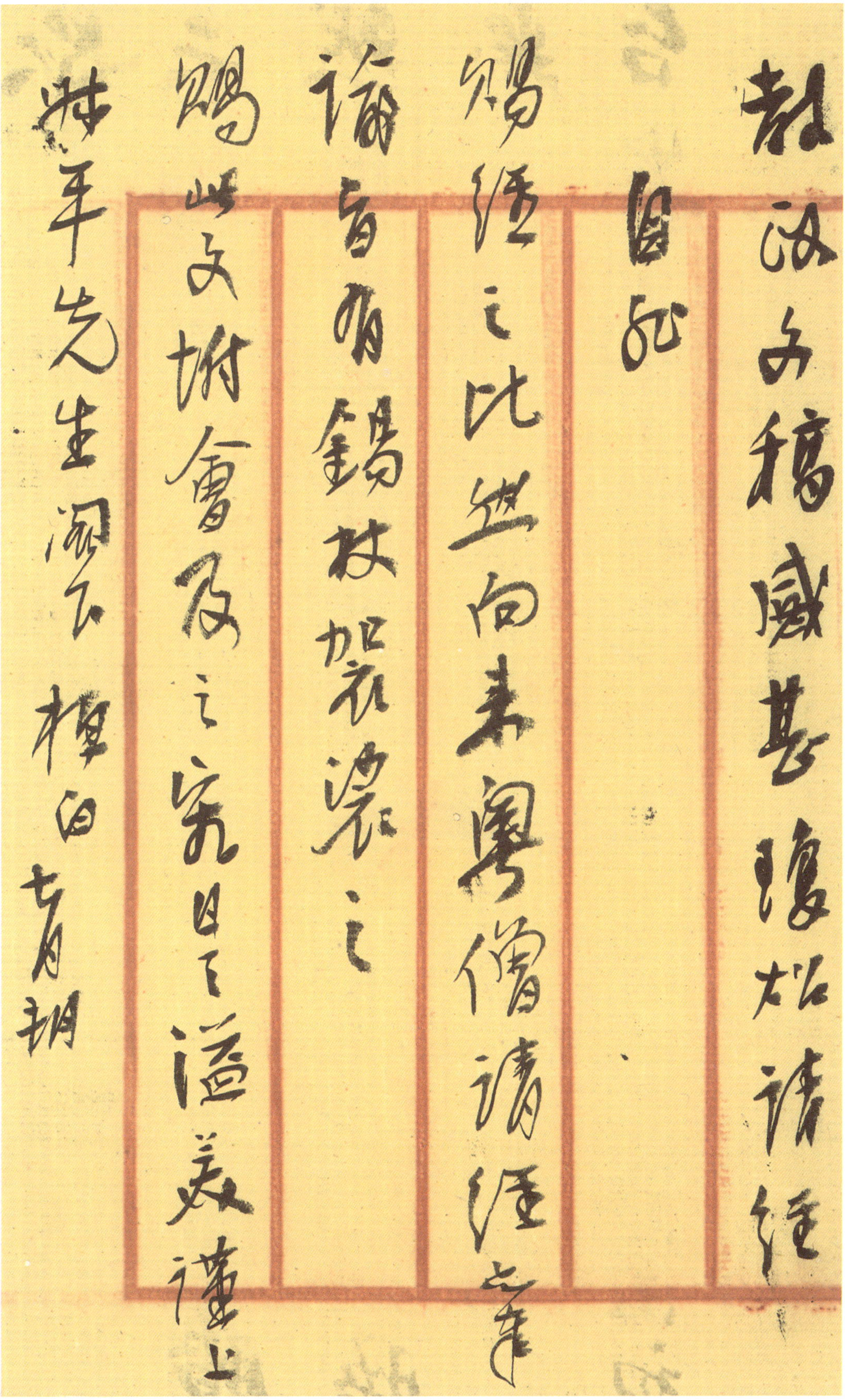

教改文稿，感甚。謹於請經
自記
賜經之比，然向來粵僧請經之舉，
諭旨有錫杖袈裟之
賜，此文附會及之，究是道義。謹上
樵年先生閣下　桓白　七月朔

【三二一】　李鴻藻函　［七月初一日］

北洋當有電至，戰事何如／？深切懸念。頃有知會，明日有閱／看之件，未知何事？如有所聞／，示悉爲感。敬上／叔平世仁兄大人，弟藻頓首／。初一日。

按：此函陸本未收，係李鴻藻筆迹。《李鴻藻日記》甲午七月初一日記：「早間張孝謙來久談，午刻禮部當月處送來軍機處知會一件，於初二日辰刻在西苑門内軍機處會議。」（見《李鴻藻年譜》，第五四七頁）此信爲接到軍機處知會後寫給翁同龢的。

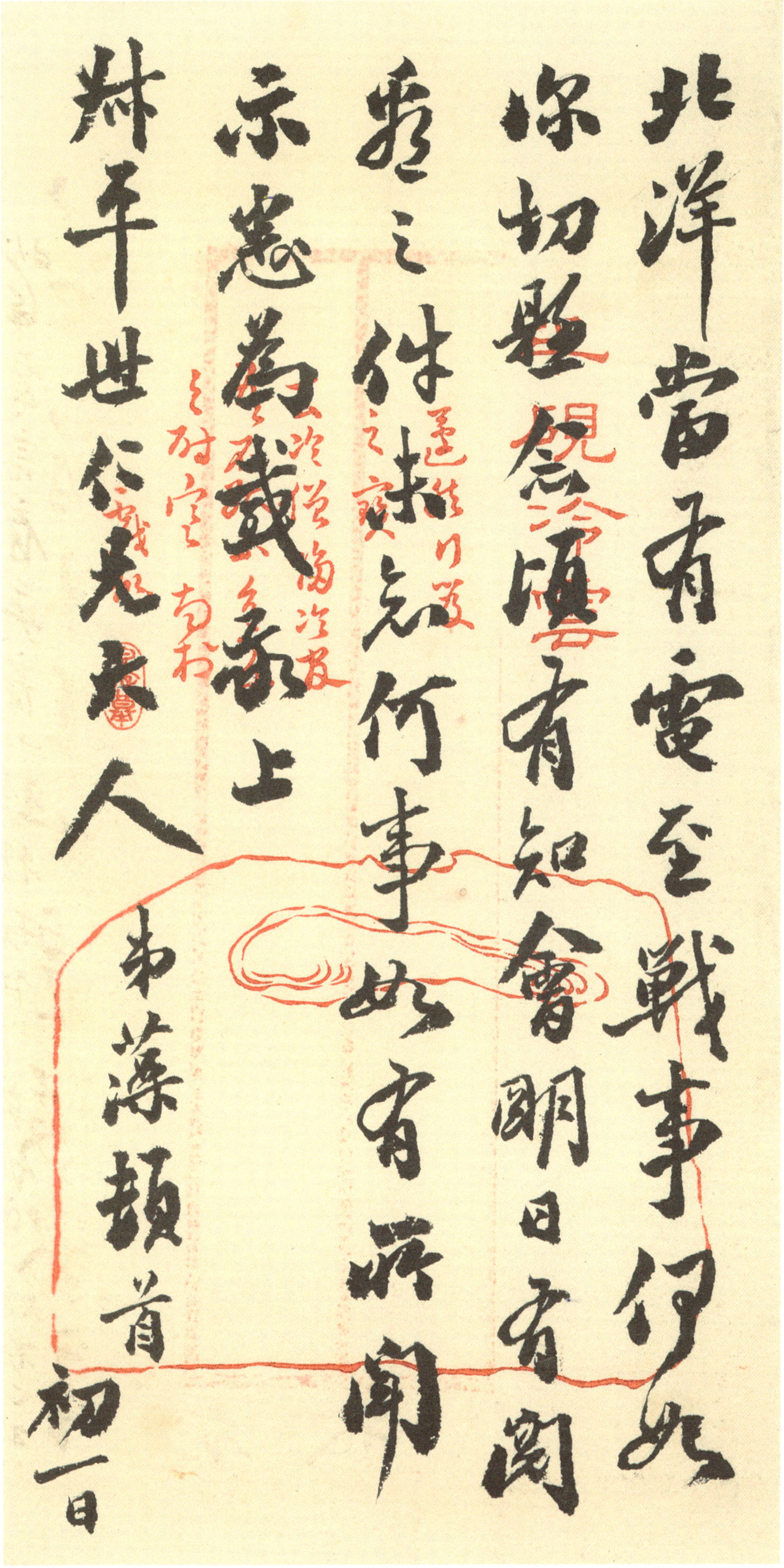

北洋當有電至，戰事何如，深切懸念。頃有知會，明日有閣看之件，未知何事，如有所聞，示悉為感。此上
叔平世仁兄大人
弟藻頓首
初一日

【三三二】 李鴻藻函 〔七月初四日〕

承/示感甚，唯來電讀之未能瞭/然。明日如有閱看之件，當晤/悉一切。肅覆，祇請/台安。弟名謹上。初四未初。

按：此函陸本未收，係李鴻藻筆迹。因與上函前後粘連，故繫於七月初四日。

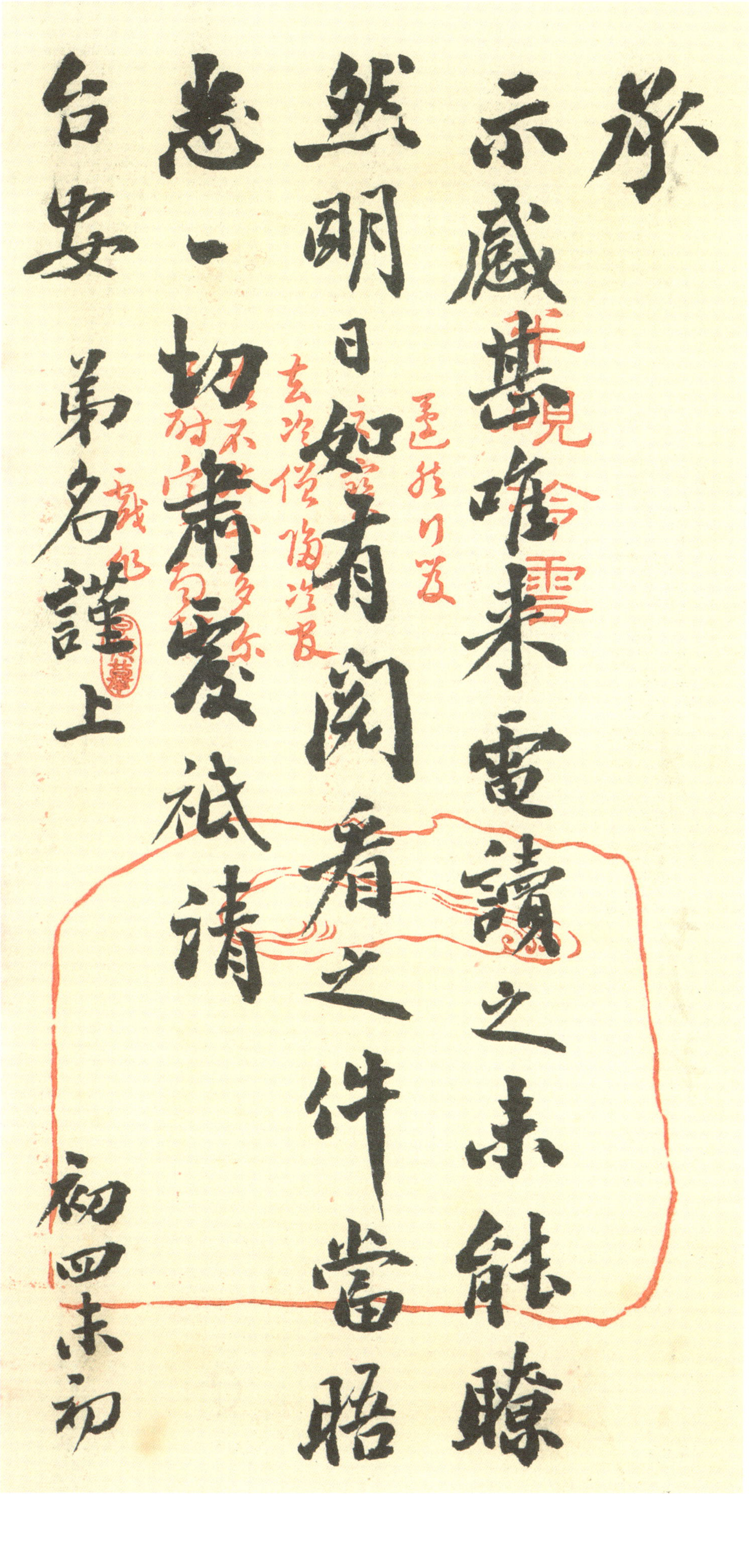

承
示感甚，唯來電讀之未能瞭
然，明日如有閱看之件，當晤
悉。一切肅復，祗請
台安。弟名謹上
初四未初

【三四】張蔭桓函 〔七月初五日〕

唐紹儀〔一〕自仁川回津言：廿八日╱牙軍大挫，蒲柳之質，望秋╱先零，可慨也。又仁川稅司書╱言，倭劫韓庫藏，迫大院君╱〔二〕下令拒我而未言王在何處╱。北洋兩電甚長，明早當必╱

注：

〔一〕唐紹儀，字少川，廣東香山人，留美幼童出身，時任駐朝鮮商務委員袁世凱的西文翻譯和文案。

〔二〕「大院君」，即李昰應，時朝鮮國王李熙生父，號興宣大院君。

唐紹儀自仁川回津，言廿八日牙軍大挫，蒲柳之質，望秋先零之可慨也。又仁川俄日並言，倭執韓王藏匿，大院君下令拒戰，而未言王在何處。北洋所電甚長，亦早節次

【三四】張蔭桓函［七月初五日］

公閲也。可慰者，衛、馬、左、聶／諸軍[一]已進守平壤城，他日／進兵當以平壤爲根基耳／。《日本雜事詩》[二]兩本奉／覽。函内各節，勿語受之[三]爲叩。明早再奉白／。瓶翁先生閣下，桓頓首／。初五日戌刻。

按：《翁同龢日記》甲午年七月初五日記：「崇受之、張樵野先後告廿八牙山大挫，倭劫韓庫，迫大院君拒我師。衛、馬紮至平壤，余意此未可恃也，大同以南全失，此亦孤注耳。」（第六卷，第二七六〇頁）故此函繫於七月初五日。

注：

【一】「衛、馬、左、聶諸軍」，指衛汝貴、馬玉崑、左寶貴和聶士成統率的清軍各部。

【二】《日本雜事詩》，黄遵憲著，内容多反映明治維新後日本社會風俗情況。

【三】「受之」，即崇禮，字受之，隸漢軍正白旗，曾任户部左侍郎，甲午年正月升理藩院尚書。

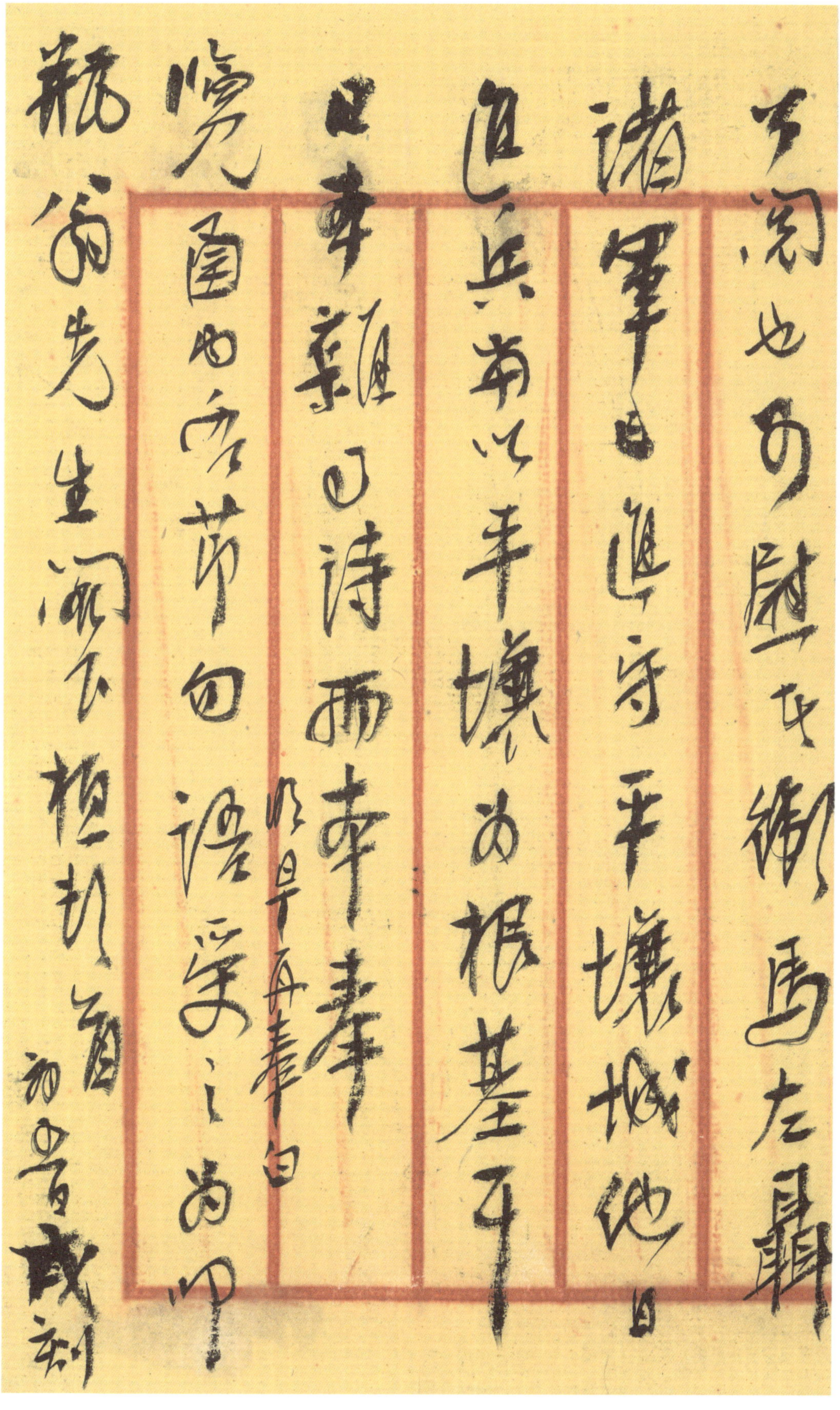

可聞也可慰在衛馬左聶
諸軍只進守平壤城池自
宜退兵南以平壤為根基耳
日本雜事詩兩本奉
覽圖也香帥自語笑之為叩
此呈再奉白
蘋翁先生閣下桓頓首
初六日戌刻

【三五】傅嘉年函［七月初六日］

昨在署見∕嚴旨，察看海軍提督丁汝昌。知日來有局外書生，眾∕口同聲，爲責人嚴周之舉。幸∕力持定見，勿爲所惑，庶於大局無礙。夫海軍之不∕可出戰，都人士未經目睹，多不之知。謹約略陳之∕。勝負兵家之常，海軍統計祇有六艦可用，敗則∕沉没，將以何者繼之？此其不可一也。鐵艦與炮臺相輔∕，爲海疆屏蔽，近畿數省尤倚賴之。失則門户洞開，何以∕濟炮臺所不及者？其不可二也。所謂鐵甲者，言水綫上下∕五六尺間有數寸厚之甲。若船底皆甲，則船重於水∕，何以能浮？故遇水雷，則立刻沉没。今倭賊魚雷、水雷遍海上，我∕

非左署見

嚴旨察看海軍提督丁汝昌初日某有局外書生衆
口同聲為責人以嚴周之舉章
力持定見勿為所惑之説於大局無礙矣海軍之不
可出戰都人士未經目睹多不之知謹約畧陳之
勝負兵家之常海軍統計只有六艘可用敗則
沈沒又以何者繼之此其不可一也鐵艦與礮台相輔
為海疆之屏蔽近數者尤倚賴之失則門戶洞開何以
濟礮台所不及此其不可二也所謂鐵甲者言水綫上下
五六尺間有數寸厚之甲兵船之底皆甲則船重於水
何以能浮故遇水雷則立刻沈沒今倭賊魚雷水雷遍海上我

〖二三五〗傅嘉年函〔七月初六日〕

船出則邦都綑裙，遇雷則沉，救之不能，亦無及者，其不可三也／。朝廷竭十餘年之力，費在千萬以外，始能有數艦，豈可輕於／一擲？此其不可四也。晁錯言兵事三，一曰卒服習。〔一〕海軍／以軍費太絀，平時練習巨炮，除初二、十六三聲外，皆不／過虚舉作勢，一旦臨敵，豈能百發百中？中之／數少於敵，遲於敵則敗，其不可五也。有此數艦／，架子尚存。若并此而無之，豈不更爲人所藐？此其不／可六也。或謂海軍既不得力，要海軍何用？則將應之曰：增／其數至數十艦，籌巨費，勤教鍊，數年後可出應敵／矣。以上各節／，老師回宅時，祈爲回明是荷。

按：此函陸本未收。既無落款，也無時間。不過，函中稱「昨在署見嚴旨，察看海軍提督丁汝昌」，當係指七月初五日光緒皇帝通過總理衙門發給李鴻章的電旨，内稱：「近日奏劾該提督怯懦規避，偷生縱寇者，幾於異口同聲，若衆論屬實，該大臣不行參辦，則貽誤軍機，該大臣身當其咎矣！著接奉此旨後，即日據實覆奏，不得有片詞粉飾。」（《李鴻章全集》第二四冊，第二〇五頁。）《翁同龢日記》甲午年七月初六日記：「門人傅嘉年來，言丁汝昌不可劾，七艘須保全。傅系船廠學生出身。」（第六卷，第二七六一頁）可知作者爲傅嘉年，寫於七月初六日。

注：

〔一〕「晁錯」，西漢時大臣，著有《言兵事疏》，有言「臨戰合刃之急者三：一曰得地形，二曰卒服習，三曰器用利」。

船出則邦部綢裾遇雷則沈，救之不能及，此其不可三也。
朝廷謂十餘年之力，費千萬以分，纔有此數艘，豈可輕於
一擲，此其不可四也。鼂錯言兵事三，一曰卒服習。海軍
以經費太絀，平時練習巨礮，除兩二十六三發外，皆不
過虛華[illegible]作勢，一旦臨敵，豈能百發百中？之
數少於敵，遜於敵，則敗，此其不可五也。有此數艘
架子尚存，然這此而無之，豈不反為人所籠，此其不
可六也。或謂海軍既不得力，要海軍何用？則將應之曰：增
其數至數十艘，籌巨費，勤加鍊，數年後可出應敵
矣。以上文節
老師回宅時請為回明是荷

【二六】李鴻藻函［七月初六日］

奉∕手示，并另電，讀之少慰。但眾∕寡不敵，終可慮耳。此信若∕確，合肥日内亦必有電，再看∕何如？弟藻頓覆。初六日申初。

按：此函陸本未收。據《李鴻藻日記》甲午七月初六日記：「辰刻軍機處會議，未初散。」（見《李鴻藻年譜》，第五四八頁）同日，《翁同龢日記》記：「辰正撤書房，遂偕慶邸同赴軍機處，李公、福相，崇、張兩君均至。看摺八件、片六件。」（第六卷，第二七六〇頁）李公即李鴻藻。散值後，翁氏似有函致李，此爲李氏覆信。

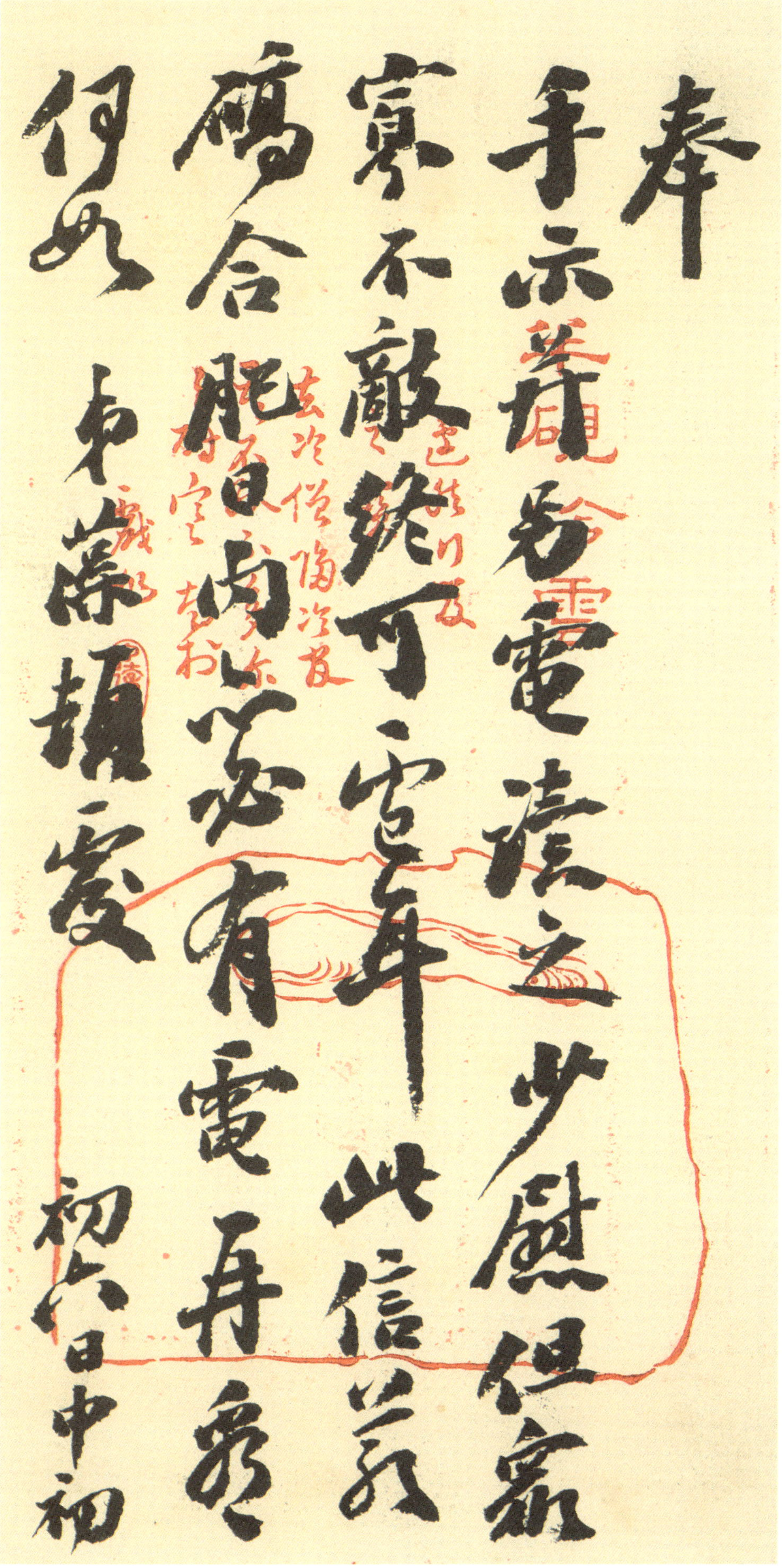

奉

手示並另電，讀之少慰。但寡不敵衆，可〻宜年。此信以[illegible]礦合肥，自內以後有電再奉覆，何如。

弟藻頓首

初六日申初

〔三七〕 李鴻藻函 〔七月初八日〕

晤慶邸〔二〕有無消息？日前退駐／公州之說，確否？平壤一軍究／竟何如？北洋當有電至，如有／聞，望／示知，以釋愁悶。弟名頓首／。初八日辰。

按：此函陸本未收，係李鴻藻筆迹。據《翁同龢日記》七月初八日記：「晨細雨。入，與慶邸談。」（第六卷，第二七六一頁）與本函「晤慶邸有無消息」一句吻合，故繫於七月初八日。

注：

〔一〕「慶邸」，即慶王奕劻。

晤慶邸，有兵消息，日前退駐
公州之說確否？平壤一軍究
竟何如？北洋當有電至，如有
聞望
示知，以釋懸問。
弟名頓首
初八日辰

〖三八〗李鴻藻函　〔七月□□日〕

示悉悶甚╲。另箋，讀之駭異。此說如確╲，是害之也。可恨可恨！未知能╲設法止之否？弟名頓首╲。付丙。

按：此函陸本未收，係李鴻藻筆迹。末署「付丙」，爲密信，無日期，或在上函時間前後，故暫繫於其後。

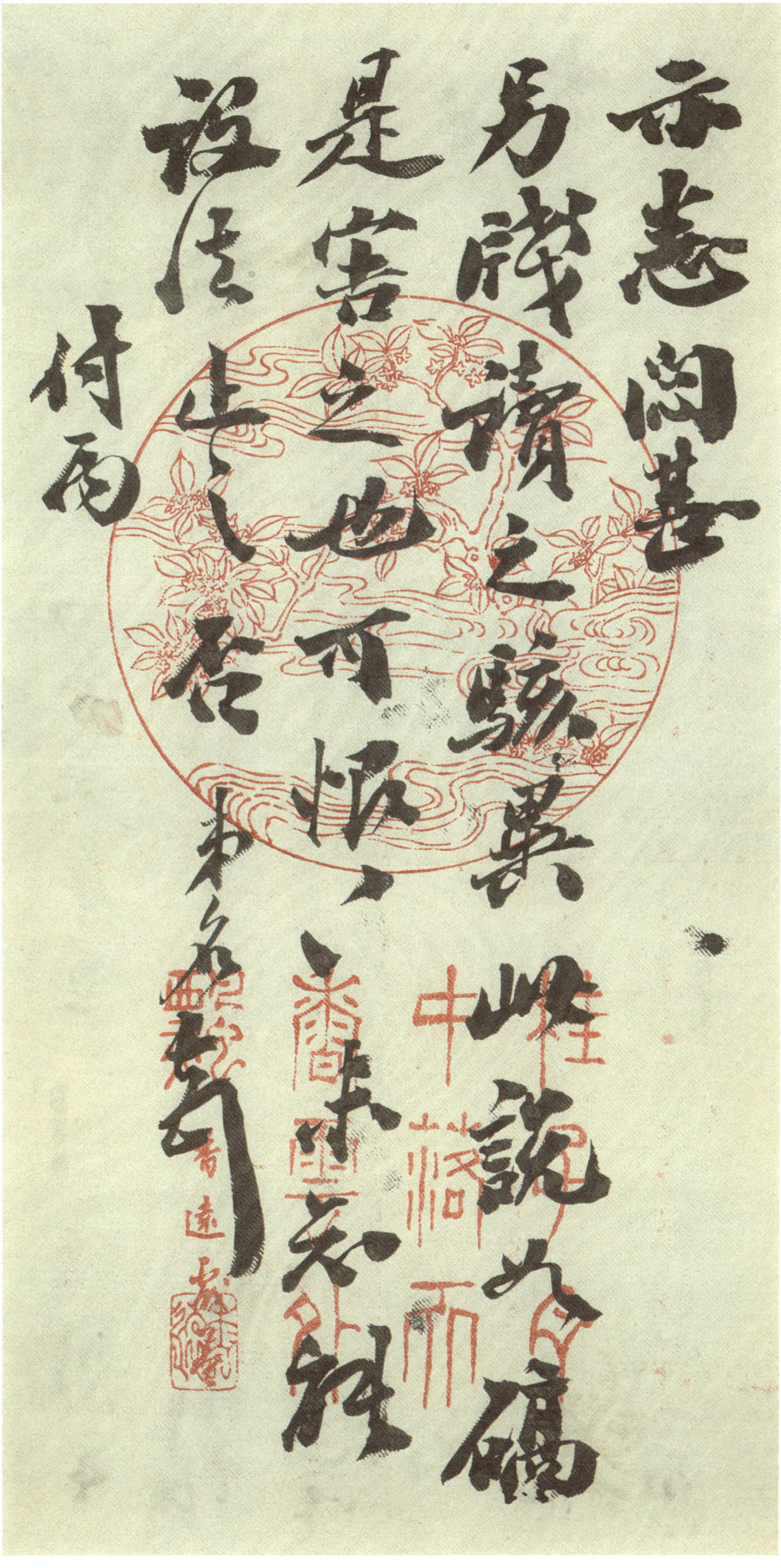

示悉，悶甚。爲議，讀之駭異。此說如確，是害之也，可恨可恨。亟宜設法止之，否？付丙。

弟名心具

〖三九〗張蔭桓函［七月初八日］

牙軍仍無消息，丁船[一]已赴大／同江矣。依將軍[二]催發秋餉，此／電當邀／覽。後日庫期，恐趕不及十二庫／期，札子當可到庫耳。餘晤言。即頌／瓶生先生道安，蔭桓頓首／。初八日酉刻。

按：七月初九日清晨，丁汝昌統率北洋艦隊「定遠」「鎮遠」「靖遠」等十艦開赴大同江。（《丁汝昌年譜》，第二一六頁），故將此函繫於是日。

注：

【一】「丁船」，指丁汝昌所統北洋艦隊。丁汝昌，字禹廷，也作雨亭，安徽廬州人，時任北洋海軍提督。

【二】「依將軍」，依克唐阿，字堯山，隸滿洲鑲黃旗，時任黑龍江將軍。

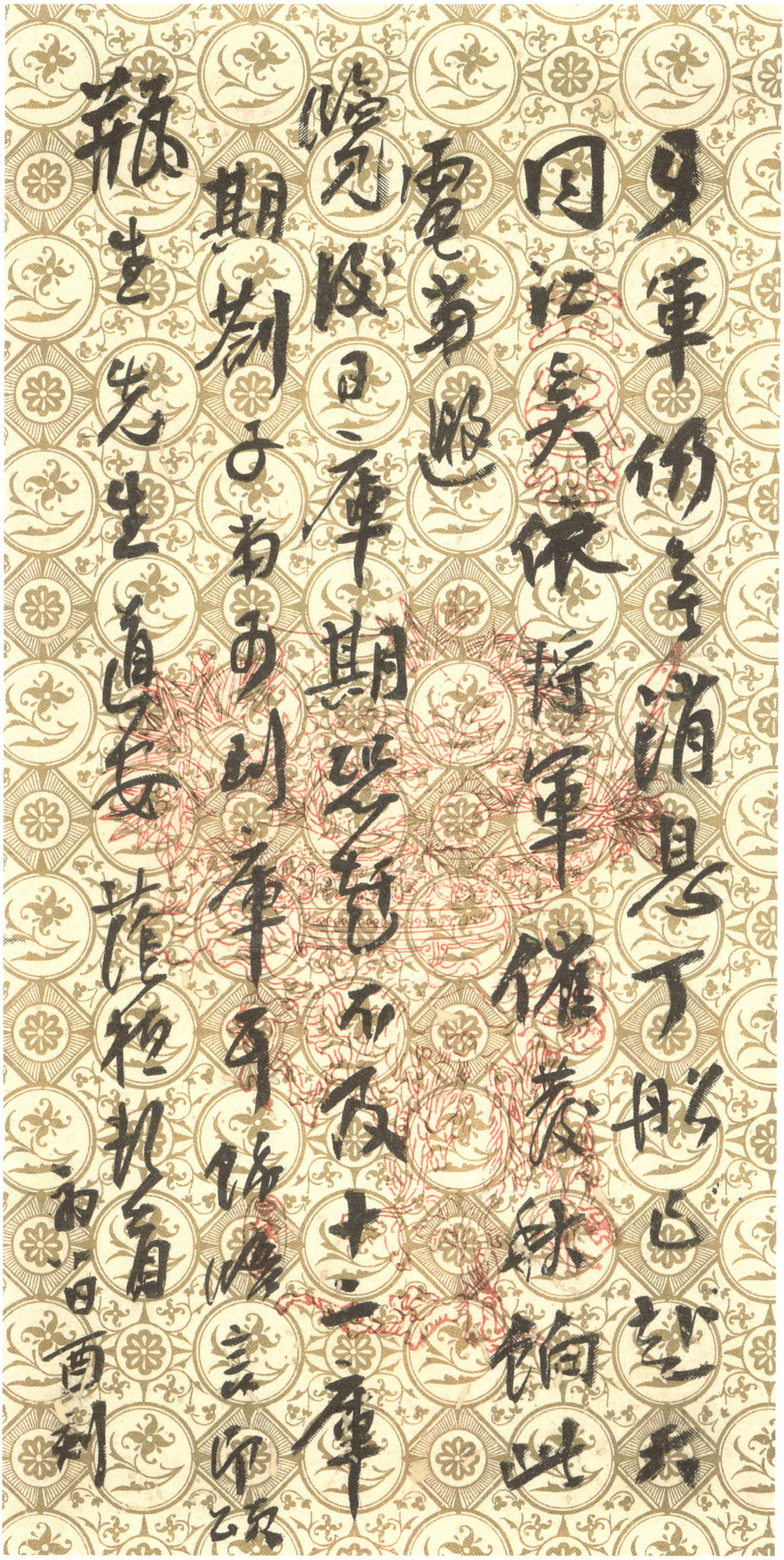

日軍仍無消息，丁彤已到矣。同江吳、依將軍催發餉，此電弟照覽。後日二庫平期恐趕不及，十二庫期劃子者再到庫平餉滬，言即頌
蘇生先生道安
蔭桓頓首
初一日酉刻

〖四〇〗張蔭桓函　〔七月初九日〕

今日北洋無電來，牙軍利鈍仍無／確耗。昨電得自華商赴牙山收賬／者傳述，不足信也。明日放餉先卜魁[一]，以／其路遠，或竟待此以行，放竣後，乞／電覆以壯之。津款固急，北洋呼應尚／便，後期匀放可耳。海軍放款亦不／

注：

【一】卜魁，清初達斡爾族首領，官黑龍江副都統。後以「卜魁城」指黑龍江將軍衙門所在地齊齊哈爾。這裏代指黑龍江。

今日北洋無電來，牙軍利鈍仍無確耗。昨電得自葉軍，高麗由牙山收帳，其傳述不足信也。昨日赫德偏先下懇，以其謬遠甚，或旁結此次，敵議說也。電復之牡云：津新因急，北洋峰在高，便收期旬被五千海軍，款云示

【四〇】張蔭桓函〔七月初九日〕

濡滯，則卜魁來員可遄返也。頃得／伯行〔一〕書，言北洋〔二〕近益焦勞，收發電／報每至竟夕不寐，七十老翁何以／堪之也。正擬奉布，適辱／惠箋，謹承／叔翁先生道安，桓白。初九酉刻。

按：《翁同龢日記》甲午年七月初九日記：「至軍機處，看摺四件，電報無牙山真信，但云退駐公州耳。電旨飭各軍穩紮穩進。奏片一件，遞後即散。樵野到成均朝房小坐。」（第六卷，第二七六一頁）此函係傍晚張氏致翁同龢者。

注：

【一】李經方，字伯行。安徽合肥人，李鴻章嗣子，曾任駐日本公使。

【二】「北洋」，指李鴻章。

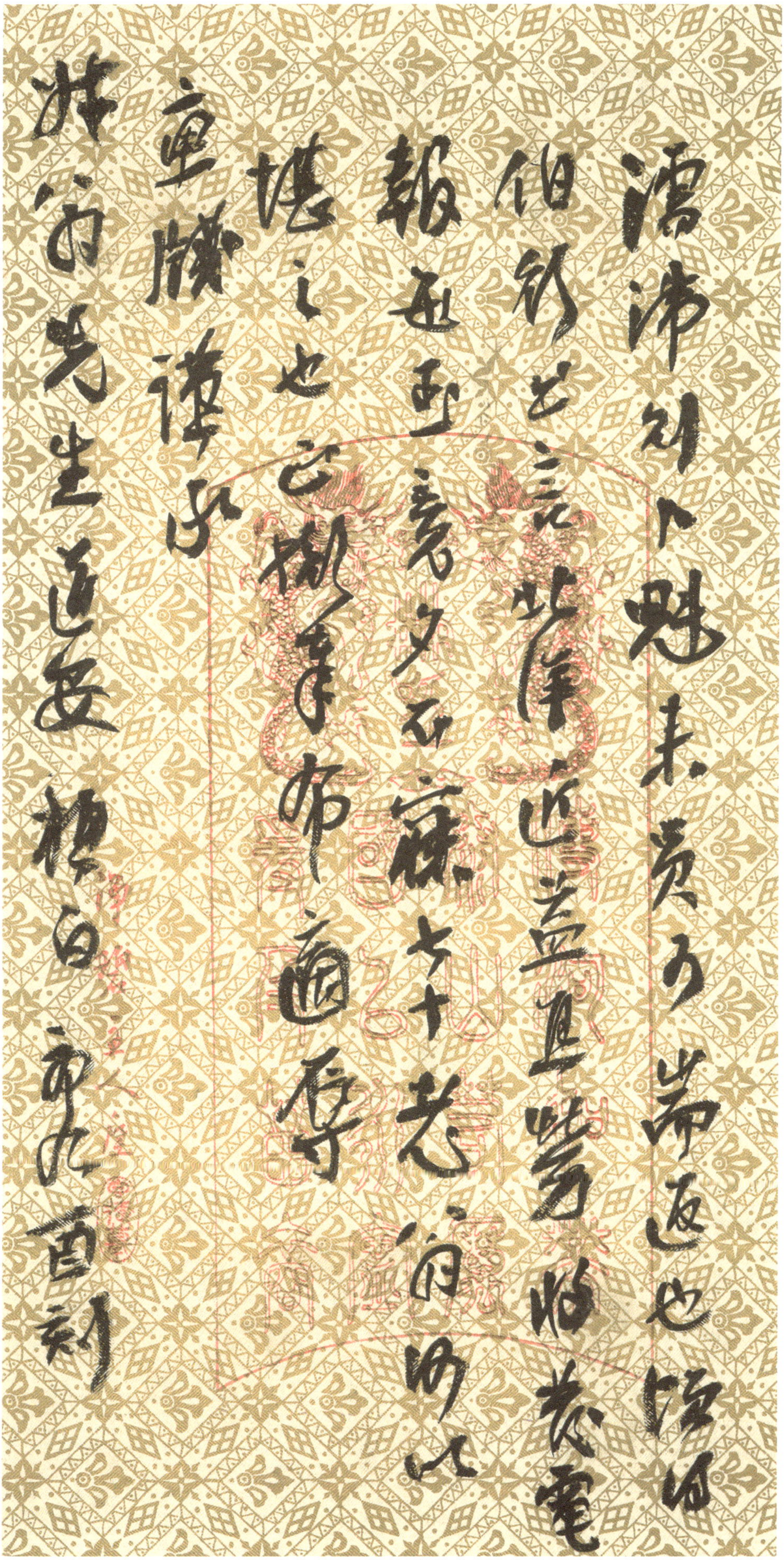

濇沸到下，昨來責乃常返也。頃由伯舒先言，此聿近益且勞，將啓電報延至，竟夕不寐，七十老，何以堪之也。已擲年希通辱
寵賜，謹承。
樵研先生道安。桓白。初九酉刻

〖四一〗 張蔭桓函 〔七月初十日〕

葉弁能到平壤，此意外之／喜。北洋電送／覽。落葉之賦[一]或當免乎／？·即承／晨安不次，名心叩／。初十早。

注：

〔一〕「落葉之賦」，指一些京官主張將戰敗的葉志超革職的建言。

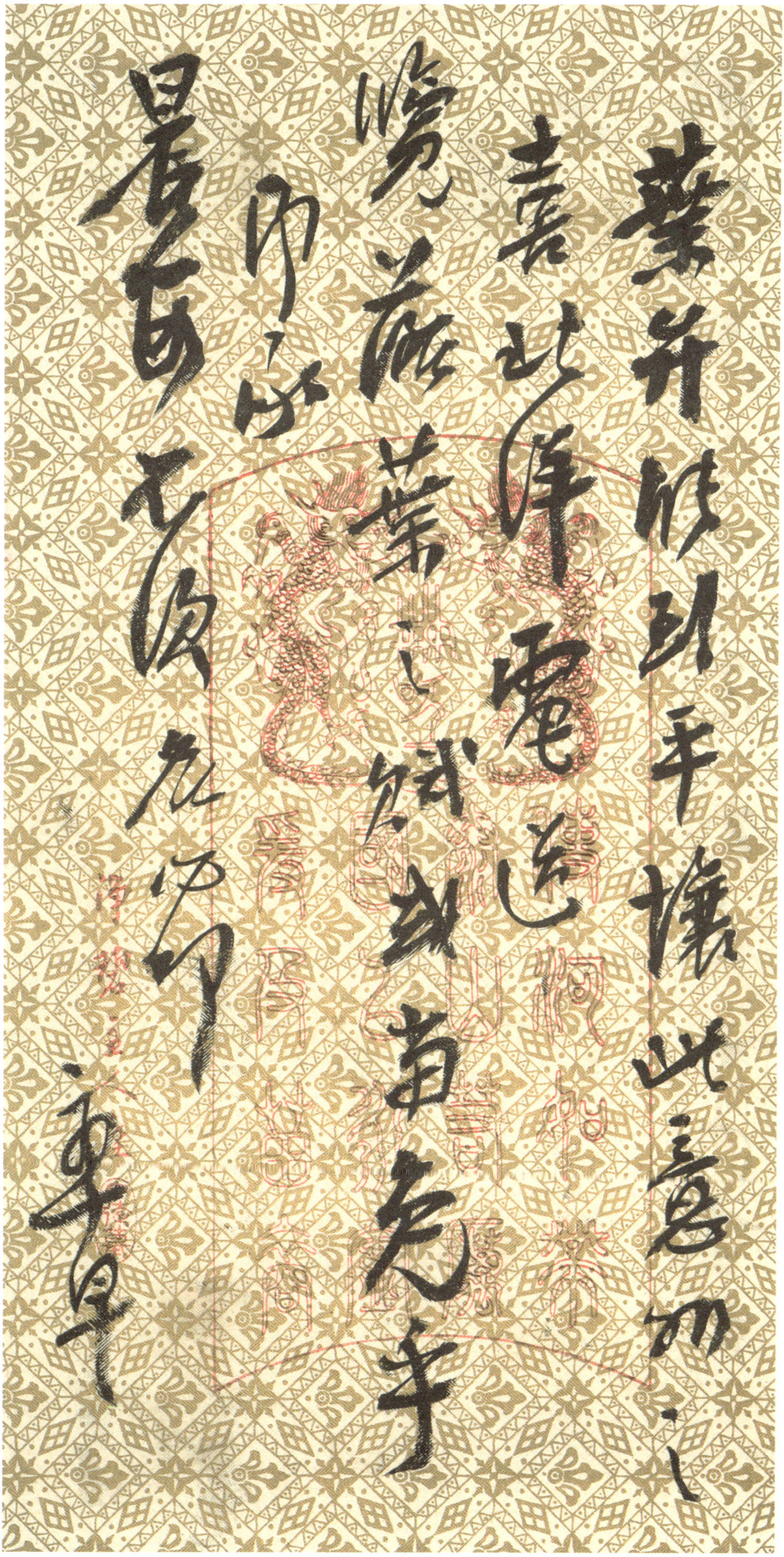

甲午時期翁同龢朋僚書札輯選　倭韓新事

〖四二〗張蔭桓函〔七月初十日酉刻〕

今日卯刻，[一]倭船廿一隻撲威海衛／，擊敗復回，游弋成山、威海之間，北洋／直、奉各口均戒嚴。從前法越之役／尚不致如是之近也。東省之登州／府城、膠萊等口，均可慮。倭不得志於／威海而南竄，則江浙、閩臺亦極吃／

注：

【一】「卯刻」，陸本誤作「申刻」，今據件本改正。

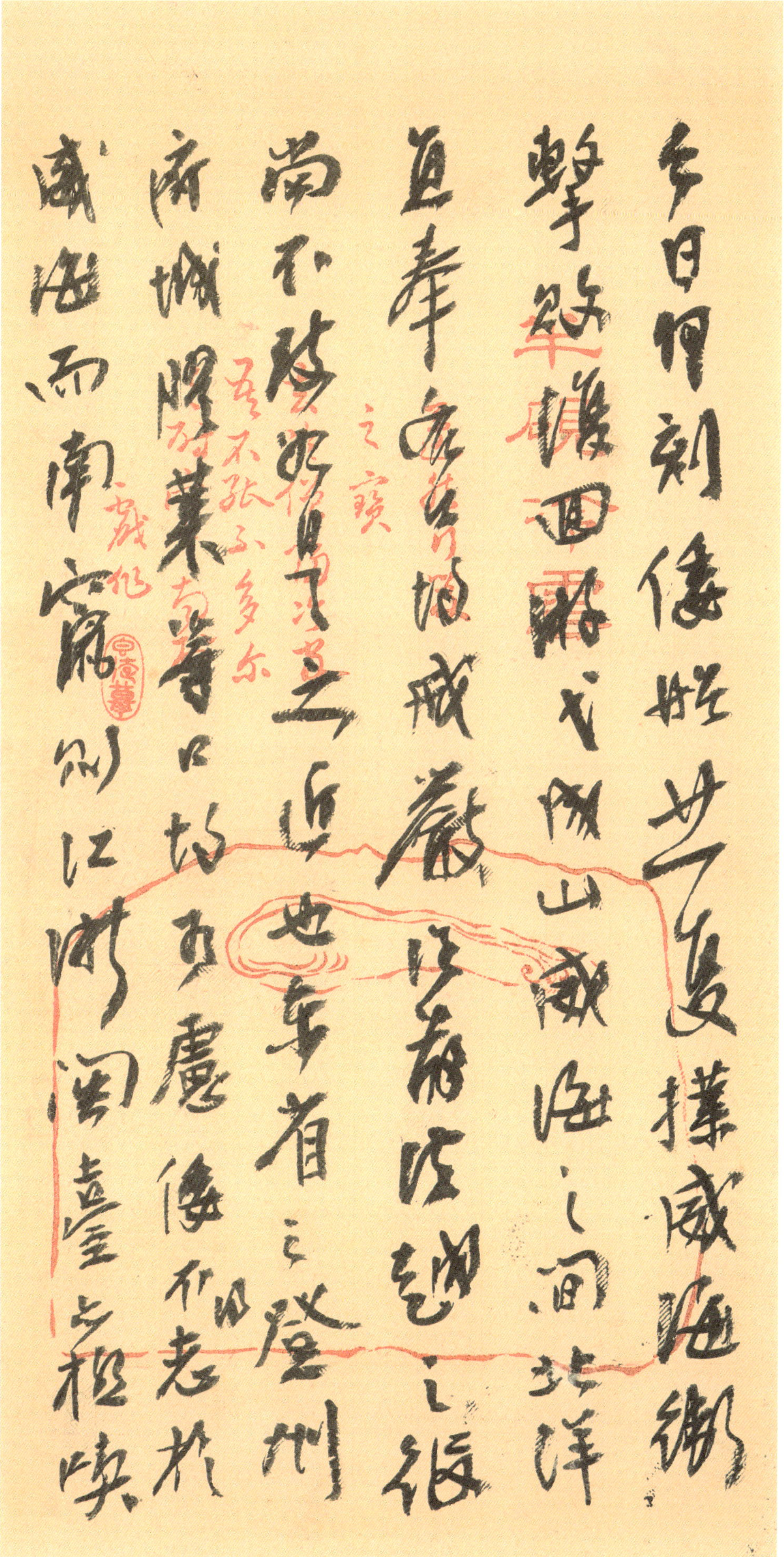

今日僅刻傳於世，復據威海衛
擊路雄西路戈陸山威海之間北洋
直奉各埠戒嚴，旅順後路之後
尚不能此日之真也，第看之登州
府城暨萊等口均有處傳作佃老於
威海而南，寧則江浙閩臺之樞陝

要。頃在署得北洋電，即覆以飛電山／東設防，又電南洋并請轉電浙、／閩、臺各省。事機太迫，未及函商樞堂／，殊慄慄耳。明早又有會閱摺片之／事，容晤言。即承／叔平六兄大人道安，桓白。七月初十日酉刻。

按：《翁同龢日記》甲午年七月初十日記：「樵野信來，告今日倭船廿一隻撲威海，擊敗復來，仍游弋成山、威海間，齊、吴、浙、閩皆可慮，而津沽、山海尤宜警備。」（第六卷，第二七六二頁）

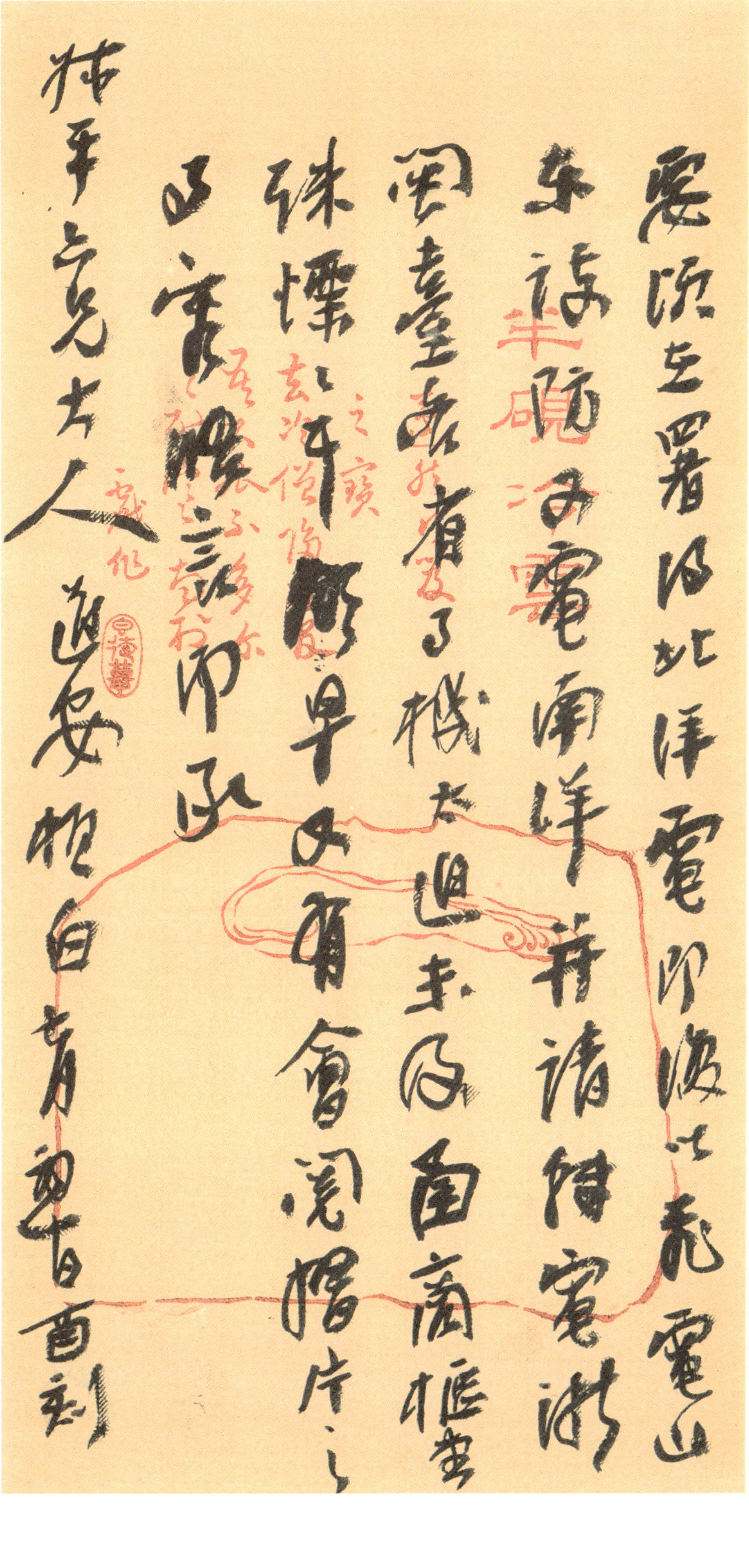

【四三】張蔭桓函［七月十三日］

丁艦今早自大同江回威海，并／未遇敵。北洋又令[一]西去剿捕／，肅清渤海云。鐵甲守口有餘，迎／剿不足，津沽之防能固，較前兩／日機局略穩耳。敬承／晚安不次。名心叩／。十三日酉刻。

按：此函落款署「名心叩」，係密函，字迹則是張蔭桓的。《翁同龢日記》甲午年七月十三日記：「電報：威海、成山仍有倭船，而大連灣亦望見二三十船，并拖帶民船，遼陽、海口皆告警矣……得樵野書。」（第六卷，第二七六三頁）

注：

【一】「又令」，陸本脱，今據原件補正。

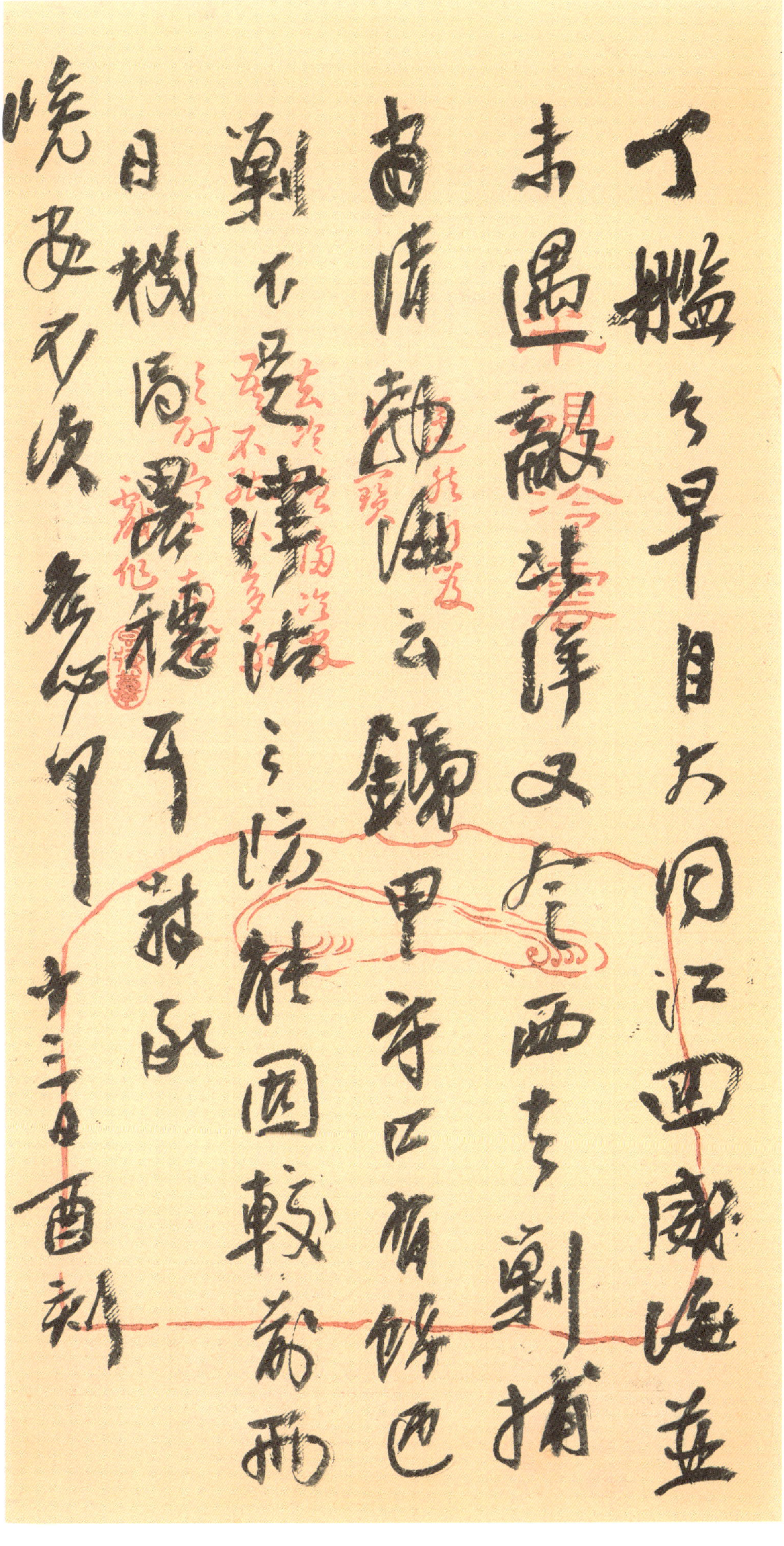

丁艦々早自大同江回威海，並未遇敵。北洋又令西去剿捕者。清翻海云：鐵甲守口有餘也，剿不足。津沽之防，雖固，較前兩日機局略穩耳。拜泐

曉安兄次　蔭叩　十三日酉刻

聞葉、聶兩軍尚有一二千〳人，距平壤僅二百餘里，此〳說確否？日來有何消息？望〳示悉。李嘯溪映庚摳謁時，乞〳進而教之。弟名謹上。

明日想無發看之件。

按：原函無日期，係李鴻藻字迹。《翁同龢日記》甲午年七月十四日記：「是日即用知縣己丑李映庚（嘯溪，行二，海州人）……來見，直斥李相爲邪，語語峭直，此非干進不遂之士，乃有膽識有血性者也。」（第六卷，第二七六三頁）以李嘯溪見翁氏时間判斷，李函或寫於七月十二、十三日。

聞葉聶兩軍尚有一二千
人距平壤僅二百餘里此
說確否日來有何消息望
示悉李嘯溪昳康樞謁時乞
進而教之 弟名謹上
明日想無
發看之件

〖四五〗李鴻藻函〔七月十五日〕

北洋有電否？平壤消息何如／？倭船又至何處？昨端王[一]摺，作何／措置？明日／發看，有何新事？均乞／示悉爲感。弟名頓首。十五未刻。

按：該函係李鴻藻字迹。據《翁同龢日記》甲午年七月十四日記：「至樞曹看摺，端王請加李鴻章統帥……端摺候軍機見面請旨。」（第六卷，第二七六三頁）故此函繫於七月十五日。

注：

〔一〕「端王」，即載漪，惇親王奕誴之子，出繼瑞親王綿忻，封端郡王。

北洋有電否平壤消息何如倭船至何處昨端之摺作何措置明日散看有何新事均乞示悉為感 弟名頓首 十五未刻

〖四六〗 曾廣鈞函 ［七月十六日］

宮保夫子大人鈞座：頃得／鄂信，知劉毅齋〔一〕病故。又據／人言，倭重兵扼瑞興，葉軍／抵金川後無續信。平壤一二／日内必有戰事，受業封事今／

注：

【一】「劉毅齋」，即劉錦棠，字毅齋，湖南湘鄉人，隨左宗棠入新疆平定叛亂，新疆建省，授巡撫。

宫保夫子大人鈞座頃得鄂信知劉毅齋病故大擾人云倭重兵扼瑞興業軍抵金川後無續信平壤一二日內必有戰事學生亦封事今

〖四六〗 曾廣鈞函 ［七月十六日］

晚必遁。第聞北洋擬以海軍／全隊護山海關，無攻人之意／。分隊之説，必不謂然，奈何？敬叩／福安，受業曾廣鈞謹禀。十六夜。

擬一二日譯出《中日師船强弱表》[一]奉覽。又啓。

按：《翁同龢日記》甲午年七月十六日記：「曾仲博（廣鈞）來見，與語，大奇之……仲博言：南洋帶海軍船之胡克威、孫紹鈞皆熟練有膽，皆寧波人。」（第六卷，第二七六四頁）

注：

［一］「表」，陸本脱，今據原件補正。

晚必追 弟聞北洋擬以海軍
全隊護山海關無攻人之意
分隊之說安不謂然奈何敬叩
福安 受業曾廣鈞謹稟 十六夜
擬一二日譯出中日師船強弱表奉 覽 大人

〖四七〗 張蔭桓函 ［七月廿三日］

葉軍今早抵平壤，聶軍明晨可／到，午後北洋來電也。惟後路糧臺／轉運如何安設，如何輓運，迄未籌／及，樞中亦不促之，殊懸懸耳。即承／晚安不次／。叔平先生閣下，桓白。廿三日。

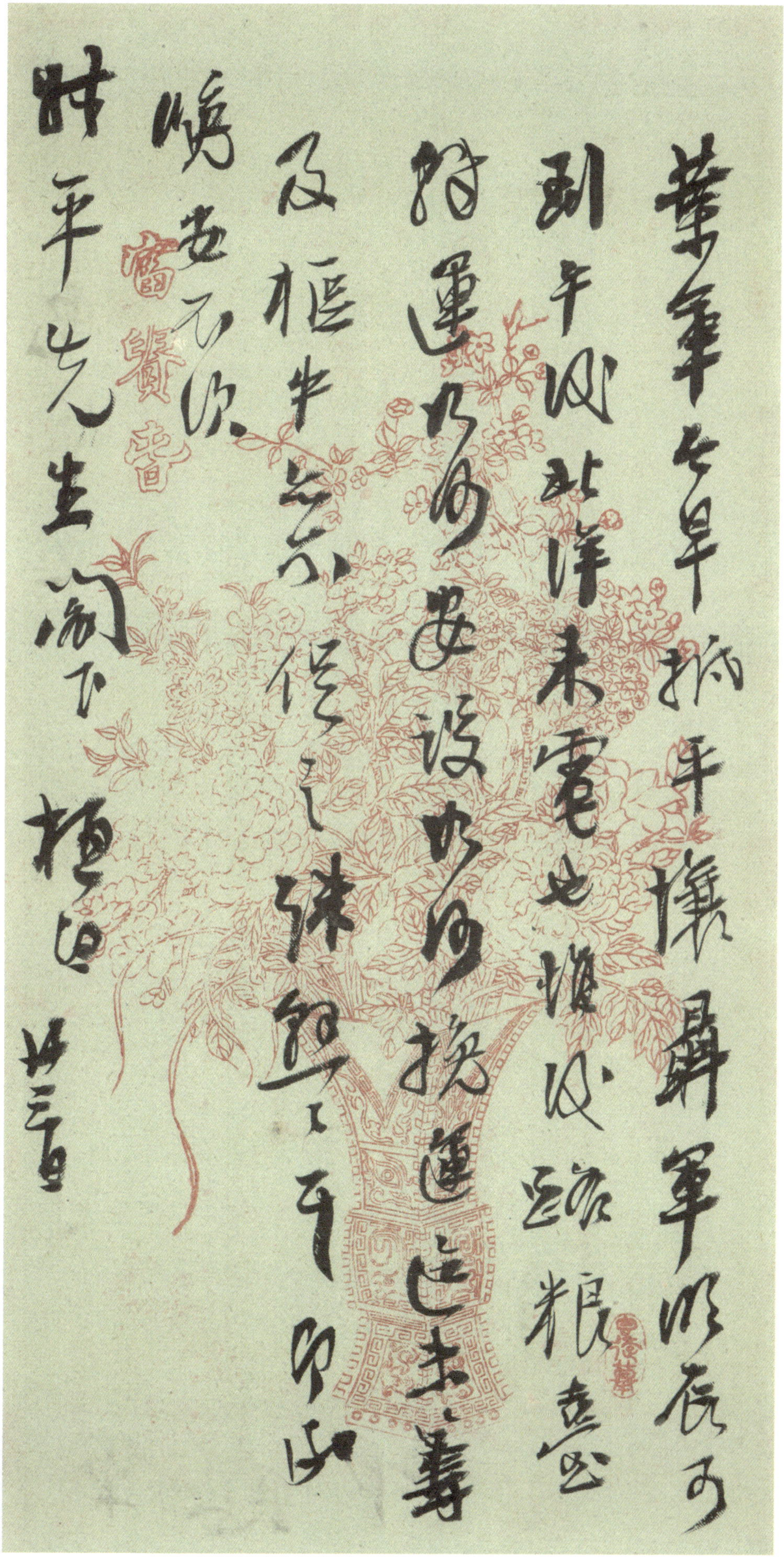

華年仁兄執事：集毅軍明辰可到。午刻北洋未電也，惟風聞餉糧甚急，請運乃為要。設如有撓運之者，壽及樞中亦須催之。殊盼盼，乞即函。鳴謝不次。

華年先生閣下

桓頓

廿三日

〖四八〗李鴻藻函〔七月廿六日〕

正擬奉詢一切，適承／手教，感甚。刻下自宜穩紮／穩打，今早有所聞，極可慮／。容俟明晨晤談。不盡。弟名頓覆／。

廿六申正。

按：此函陸本未收。原不具名，然係李鴻藻筆迹，但無月份。據《翁同龢日記》甲午年七月廿六日記：「北洋電……又電：平壤倭兵三萬來撲，求勿催戰。此電到時，正今晨催戰之諭將發，即撤下，而覆奏片中敘明前敵不可輕進云云。」（第六卷，第二七六七頁）此與本函「自宜穩紮穩打」一句吻合，故繫於是日。

正擬奉詢一切，適承
手教，感甚。刻下自宜穩紮
穩打，今早看所聞極可慮，
容俟明晨晤談，不盡。弟名頓覆
廿六申正

〖四九〗孫毓汶函〔七月廿八日〕

手示祇悉。今日閱件無即日辦項╲，不審明晨何如╲？[一]尊札當轉告諸公。通溝[二]外見╲紅色船二，丁帶八遠[三]前往，因有╲不得遠離語，故李[四]電聲明耳╲。瓶老仁兄，

弟遲頓首。

按：原函無日期。據李鴻章七月廿八日電譯署：「大東溝電稱：昨早卸運軍裝時，見有紅色船二隻，似倭雷艇在口外巡探。……即電飭丁汝昌帶隊前往。」（《李鴻章全集》第二四册，第二八二至二八三頁），故此函寫於七月廿八日。

注：

【一】此句，陸本誤作「今日閱件無，即日辦頌不寀，明晨何如」，今據原件改正。

【二】「通溝」，似爲「東溝」，即大東溝。

【三】「八遠」，即北洋海軍「定遠」「鎮遠」「致遠」「靖遠」「經遠」「來遠」「濟遠」「平遠」八艦。

【四】「李」，指李鴻章。「有」「得」二字，陸本脱，今據原件補正。

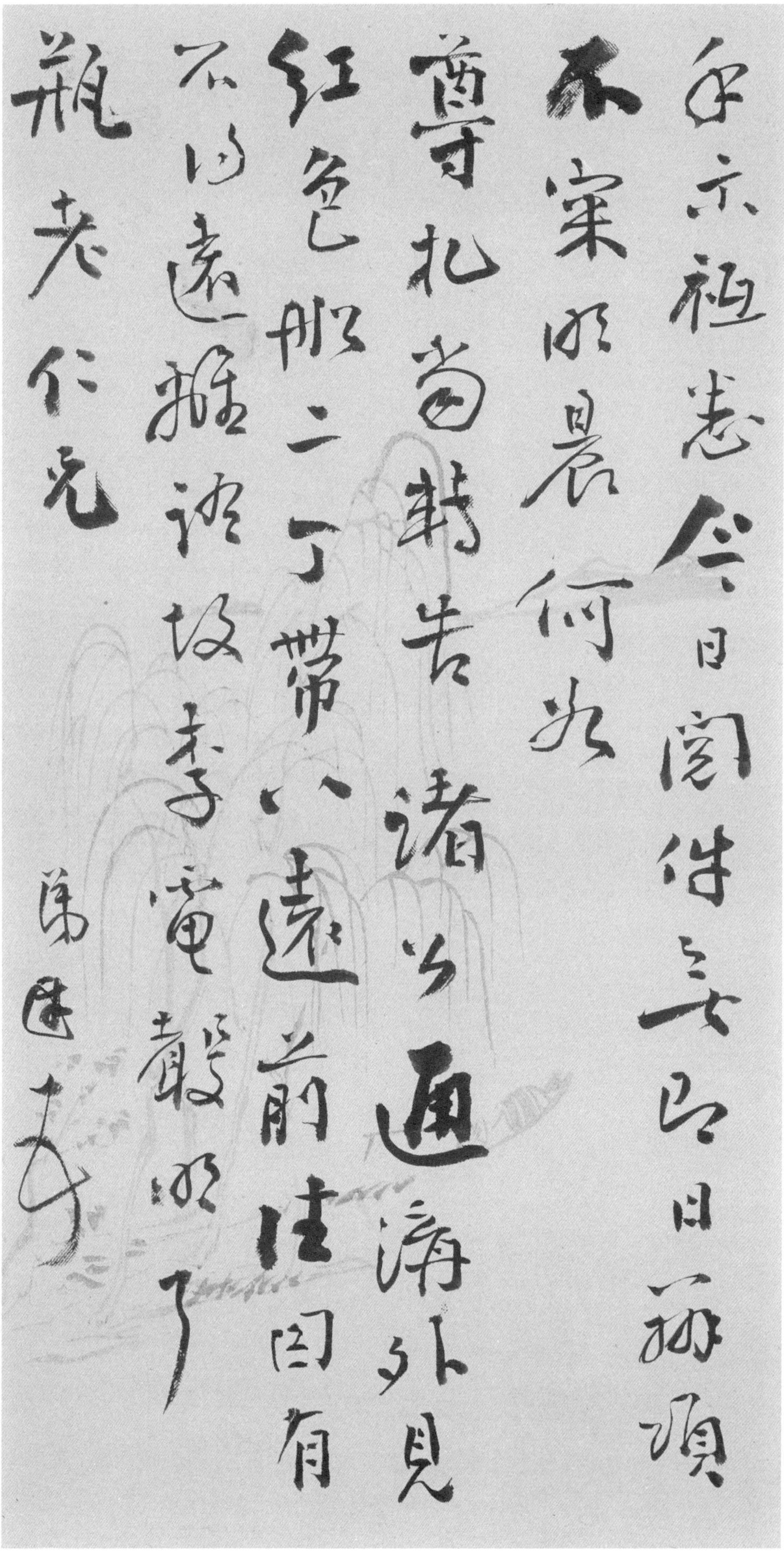

手示祗悉今日閣件[illegible]日一律頂
不寀明晨何如
尊札當轉告諸公通海外見
紅色船二丁帶入遠前[illegible]因有
不得遠離語後李爾鼓明下
荊老仁兄
弟[illegible]

【五〇】孫毓汶函［七月三十日］

今日／台從未到／，上命將閱件暫存，同人均未入／內也／。尊恙想已康復。念念。專候／瓶翁吾師起居，弟遲叩首。

按：此函陸本未收，原無日期。據《翁同龢日記》甲午年七月廿八日記：「入門即卧……又冒風停食，一時併發矣……下利者十餘次，終夜不寐。」（第六卷，第二七六八頁）廿九日晚，翁致函孫稱：「昨歸即偃卧，發熱惡寒，極委頓，且一日十數起，甚不便也，明日看摺不能到。乞轉告同仁爲幸。」（《孫毓汶檔》之五，《近代史所藏清代名人稿本抄本》第一輯第四〇册，第六八六頁）。三十日翁氏日記又記：「孫萊山書，謂昨日未會議，上命待某出再議也。」（第六卷，第二七六八頁）。故是函寫於七月三十日。

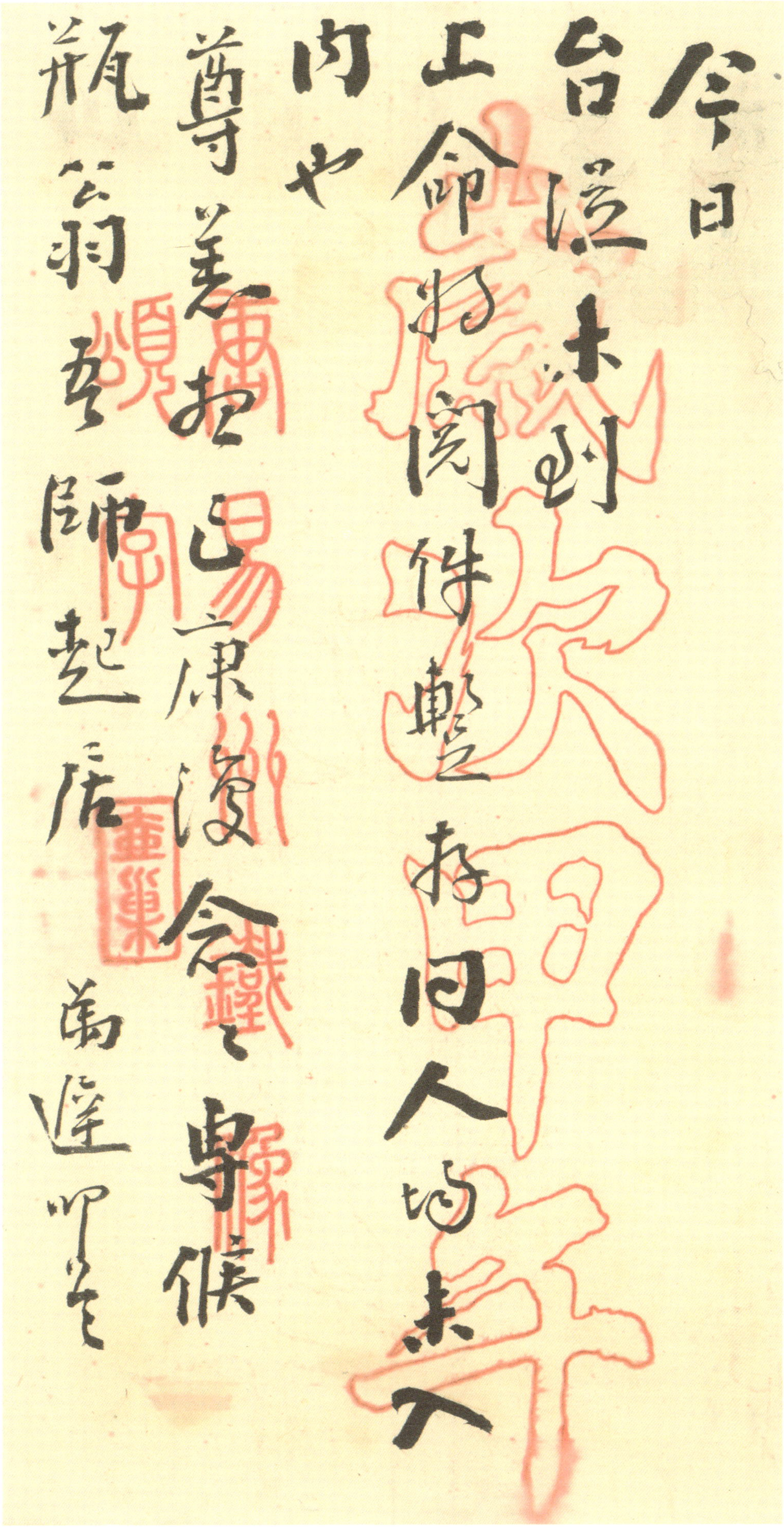
今日
台從未到
上命將閱件轉存日人均未入
内也
尊恙想已康復念念專候
瓶翁吾師起居
萬遲叩上

〖五一〗張蔭桓函〔八月朔〕

今日北洋電，據仁川稅司函，前／月廿一、廿四平壤有戰事，倭均不／利云。諸統將無電來，或不確也／。「廣乙」號帶船官林國祥[一]已回津，又／兵丁七十餘托英船載回。日本傳／言「廣乙」係華官自行擊沉，恐以／

注：

〔一〕林國祥，福建人，福建船政學堂肄業，廣東水師「廣乙」號管帶。

旨赴洋電攝仁川稅司函稱
月廿四平壤有戰，已倭勢不
利，云諸統將每電來或不確也。
廣乙帶船官林國祥已回津，又
兵丁七十餘託英船載回，日本仍
言廣乙係華官自行擊沈，詭也

〖五一〗張蔭桓函　［八月朔］

資敵。汪芝房[一]所述，或不訛耳。閩／電借款仍論磅，又費躊躇也／。慶邸述／口敕，現因祭祀，初五始會議。有此數／日閑暇，亦意外也。香牌收到。即承／叔平先生道安，蔭桓頓首／。八月朔。

按：《翁同龢日記》甲午年八月朔日記：「得樵野書，無新聞。」（第六卷，第二七六九頁）。信中「北洋電」見《李鴻章全集》第二四册，第二九一頁。

注：

【一】「汪芝房」，即汪鳳藻，號芝房。

頃敝汪芝房所述我分訛于閣
電借款仍論磅之費請譯出
慶邸述
之教槐園鑒祀前立於會議有此數
日間頒示意欲也查牌收到即函
叔平先生道安 蔭桓頓首
八月朔

〖五二〗張蔭桓函〔八月朔夕〕

手示[一]謹悉。借款論磅似專指／電商而言，閩假大衍[二]，則原訂／銀元未必翻異也。廣東解員[三]／一事，昨已見粵督電報，解款／既創庫，當屬速收。此數日／庫期均幸免，容屬庫官司／

注：

【一】「手示」，陸本誤作「奉示」，今據原件改正。

【二】「大衍」，語出自《周易》「大衍之數五十」，這裏指借款「五十萬」。

【三】「解員」，陸本誤作「解元」，今據原件改正。

手示謹悉。借款論價似可指電商而言，聞何大衍則原訂銀元未必翻異也。廣東雖買可否？昨已見粵督電報，雖款既劃庫平，屬速收此數，目庫期均可免，宜屬庫寔手耳。既爲名捕之人，到即扣留╱，似無待解款交收與否。爲數亦╱有限，意必有看艄之丁役，不致╱參差，仍請╱諭飭司務廳辦理爲妥，乞╱酌之。前日南洋電陳湜〔一〕、程文╱

注：
〔一〕陳湜，字舫仙，湖南湘鄉人，湘軍將領，時任江蘇按察使，統轄南洋水師，駐吴淞。

干犯由名捕之人到即扣留
似無何鉅款交收無不由數出
有限意必須看轄之丁役不致
參差仍請
諭飭司轄廳辦理以妥爲
酌之前日南洋電陳湜程文

〖五二〗張蔭桓函　〔八月朔夕〕

炳〔一〕兩軍月餉各三萬五千金，須／由部供支，或即就淮商〔二〕豫繳／之款開發。此電不識邀／覽否？明日演禮，擬不到，大致亦略／曉。但願是日無雨，或免失儀／耳。

手肅，再承／

注：

〔一〕程文炳，安徽阜陽人，字從周，時任湖北提督。

〔二〕「淮商」，陸本誤作「海商」，今據原件改正。

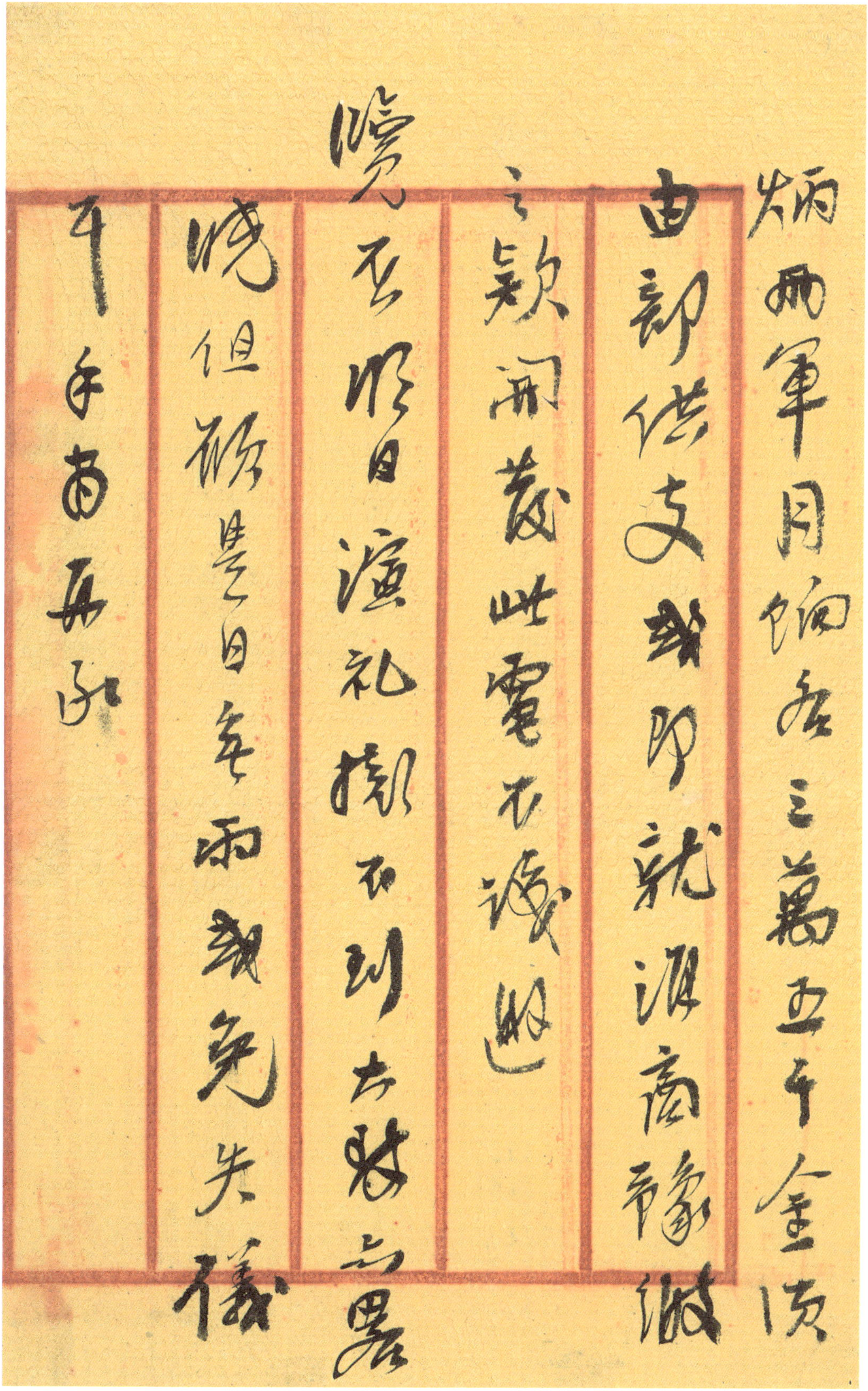

炳兩軍月餉每三萬五千金須
由部供支，我即就淮商豫繳
之款。開歲此電，不識能邀
覽否？明日演禮，擱不到大農之署
晚。但願是日無雨，或免失儀。
午手肅再承

【五二】 張蔭桓函 ［八月朔夕］

晚安不次／。叔平先生閣下，桓白。八月朔夕。

山東司單附繳／。敬餘[一]。

注：

【一】此句，陸本脫，今據原件補正。

曉安右次

持平先生閣下 樵白 八月朔夕

山茶四本拜繳

敬餘

【五三】孫毓汶函〔八月初三日〕

此數日無多要件。會議大約∕是初五。文卿〔一〕昨有覆電，以銀∕還銀之説未允，而有緩圖∕一語，似難濟急也。〔二〕現餉皆∕刻不可緩，奈何奈何？法事將∕

注：

【一】譚鍾麟，字文卿，湖南茶陵人，時任閩浙總督署福州將軍。

【二】此句，陸本誤作「文卿昨有覆電，以銀還銀之説未允，而未有緩圖，一誘『以緩』，難濟急也」，今據原件改正。

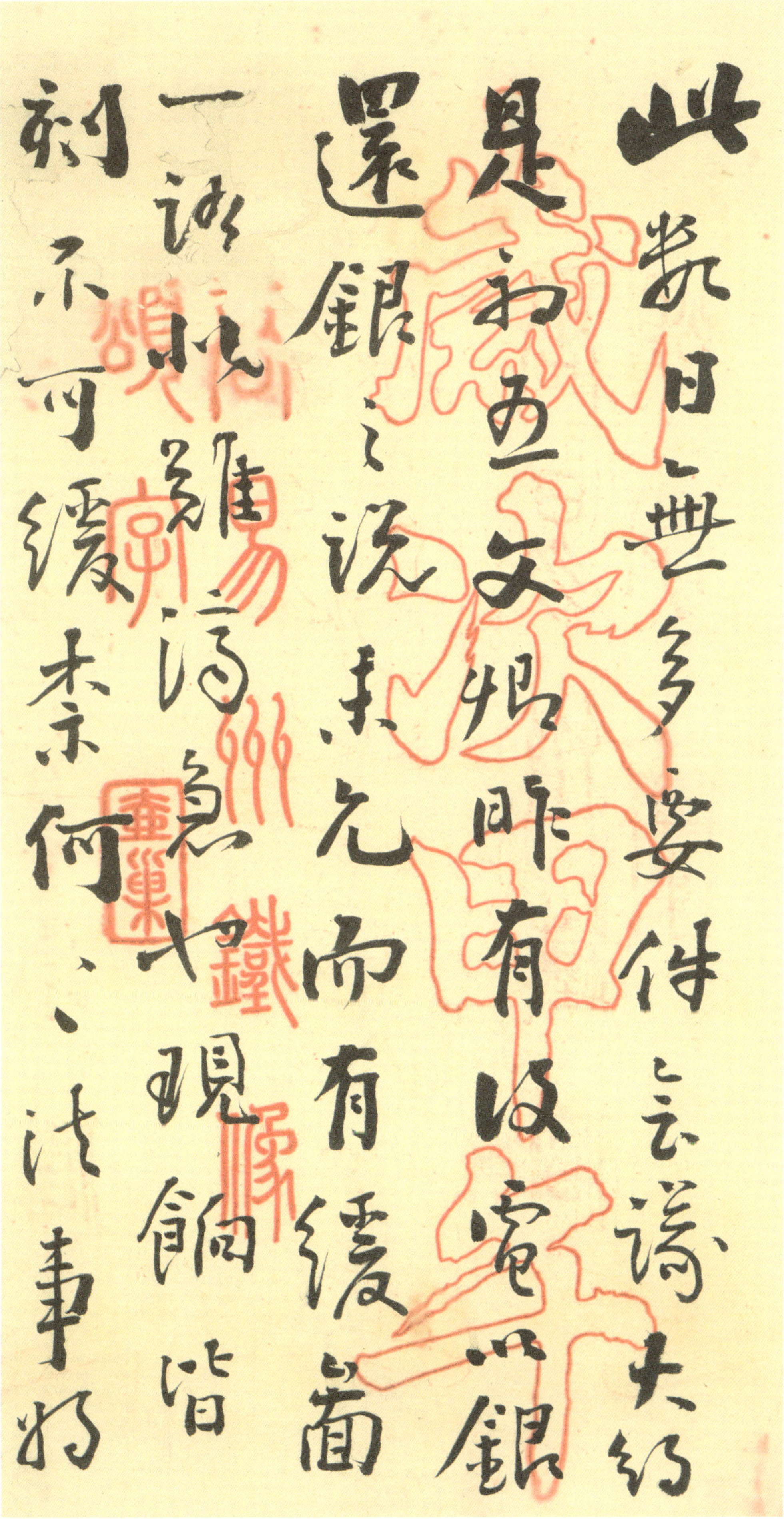

此數日〻世多要件云謂大約
是初五文報昨有改定以銀
還銀之說未允而有續函
一紙收雖為調息七現餉皆
刻不可緩奈何〻此事將

【五三】孫毓汶函〔八月初三日〕

畢時，香濤[一]向英議，竟有／不再借之說。此時議辦，亦須／防此一着，在人者總無憑／耳。阿船成行，又加三萬餘／鎊。今日有／

注：

【一】「香濤」，即張之洞，字香濤。直隸南皮人，時爲湖廣總督。

畢，盼了。香濤向無議定，有
不再借之說，此時議辦，亦須
防此一着。主人者抵死漂
斟阿成行，又施之萬佰
鎊。今日有

〖五三〗孫毓汶函［八月初三日］

旨允之，外一船行遲，不令購〳矣。筱村[一]有覆電否？覆上〳瓶翁吾師，弟遲頓首。

按：原函無日期。據《翁同龢日記》甲午八月朔日記：「孫萊山來，言今日面諭：翁某既病，俟初四日再商看一切。丁提督事已覆奏，不辦矣。」（第六卷，第二七六九頁）八月初三日翁氏致函孫：「會議遲一日，甚愜下懷。臺無覆信，文卿電未見緩圖二字，亦難題。既不允矣，何緩也？阿船加價横索，可恨！行遲之船，不購極是。借款、運糧，兩者皆授權於人，不能不長顧却慮。平壤何無續音，殊懸懸。」（《孫毓汶檔》之五，《近代史所藏清代名人稿本抄本》第一輯第四〇册，第九至十頁）由此判斷，該函是對孫函的回覆，故繫於八月初三日。另，函中「阿船」，係指清廷從阿根廷購買之軍艦，有關洋商敲詐情形，詳見李鴻章八月初二日亥刻致譯署電（《李鴻章全集》，第二四册，第二九五頁）。八月初三日，孫毓汶應當已從總署讀到李電，并將情形函告翁氏。

注：

【一】「筱村」，即邵友濂，字筱村，也作小村，浙江餘姚人，時任臺灣巡撫。

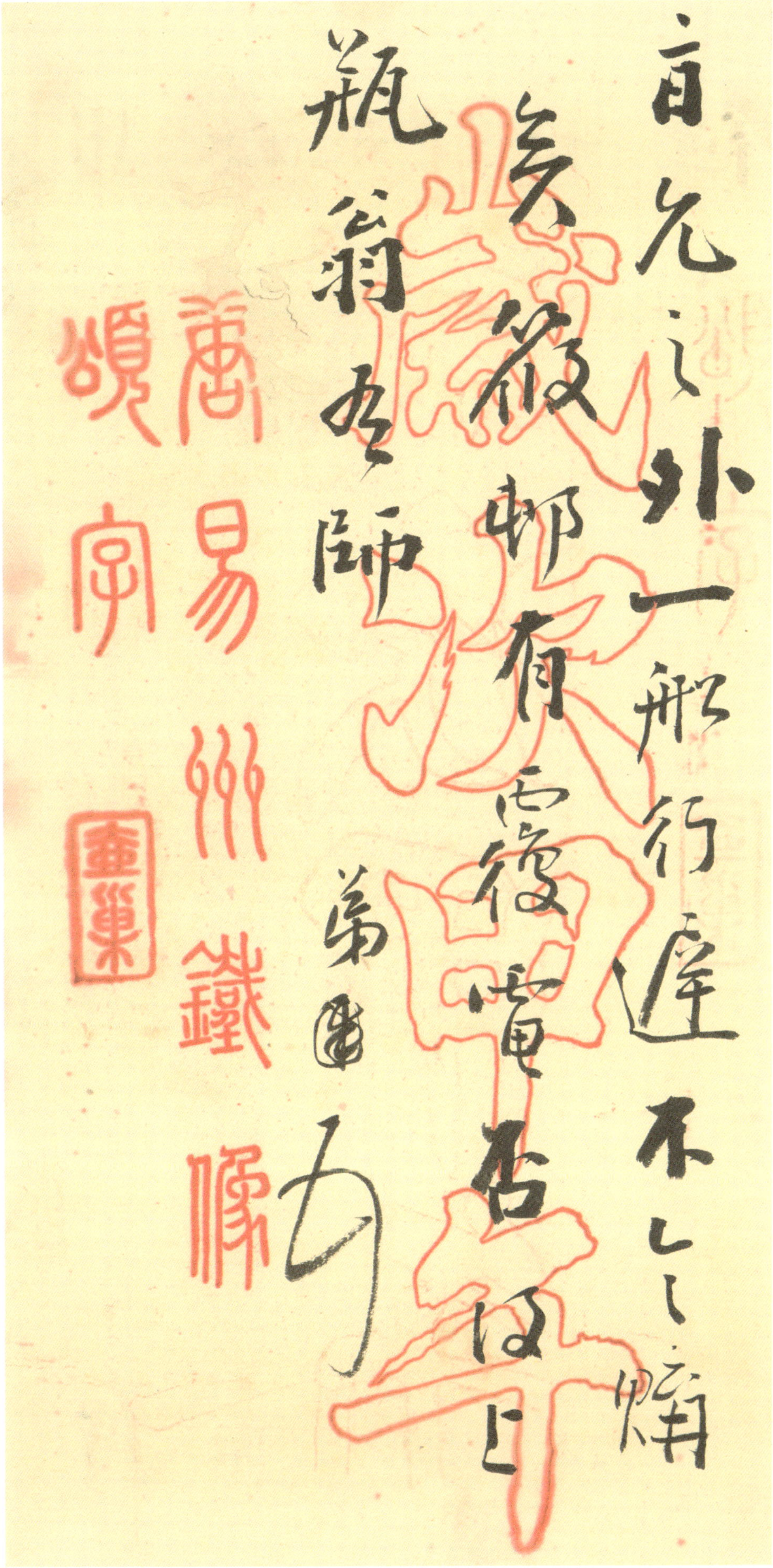
肯允〻外一船行遲不〻〻[illegible]
候覆郵有西霞庵否候〻
瓶翁老師
弟汶頓首

【五四】孫毓汶函［八月初六日］

頃[一]遞北洋摺，呈／覽後改／懿旨，散直及酉初矣。臺撫借／款包鎊，大部是否議准？乞／先示，明晨須覆陳。又購獵／船事，先六後十之由，已據電／

注：

【一】「頃」，陸本誤作「昨」，今據原件改正。

昨遞北洋摺呈
覽後復
諭旨散直及酉初矣甚至接借購
諭令鑄大之印是否議准已
先示明晨須覆陳文稱獨
船ろ先六後十之由已授電

〖五四〗　孫毓汶函　［八月初六日］

覆，似在可允。禮邸[一]有擬面談／之言，仍盼／力疾一臨也。此叩／瓶翁仁兄夕佳，弟遲頓首。

按：原函無日期。據八月初七日廷寄：「李鴻章前議購魚雷獵船，據清單內開行程頗速，價亦合宜，著即於滙豐現存之二十萬鎊內購買四隻……」（《李鴻章全集》第二四册，第三〇五頁）據此判斷，該函應寫於八月初六日。

注：

【一】禮邸，即禮親王世鐸，時爲領班軍機大臣。

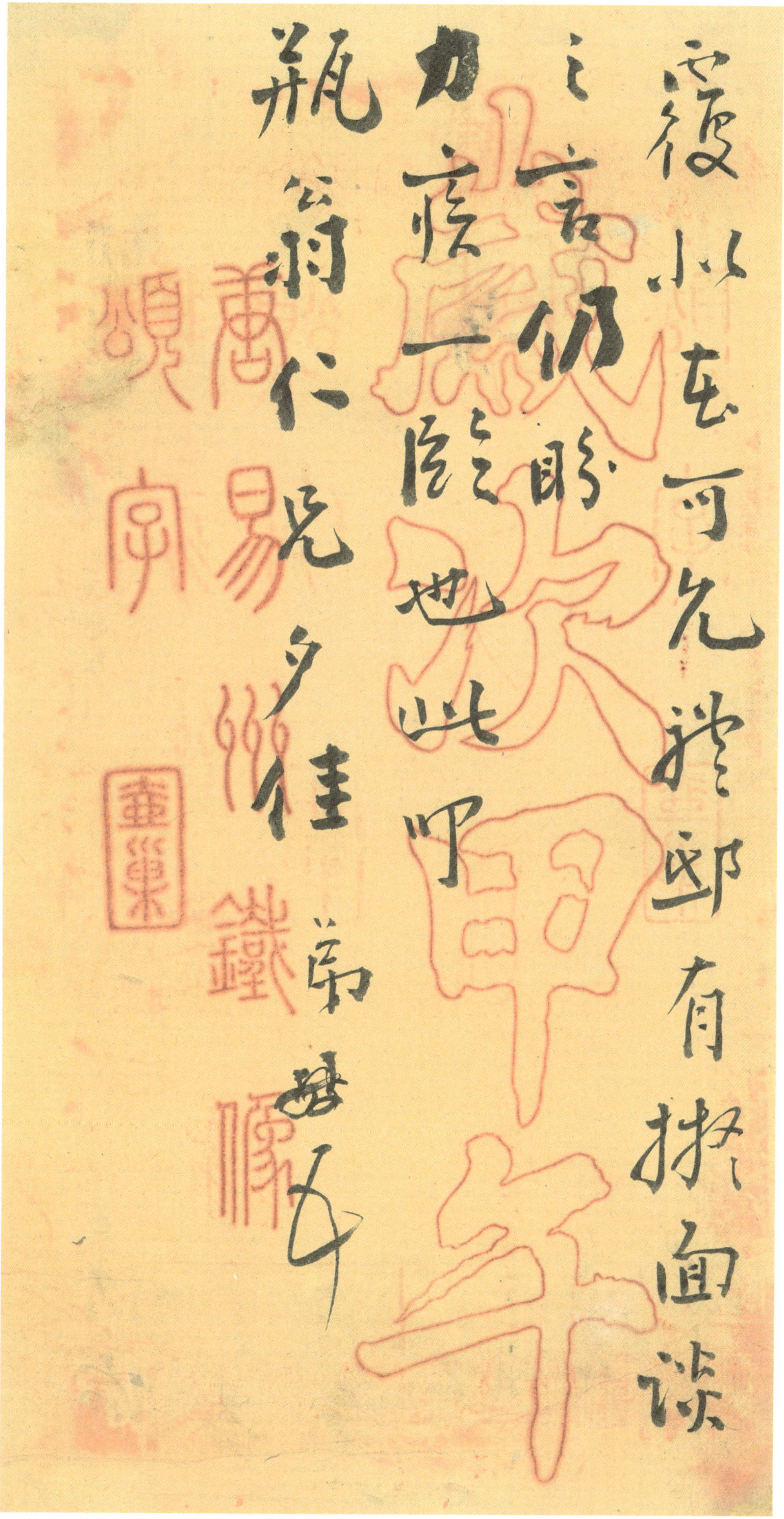

寢復以屯可允豫郎有擬面談之言仍盼
力疾一臨是此叩
瓶翁仁兄多佳　弟毓汶頓首

〖五五〗李鴻藻函［八月初九日］

臺事不堪設想，如何如何？月前與／鑑堂[一]談及荊川[二]，意似不滿，邵／[三]言或不謬也。昨／召對後晤南皮[四]，云北洋電葉佈／置頗有把握，確否？原函奉繳，祈／詧入。弟名頓首。初九辰。

按：該函未署名，从筆迹判斷，係李鴻藻所寫。據《翁同龢日記》甲午八月初七日：「得邵小村書，與唐藩大不和，并詆劉永福，此人亦隘甚哉。」（第六卷，第二七七二頁）。「唐藩」，即臺灣布政使唐景崧。另，北洋電稱葉志超佈置頗有把握之事，見《李鴻章全集》第二四册，第三〇八頁。此函似係對臺事等向翁氏表達意見。

注：

【一】「鑒堂」，即李秉衡，字鑒堂，奉天新義州人，中法戰争期間護理廣西巡撫，甲午七月授山東巡撫。

【二】「荊川」，明代學者唐順之，江蘇武進人，號荊川。這裏代指臺灣巡撫唐景崧。唐氏字薇卿，廣西灌陽人，時以臺灣布政使署理巡撫。

【三】「邵」，即邵友濂。

【四】「南皮」，張之萬，字子青，直隸南皮人，時官東閣大學士、軍機大臣。

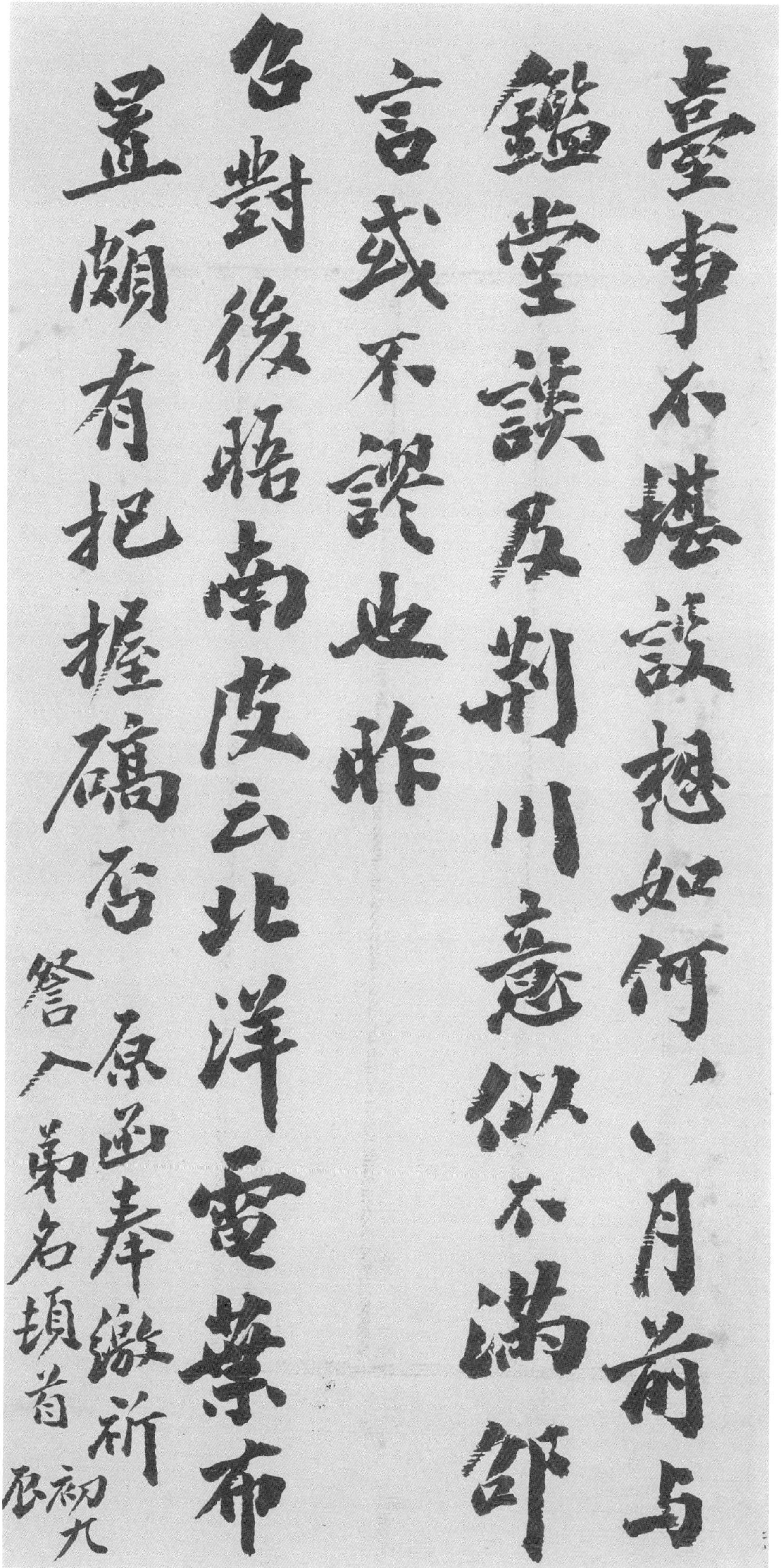
臺事不堪設想如何、、月前與
鑑堂談及荆川意似不滿卻
言或不謬也昨
召對後晤南皮云北洋電稟布
置頗有把握矣
原函奉繳祈
詧入 弟名頓首
初九辰

〖五六〗張蔭桓函［八月十二日］

今日辰初一刻到庫，申初一刻始散╱。未到前堂，因詣╱起居不值，便赴總署，燈時返寓。知╱從者枉顧，誠相左矣。辱╱示函稿，周匝之至，游、夏不能贊一╱詞【一】，但請易各堂名字爲善字耳╱。

注：

【一】「游、夏」，孔子的學生子游和子夏，語出《史記·孔子世家》「至於爲《春秋》，筆則筆，削則削，游夏之徒不能贊一辭」，形容文章很完美，別人已無法增添詞句了。

今日辰初一刻到庫申初一刻稍散
未到前堂因請
起居不值便赴總署鐙時返寓訪
修五枉顧誠相左矣辱
示函稿周匝之至淋屢不擬改一
詞但請爲兄查無字如善字耳

【五六】張蔭桓函［八月十二日］

聞近有新增善堂，名字不改亦可〻。新加坡稿，義無可辭。今晚能就〻，當於明早送上也。電稿移易〻數字，乞〻酌定，交檔房速電，可乎？敬承〻叔平六兄大人道安，桓白。

八月十二日。

聞近有新增善堂表字不敷否
新加坡撥稿義舉可辭今晚辦就
諭於明早送上也電稿務呈
斟字乞
酌定交檔房速電可也並承
拱手六兄大人 道安 桓頓首

〖五七〗 張蔭桓函 〔八月十三日〕

部票難處，誠如／尊論。鄙意第一端誠難，外此三／端尚易補苴。晤／教，再詳言之。電先信後，未嘗不／可。承／諭擬發山西、津海、江海、江漢各電／，

部票頗屬識外
並論鄙意第一端識頗外此三
端尚易補苴耳
敬再詳言之電先信後未嘗不
可承
諭擬發山西津海江海江漢各電

〔五七〕張蔭桓函［八月十三日］

并加函通款，甚善甚善。津海於／此中辦法最透闢，曩曾告琴／軒[一]奉商／鈞座，爲書托之，并寄與章程，如／津海能領辦，則各關可附之矣／。江海初任，頗有親老喜懼之／

注：

［一］那桐，字琴軒。隸滿洲鑲黄旗，時官户部雲南司郎中，充北檔房總辦。

并加圈通款甚善之津海於
此中難得最透闢叢曾嘗琴
軒岸商
鈞座內出訖之并寄來章程收
津海餉項雜則各關可增之矣
江海初任頓有親老喜懼之

思。江漢，健者，但楚中恐無如許／富人，不如專托津海爲得要領／。山西本富地，現在撫、藩不識能／爲部民信服否?官民等威相去／太遠，設以官樣行之，不惟無益／而有損也。幸／

里江漢健在但林楚半恐未必許
富人不必寄託津海為得要領
山西本富地現在撫藩不識能
為部民信服否官民等威相去
太遠設以官樣行之不惟無益
而有損也乎

〖五七〗張蔭桓函〔八月十三日〕

酌之。今日葉電〔一〕，軍糧五艘在大∕同江爲敵劫去，存糧不敷五日∕，深用焦灼。已告所司抄電送∕樞堂，意必有以濟之也。敬承∕道安不次∕。叔平六兄大人閣下，桓頓首∕。十三日。

按：《翁同龢日記》甲午年八月十三日記：「夜得樵書，云葉電軍糧五船在大同江爲敵劫去，存糧不敷五日。此師殆哉。」（第六卷，第二七七三頁）

注：

〔一〕「電」，陸本脫，今據原件補正。

酌之當葉電軍糧五艘在大
同江內敵劫去係糧不專五日
深用疑灼已告所司抄電送
樞處意必有以濟之也敬承
籌安不次

壯平六兄大人閣下 桓頓首

十三日

〖五八〗李鴻藻函〔八月十四日〕

聞受之〔一〕云，我軍糧運五艘／爲倭所劫，懊悶已極。海軍／船隻一無所用，真可殺也。言／之痛恨／，尊處如有所聞，乞詳示。弟名頓首／。十四日。

按：此函係李鴻藻筆迹，從敘事内容判斷，將其繫於八月十四日。

注：

【一】「受之」，即崇禮。

聞叟之云我軍糧運五艘為倭所劫懊悶已極海軍船隻一無所用真可殺也言之痛恨

尊處如有所聞乞詳示

弟名肅

十四日

『五九』許應騤函［八月廿一日］

早間接讀／手示，欣悉能／起坐作書，并知燒熱見退，曷勝／歡抃？高陽[一]看視，晤談否？明早／能不與議爲妙，總之能多養／

注：

【一】「高陽」，指李鴻藻，號蘭孫，直隸高陽人，時任禮部尚書，與翁同龢奉旨會議「韓事」。

早向橫一讀
年來何悉慷
老生作冬暮安曉熱見延昌
慚折為陽看況晚後君明早
能不可議為妙松之縱奈老

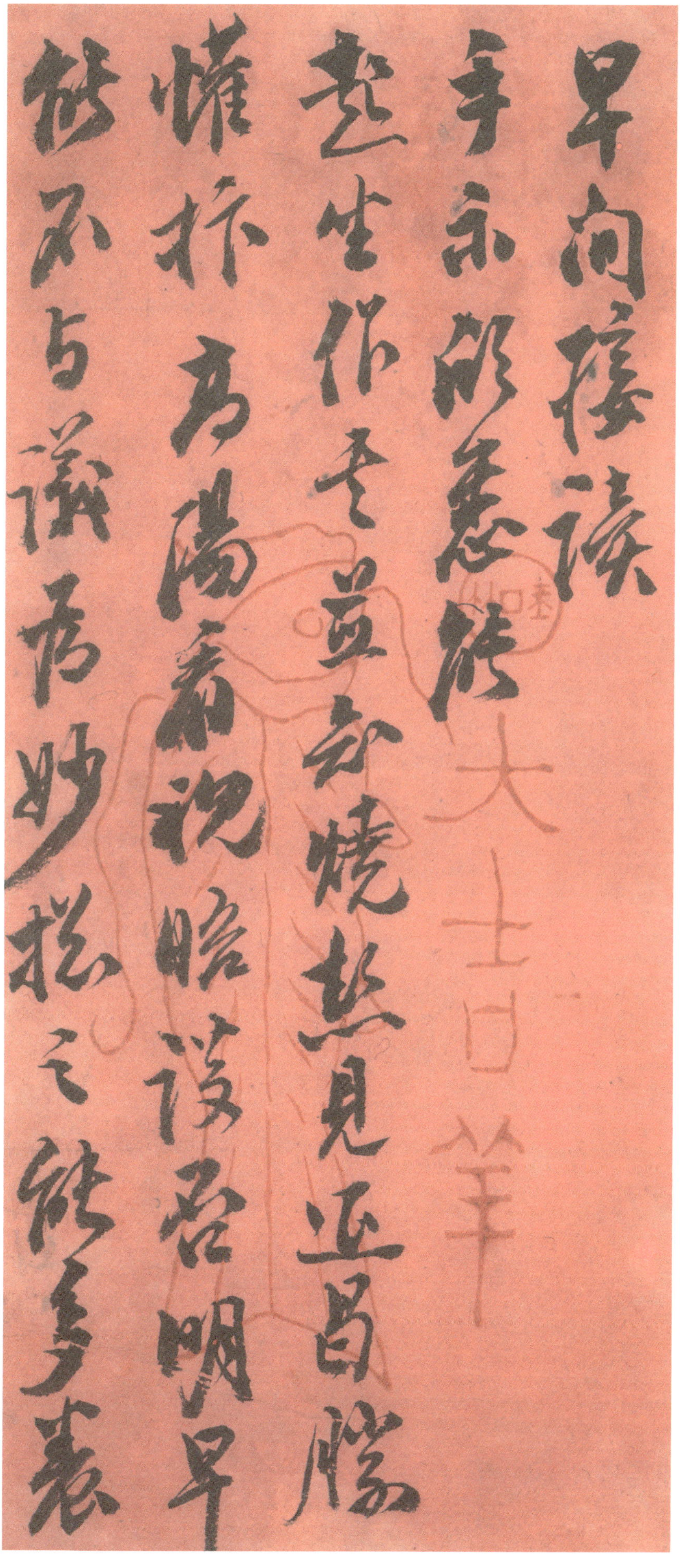

〖五九〗許應騤函 ［八月廿一日］

一日，定好一分也。刻下／動定如何？或／手示數字，傳語亦可。專此，敬候／安吉。素文頓首。

今日啓穎之[一]調藩部，壽午清[二]補盛京兵部，英菊／儕[三]補總兵，又莫測其所以然也。

按：此函陸本未收，原無日期。據甲午八月二十一內閣奉上諭：「理藩院尚書，著啓秀補授，壽蔭著調補盛京兵部侍郎……左翼總兵，著英年補授。」（《光緒宣統兩朝上諭檔》第二〇冊，第四二五至四二六頁）故是函寫於八月二十一日。原理藩院尚書崇禮改任熱河都統。

注：

【一】啓秀，字穎之，也作穎芝，隸正白旗滿洲，時由盛京兵部侍郎調任理藩院尚書。

【二】壽蔭，字午清，宗室，隸正紅旗滿洲，時由吏部左侍郎調任盛京兵部侍郎。

【三】英年，字菊儕，隸漢軍正白旗，時由署理工部右侍郎實授。

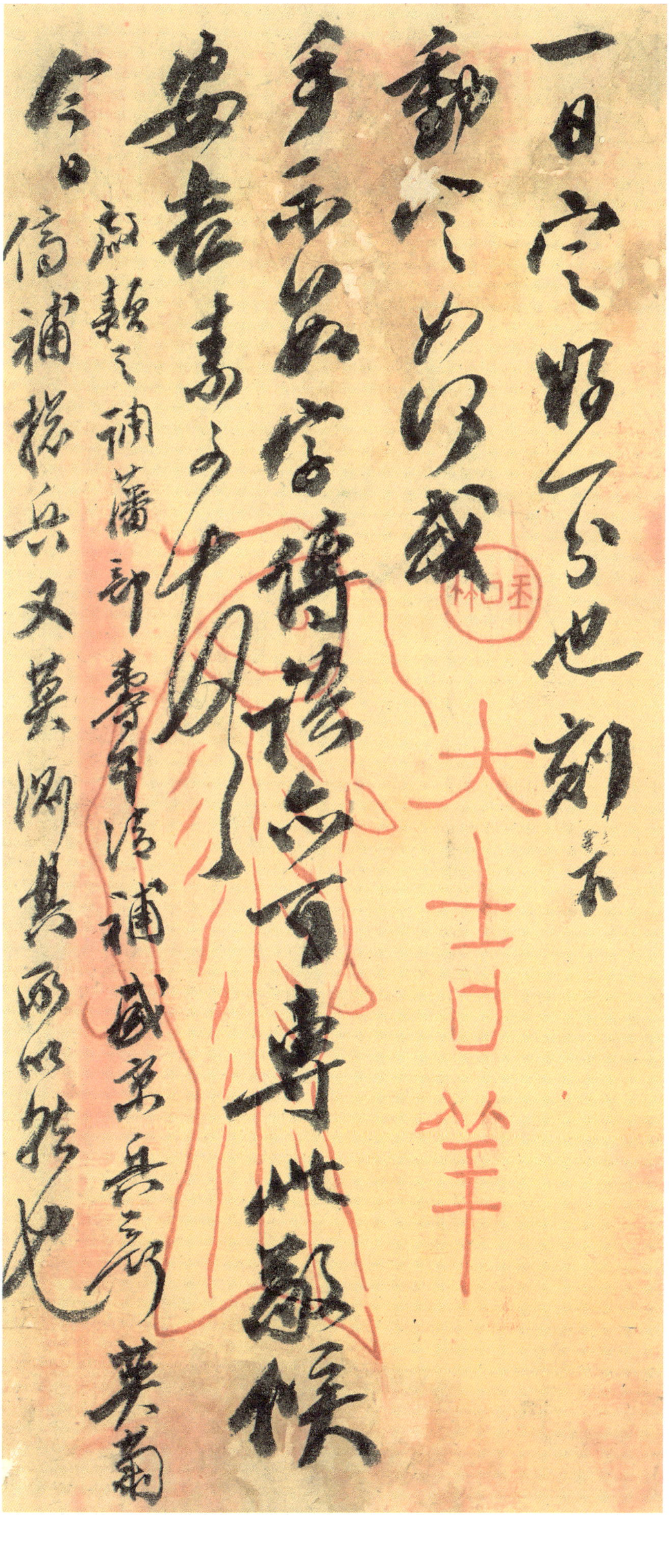

〖六〇〗許應騤函　〔八月廿二日〕

頃由西北歸，讀／手示，知散值回寓暈卧兩時，姑少安／。本以强支之身，今早又復勞累，誠不可／不即時請假，静心調理，以冀速痊爲／要，萬不可再聽敦促也。務希／嘉納，禱之切切！素文頓首。

明日進班，俟出班趨候／再談。

按：此函陸本未收，原無日期。據《翁同龢日記》甲午八月廿二日記：「天未明接知會，遂自奮曰吾何病哉。辰初抵公所，倚枕卧，待李公來，同至樞曹看報及摺……坐不住，先退，比歸家，則疾大作，入門不知門焉，升堂不知堂焉，倒床氣僅屬。」（第六卷，第二七七六頁）所記與函中「暈卧」情形吻合，故此信寫於八月廿二日。

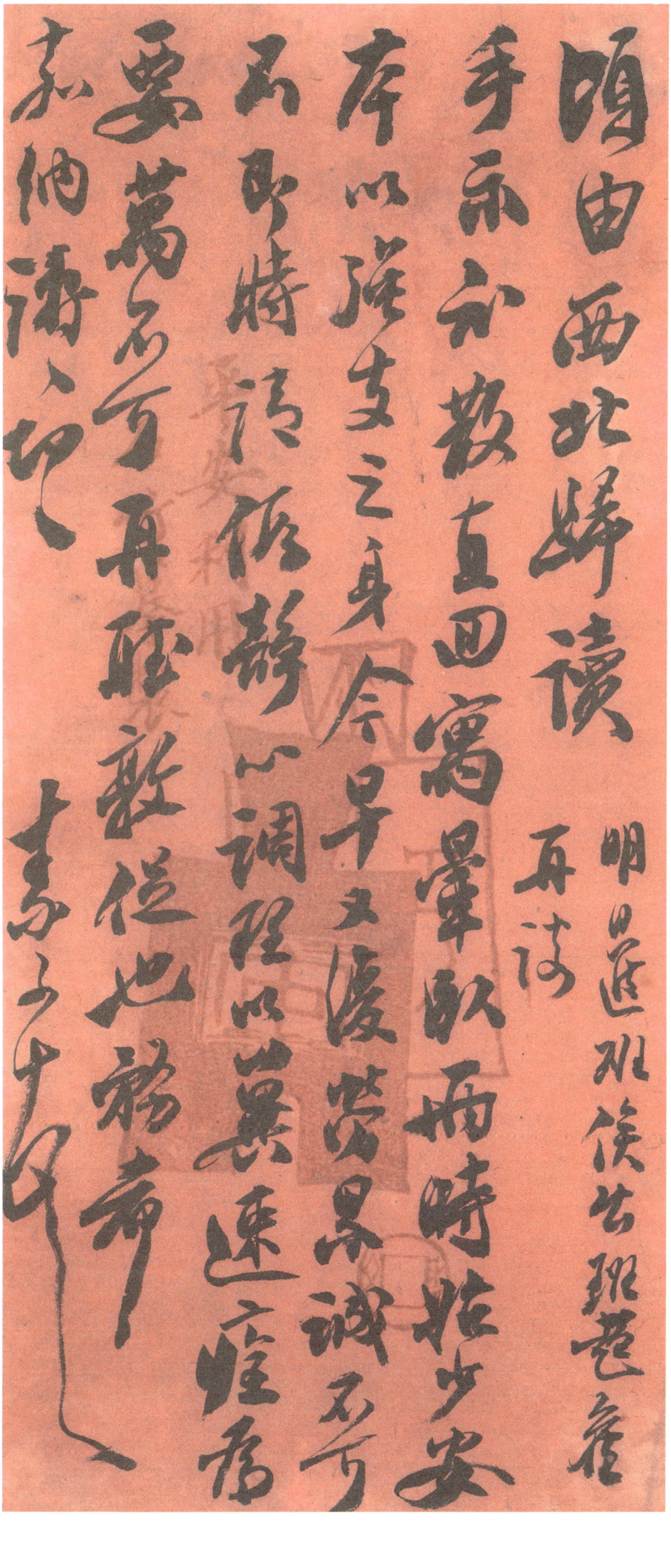

明日延兆候出郊甚寧
再請
頃由西北歸讀
手示敬直回寓暈飲西時始少安
本以孱支之身今早又渡勞累殊不可
不即時詣候靜心調理以冀速痊為
要萬不可再勞敬從也猶希
恕納謝謝又叩
十五子叩

〖六一〗張蔭桓函　〔八月廿二日〕

日昨趨談，久累／清神，殊抱不安。今午到部，琴軒云，／台從强起早朝，明日仍須請假。跂念／起居，良切馳繫。竊計大解能通，則／寒熱可除，勿藥有喜矣。琴軒又／云，／

日昨趨談，大畧
清神殊抱不安。今午到部，琴軒云
急證雖起早朝，服日仍須請假，懸念
起居，良切馳系。竊計大便能自通，則
寒熱可除，勿藥有喜矣。琴軒又
云

【六一】張蔭桓函［八月廿二日］

頤年［一］内帑撥濟部庫三百萬，誠／曠典也，意必有交片耳。今日樞中／申正始散，總署章京候至四點／鐘，攜回電／旨九件，祇宋慶幫辦北洋軍務／一件爲新政，外此無甚要義，不悟／

注：

【一】「頤年」，殿名，在西苑，爲慈禧居所，這裏代指慈禧。

順年內常撥濟部庫二百萬識
曠典也意必有之序乎省樞字
事近接款提署章京條據十一四點
鐘撥四電
旨於件祗求慶邸飭北洋軍務
一件由新政如此奚甚要義不悟

〔六一〕張蔭桓函〔八月廿二日〕

日晡乃畢耳。閩電借款不諧，適／兩赤來署言，可借銀，不論磅，但／須定借數乃可商[一]。利息七釐，早／已知道。當告以擬借千萬，年期須／統籌乃定。兩赤唯唯而去。或兩赤／私囊，未可知也。姑予言千萬，如／

注：

[一]「商」，陸本脱，今據原件補正。

日晡乃畢午閣電借款不諧適
雨亭來署言可借銀不論磅但
須空借救乃可商利息七釐早
已動道南告以擬借千萬年期須
統籌乃定雨亭唯唯而去或雨亭
私囊未可知也據布言千萬如

【六一】張蔭桓函〔八月廿二日〕

可少借，俟其回信，再酌不遲也／。還本脱利，無論幾年清訖，亦如／是辦去。已令酌訂節略來商／，果如願，則台磅可作罷論。我／公謂然否？手布，敬承／叔平先生道安。桓白／。廿二日戌初。

按：《張蔭桓日記》甲午年八月廿一日記：「樞中有會議，辰刻赴之……常熟因病未至達……晡後微雨，仍訪常熟一談。常熟已能起坐，浮熱未退耳。」（下册，第五四四至五四五頁）另，《翁同龢日記》同日記：「午後又熱矣。樵野來長談，以洋磅見商，不得不見也。客退，乏甚。」翁氏次日又記：「先退，比歸家，則疾大作……」（第六卷，第二七七六頁）故此信寫於八月廿二日。

而少儕侯集四信再酌不虞也
遂幸院判筆論我筆請語之如
是雖去之今酌訂節略未商
果以顧列名讓可作罷論我
公謂然否手示復并承
叔平先生道安 桓頓
廿二日戌初

【六二】張蔭桓函　［八月廿三日］

頃楊子通[一]覆電，美國允借，仍論／鎊，周息五釐，年期愈久愈好；墨／西可鷹銀[二]，晤墨使商定再覆云／。來電亦以鎊價已登峰造極／，不能再漲，他日還款有益無／

注：

【一】楊儒，字子通，隸漢軍正紅旗，時任駐美國、西班牙、秘魯公使。

【二】「墨西可鷹銀」，即墨西哥鷹元，洋銀元的一種，也稱鷹洋。

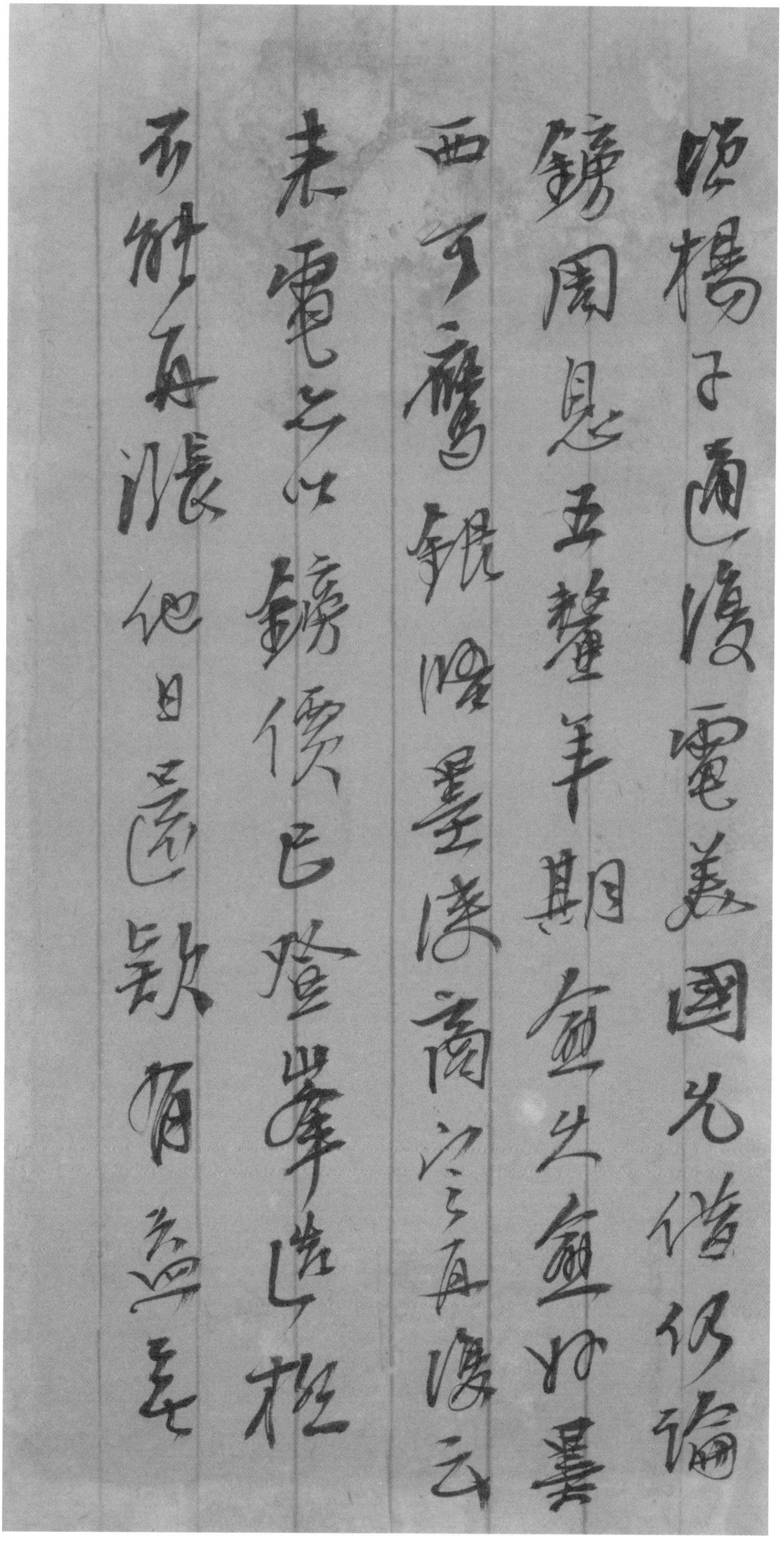

頃揚子通復電義國允借俄論
鎊周息五釐年期無出無好墨
西可應鎊路墨洋商以六六再復云
來電之以鎊價已登峯造極
不能再漲他日還款頗無患矣

【六二】張蔭桓函〔八月廿三日〕

損云。此虛擬之詞，難於上陳者也／。細繹臺撫電，華商包鎊之説／，仍係擬辦未定之事，須奏准後／向華洋各商從長計議，能否就／範，再行電商。且銀期係今年十／

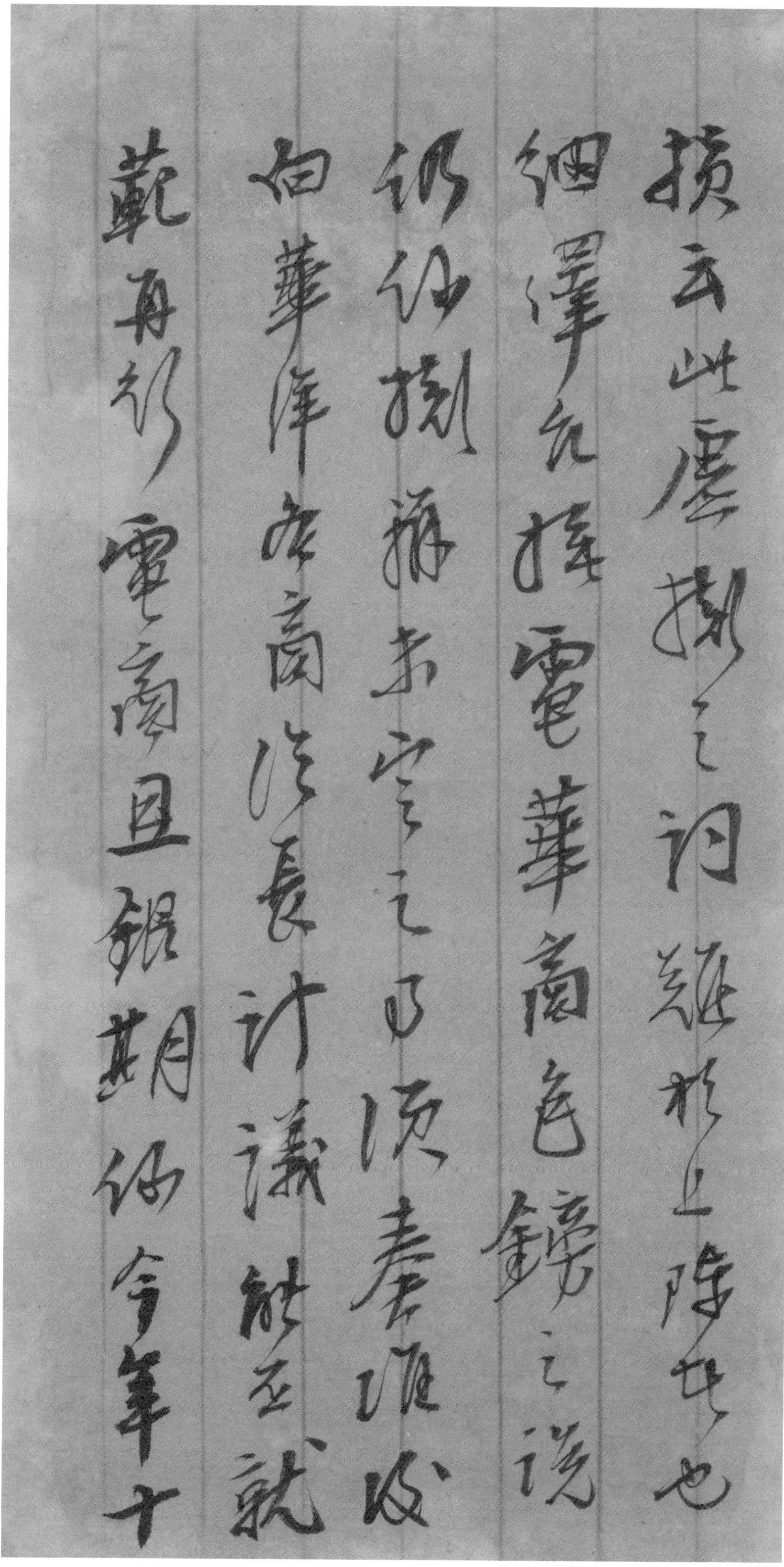
頃云此層擲之詞雖於上陸也
細譯先揆電華商包鎊之說
似係擲辦未定之乃須奏准
向華洋各商從長計議能否就
範再酌電商旦銀期似今年十

【六二】張蔭桓函 〔八月廿三日〕

一月，明年正月、三月，分三期交收，即／此時奏准，而臺畺亦須十一月乃得／此款濟用，并非手到拿來之物／。但部中准借，則臺撫有所恃而／不恐耳。昨日赫德所説，今早晤／

一月明年正月三期交收明
此時奏准而元壘止须十一月乃以
此欵滙用並飭早到鞏秦之物
促郤半淮償郤紉佩摧有所恃而
而歿年晚自葯德師說令早晓

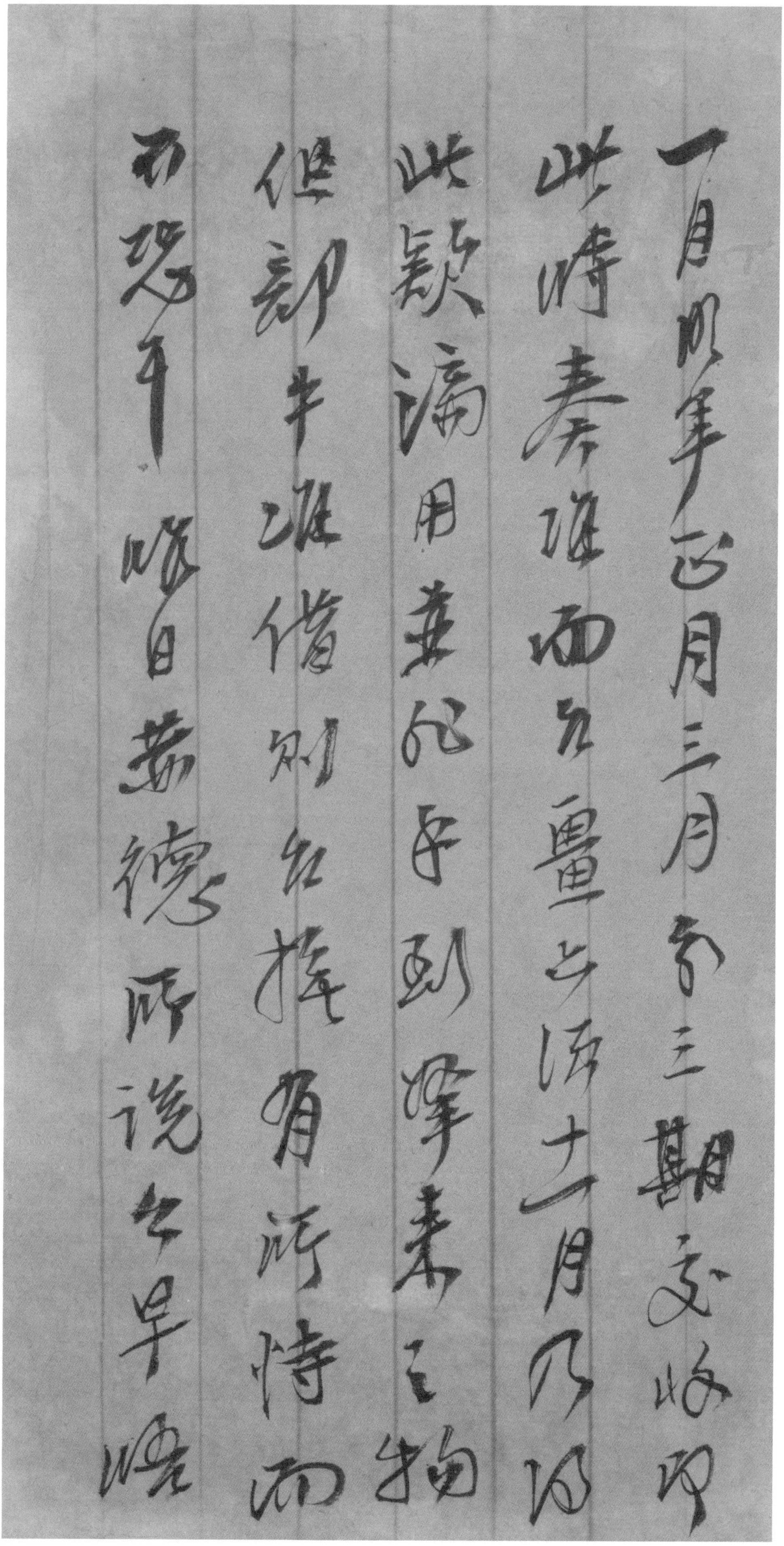

【六二】張蔭桓函［八月廿三日］

遲公，亦甚願有成，且看略節送／來再說。如今日不送，明日再令司／員促之，似不宜過急也／。清恙甚念，已大解否？今日會議／，大致如常。桂公〔一〕出守山海關，有／

注：

〔一〕「桂公」，即桂祥，慈禧太后之弟，封恩承公。

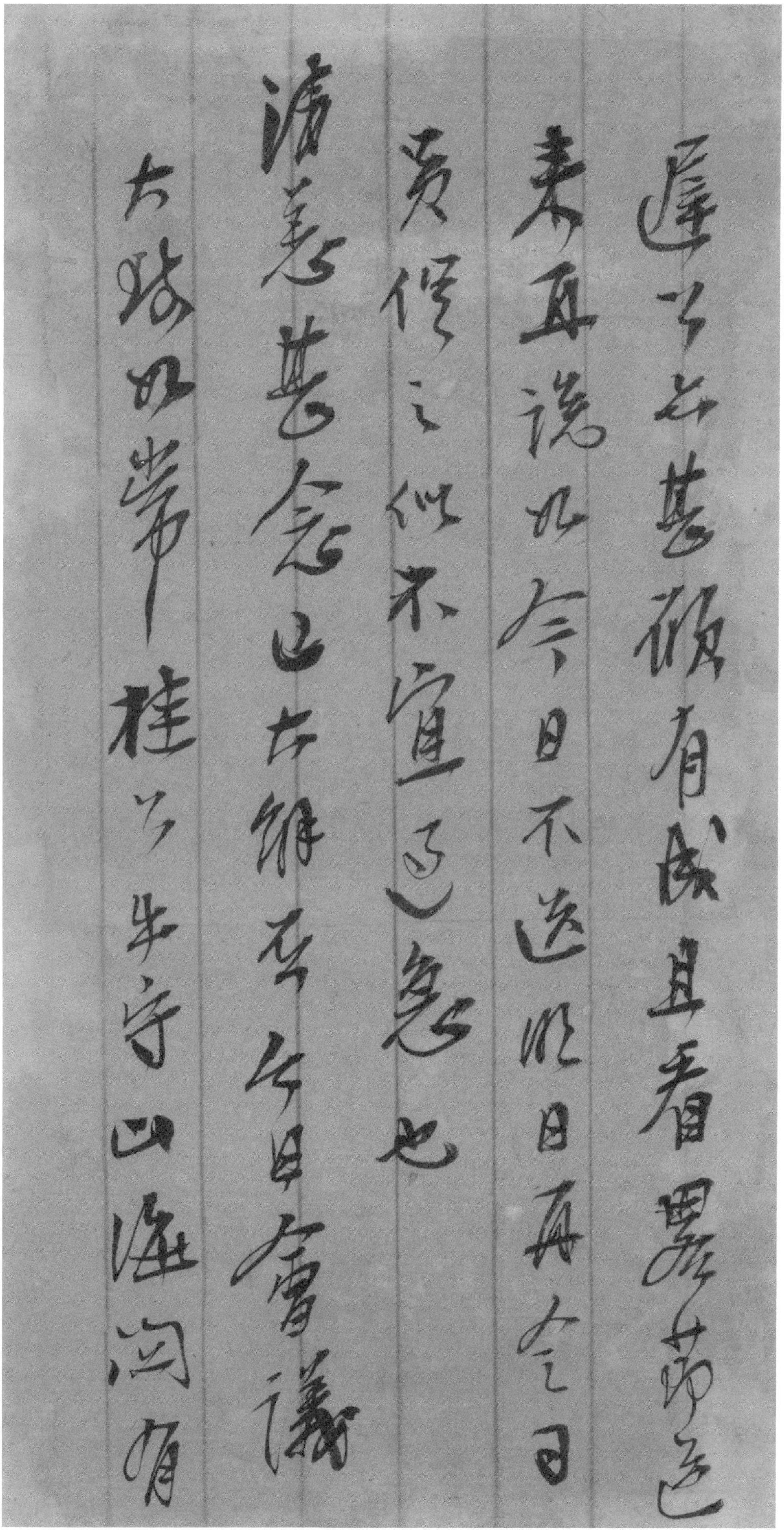

遲亦無甚礙有賊且看罷莫遲
來再說如今日不送明日再令司
貴價之似不宜遲急也
請慈甚念也大維在今日會議
大略如常桂公未守出海関有

【六二一】張蔭桓函［八月廿三日］

明發。另電／旨三道，間及[一]大東溝鴨綠江口築／炮臺事，又後路糧台移設處所／，又田在田[二]募數營。此大略也。即承／叔平先生道安，桓白／。八月廿三日。

注：

【一】「間及」，陸本誤作「聞及」，今據原件改正。

【二】田在田，山東巨野人，字象乾，武狀元出身，時任重慶鎮總兵。

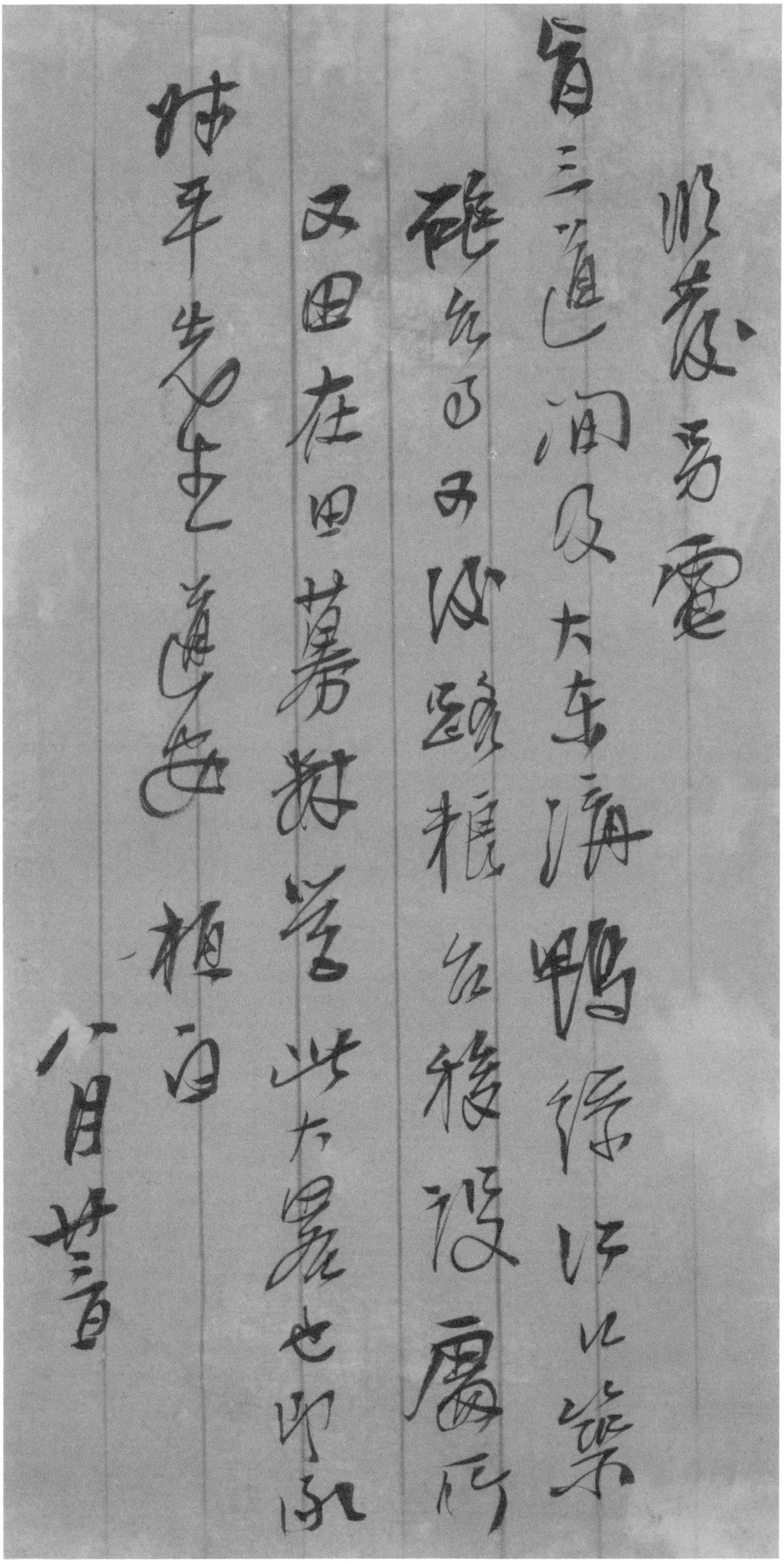

[illegible]手電
旨三道洞及大東溝鴨綠江以策
[illegible]子[illegible]根台後[illegible]處所
又田莊台[illegible]營此大略也即[illegible]
時平先生著安 桓頓
八月廿三日

〖六三〗孫家鼐函〔八月廿三日〕

昨晚閱／手書，字迹有異平時，知勞倦極／矣。不審夜來得睡否？今日精神何／如？頭痛、發熱均退否？極念。張野秋／[一]條陳内有報捐巨萬者，准特旨録用／一條否？部議准否？有欲報捐者向鼐／詢問，鼐不知其詳，稍健乞／

注：

【一】張百熙，字野秋，也作冶秋，湖南長沙人，時任翰林院侍讀學士、南書房行走。

昨晚閱
手書字跡有異平時知勞倦極
甚不審夜來得睡否今日精神何
如頭痛發熱稍退否極念張野秋
條陳內有報捐鉅款去准　特旨錄用
一條否部議准否有欲報捐去向[illegible]
詢問鼐不知其詳稍健乞

示。今日仍撤書房，辰正時外起方完／，樞臣始進，已有言無書房。鼐俟／上還瀛臺始退，時則巳初二刻矣。出／至苑門，知續有慶邸一起，上船時／慶邸猶未退，聞尚有／慈聖起也。餘别無見。閲名臣奏議／，蓋三四篇云／。

均齋主人［一］，蟄生頓首。廿三。

按：原函無月份。《翁同龢日記》甲午年八月廿一、廿二日記病狀甚詳，廿三日又記：「請假五日，蒙允准。」（第六卷，第二七七六頁）孫家鼐與翁氏同入值毓慶宫，授皇帝讀，故提及「今日仍撤書房」事。此信寫於八月廿三日。

注：

［一］「均齋主人」，翁同龢别號。

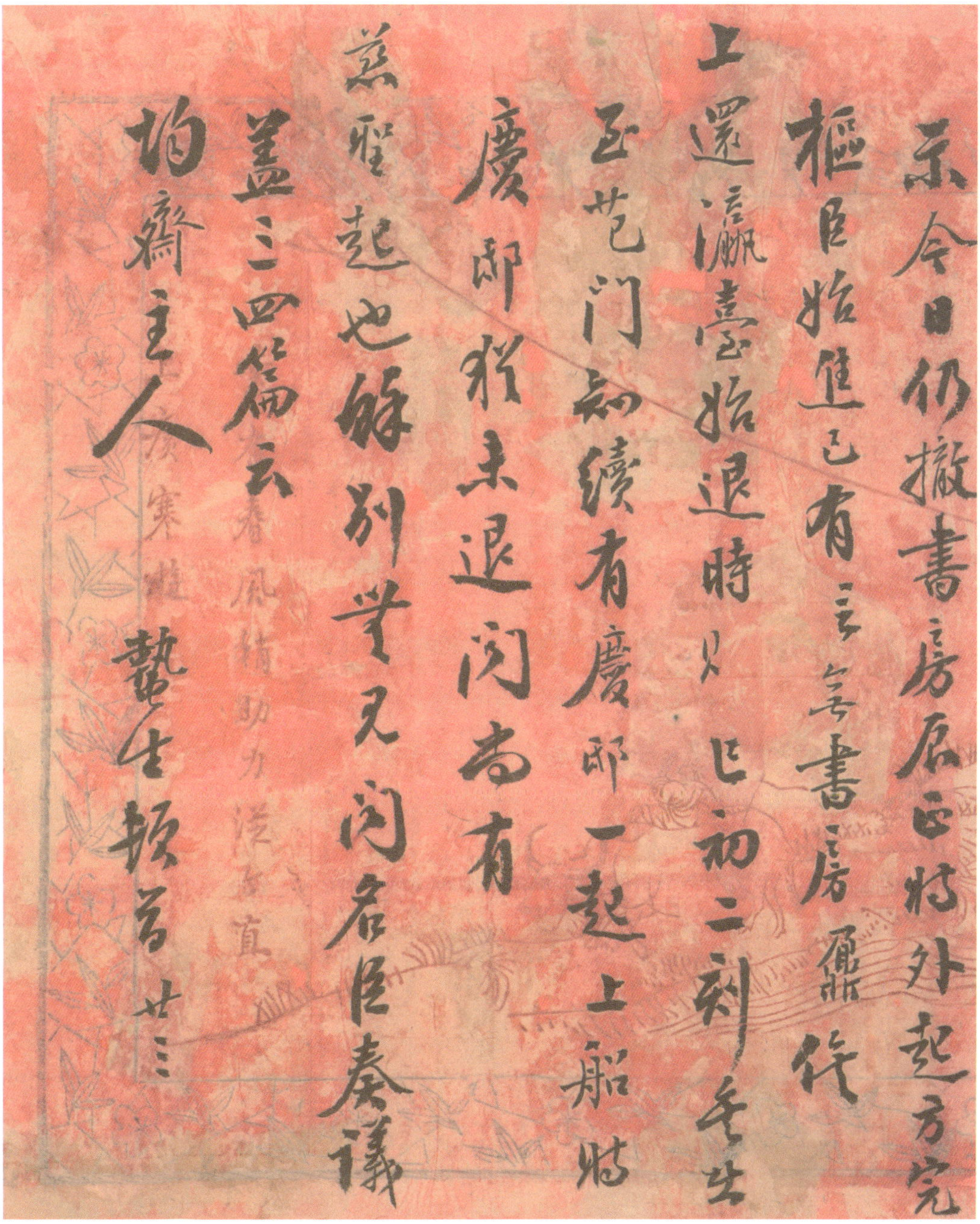

示。今日仍撤書房，辰正時外起，方完
樞臣始進，已有三刻。書房照作
上還瀛臺始退，時巳正初二刻。季生
至芝門，知續有慶邸一起，上船時
慶邸猶未退，聞尚有
慈聖起也。鮮別無見，聞君臣奏議
蓋三四篇云。
均齋主人
蟄生頓首　廿三

〖六四〗孫家鼐函〔八月廿四日〕

假期内當可静養╱，貴體能漸愈否？近又大解否？今日仍無╱書房，辰正二刻餘╱，上還瀛臺。外間消息，不卜何如。日旰╱君勤，已四日矣。京營赴山海關，大車需數百╱輛，地方亦不免勞費也╱。均齋主人，蟄生頓首。廿四日。

按：函中反映的情况與上函前後相連，故繫於八月廿四日。

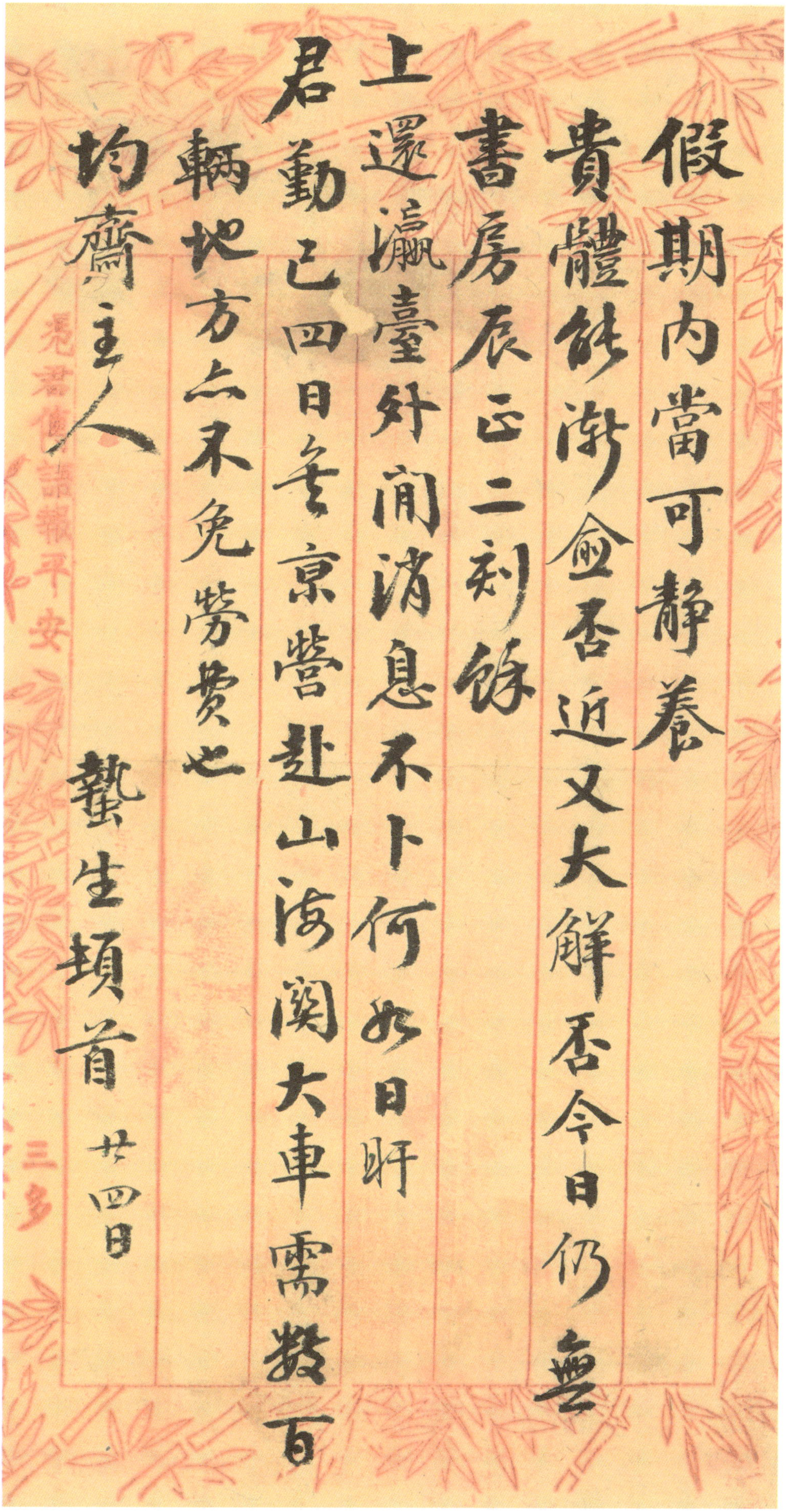
假期内當可靜養
貴體能漸愈否近又大解否今日仍無
書房辰正二刻餘
上還瀛臺外間消息不卜何如日旰
君勤已四日今京營赴山海關大車需數百
輛地方亦不免勞費也
均齋主人
蟄生頓首 廿四日

〖六五〗張蔭桓函〔八月廿四日〕

曩告赫德借款之數，酌擬千萬／，周息七釐，年期未定。今日與暹／公共晤赫德，借數、利息仍爾，年／期赫擬十年還本抽利，每年本／利共需銀一百四十二萬四千兩，本利／按年遞減，如是十年，本脫利脫／，

曩告恭德借款之數酌擬千萬
周息七釐年期未定今日與逕
公共晤恭德借款利息仍分年
期若擬十年逐年抽利每年本
利共需銀一百四十二萬四千兩本利
按年遞減如是十年本脫利脫

計十年之間，共費利銀四百二十四萬╱兩。此中細數，赫明日送來，交銀之╱期未能遽定。看此情境，當非子虛╱，俟其接到倫敦覆電，再與訂也╱。手布，敬承╱叔平先生道安，桓白。廿四日。

按：《張蔭桓日記》甲午八月廿四日記：「曩與赫德商借款事。午後至署，萊山亦奉口敕飭詢，因令赫德來，訂借一千萬兩，周息七釐，還本撤利，計每年户部籌銀一百四十二萬兩，十年本利訖清……」（下册，第五四五頁）同日《翁同龢日記》也記：「與樵野札往來。」（第六卷，第二七七六頁）

計十年之間共費利銀四百二十四萬兩，此等細絨業將逐來之銀之期未能盡還之，看此情境萬非了處，俟其接到倫敦覆電再與訂也。

手肅，敬頌

林平先生道安。桓白。廿四日

〖六六〗張蔭桓函　［八月廿五日］

平壤潰退，連日軍報無非收拾／散卒，料量傷病，暫不復能戰／矣。寇焰方熾，後路有無扼守之／地，殊焦灼。海軍戮方伯謙[一]，奉電／旨而未明發，或亦不願使敵有聞也／。兩赤所商，昨令隨槎舊僚核算／

注：

【一】方伯謙，字益堂，福建侯官人。北洋艦隊巡洋艦「濟遠」號管帶，因臨陣而逃，被清廷依軍法處死。

平壤潰退，連日軍報無可收拾
艱辛料量傷痛，暫不復能戰
矣。寇焰方熾，恐難有無抵守之
地。殊組均海軍戰，亦但謙牽電
旨，而未收發，或亦不願使敵有聞也
函示所商，昨今遣槎舊僚核算

細賬，尚明白，特呈／台覽。日内兩赤開送來時，可資考證也／。清恙肺胃燥熱，若大解暢，則病除矣／。荸薺煮粥，黑芝麻蒸熟，和糖食／，均相宜，萬不可服補藥。切要之。[一]敬承／叔平先生道安。桓頓首／。八月廿五日。

按：《翁同龢日記》八月廿五日記：「又聞戮先退之濟遠管帶方伯謙。」（第六卷，第二七七七頁）此即見張蔭桓函而得知者。

注：

［一］「切要之」，陸本誤作「切切」，今據件本改正。

細帳尚派白特呈

台覽兄目四兩赤兩送來時可資考證也

清恙肺胃燥熱若大腸暢則病除矣

荸薺煮粥黑芝麻蒸熟和糖食

均相宜萬不可服補藥切要要兹承

林年先生道安　桓頓首

八月廿五日

〖六七〗孫家鼐函　〔八月廿五日〕

本日尚無封事／，上見起□亦辰正二刻矣。到書房四刻，論講甚／從容。退時在巳時三刻。官軍退駐易州，仍有／抄襲後路之慮。廿七日挪動改九月初八，然初八／□□頤和園，權爲推蕩也。有欲停止慶典之意／矣。上問閣下愈否？□□較前略好，假滿或可出／來，□恐熱不退，頭痛不止，尚須緩數日也。

按：此函陸本未收。原無落款，可判斷是孫家鼐筆迹。該函也無日期。《翁同龢日記》甲午年八月廿五日記：「恭聞二十七日暫不赴頤和園。改期九月初八日，蓋亦未定也。」（第六卷，第二七七七頁）此爲接到孫家鼐信後所知者，故此函應寫於八月廿五日。

本日尚無封事

上見起一点辰正二刻參到書房四刻論講甚從〻

容退、時在巳初三刻官軍退駐易州仍有

抄裹諭跡〻〻憲廿七日挪動改九月初後初八

〻不頤和園權為推盪也有欲停止慶典之意

參上詢閣下命否〻、發前晚好假滿既可生

来〻熱不退頭痛不止尚須緩數日也

〖六八〗許應騤函〔八月廿七日〕

一頓散署，趨候／興居，聞已漸安，慰甚！未敢登／堂，恐致勞頓也。回舍後，讀午後／法書手札，筆力精采如常，快慰不可言／狀。特示此書，足見心心相印之真耳。鼻／

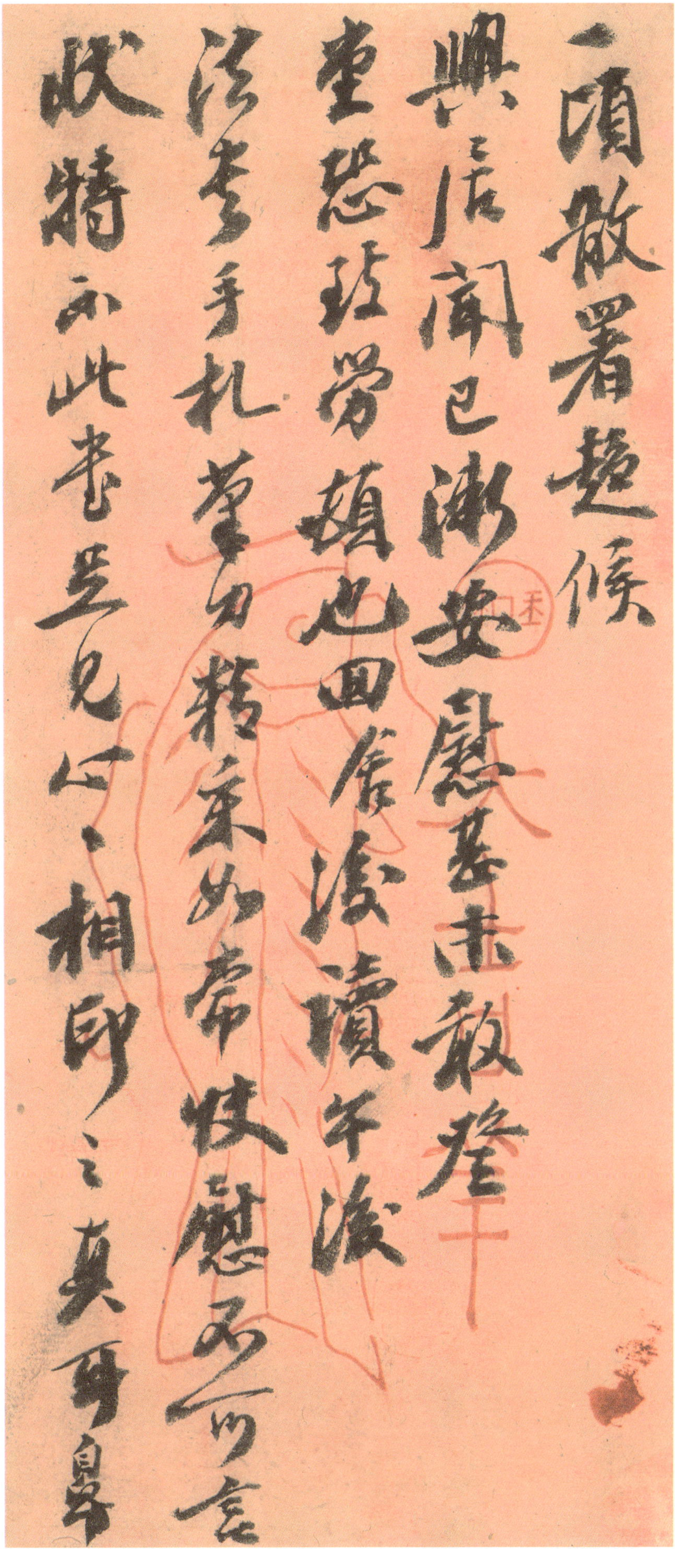
一頌敬署趨候
興居聞已漸安慰甚未敢趨
堂恐致勞頓也回信後讀午後
得手札草句精采如常快慰不可言
狀特示此老是見心心相印之真耳 [illegible]

〖六八〗許應騤函　［八月廿七日］

瘇，口苦便澀，均係肺熱爲患，似以清／肺、抑火、潤降爲宜。熱在内，食少似無妨。鼻／瘇，恐有風瘟，疏解法亦不可少，祈／酌之。塗藥用蟾酥錠，似非宜，紫金錠／尚可用，如意油何如？日内東事無大／

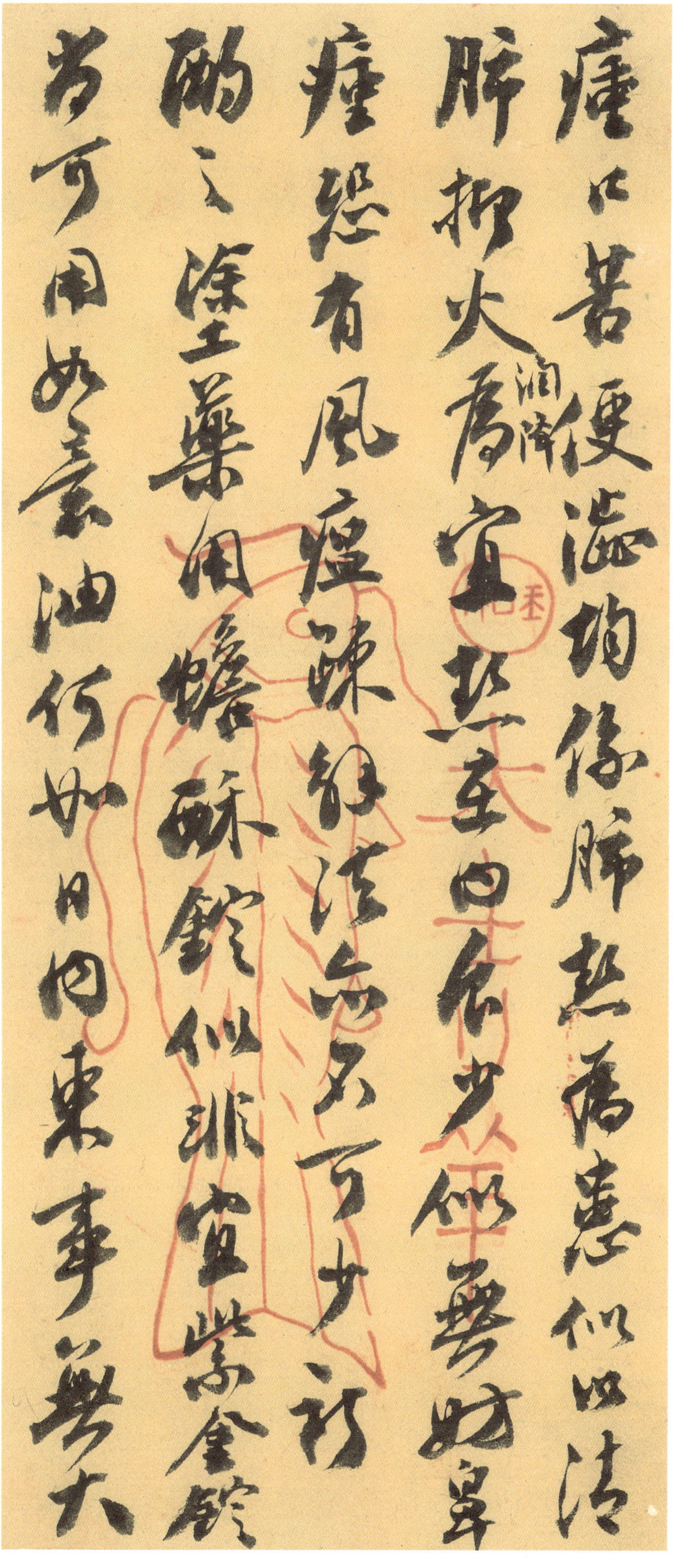
痊以昔便澀均係肺熱腎虛似宜清
肺抑火潤降爲宜其至四合少倘要妙鼻
痔恐有風痙諫鈍清無不可少許
酌之塗藥用蟾酥錠似非宜紫金錠
尚可用如香油行如日內果事無大

《六八》許應騤函　〔八月廿七日〕

出入，高陽〔一〕勇健，頗可維持。此際／務須移攝，勿過愁急爲要。況／餉項暫已有著，可緩需也。明早／散直仍須赴倉，歸時再當奉／候不具。素文頓首。

按：此函陸本未收，原無日期。《翁同龢日記》甲午八月廿七日：「晴。仍未見客，能飯矣。……連日得大解，腑氣通，而鼻中臭痰仍滯，或云鼻淵，或云肺熱。」（第六卷，第二七七七頁）這些情況翁氏似寫信告知許應騤了，許氏當即回覆，信中所言「況餉項暫已有著」，應指廿五日慈禧下懿旨將宮中撙節銀三百萬兩佐軍餉之事。

注：

〔一〕「高陽」，即李鴻藻。

出入高揚勇健頗可維持此滌
襟須移榻勿過勞念孝察沈
船頃覧之有憑信也明早
穀直仰須起食歸時再當奉
候不宣

嘉夕

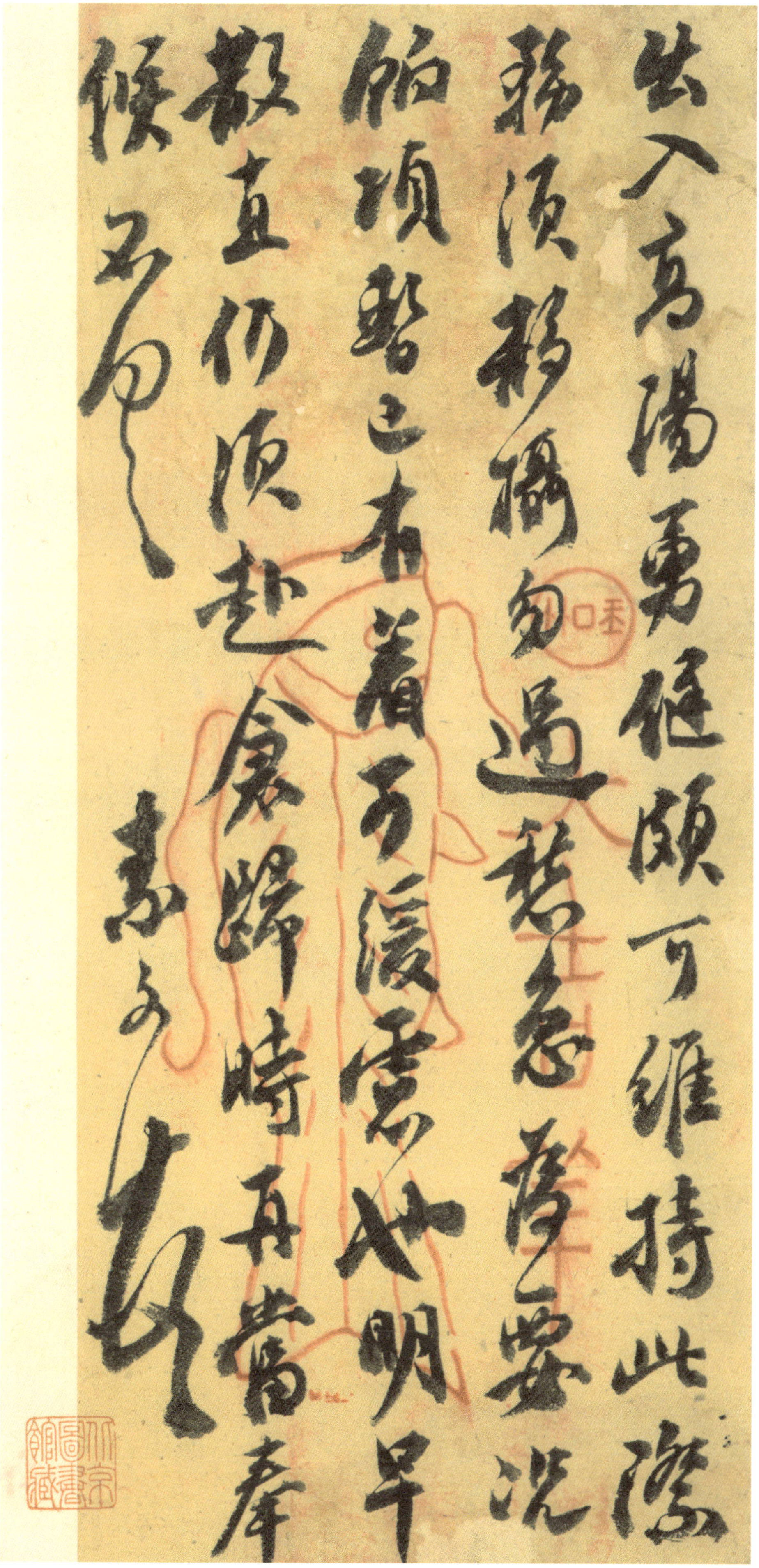

『六九』汪鳴鑾函〔九月初八日〕

日來知須／養息，未敢奉謁，愙〔一〕書送／覽，仍發還。頃在署得北洋未刻電，威海有倭船八／，探船二，戰船一，木船三，共八船〔二〕，向東北行，榆關適當其／衝，張空拳而赴危機，殊爲可慮。李光久〔三〕、熊錢／生〔四〕兩軍初三日本擬歸愙調遣，旋又節去。容面陳／。夫子大人鈞坐，名心叩。初八燈下。

按：此函陸本未收，落款署「名心」，爲密信。考其筆迹，應爲汪鳴鑾信函。汪、吴皆與翁氏私交甚篤。汪氏以工部左侍郎於七月二十八日奉旨在總理衙門行走，故得見北洋來電。該電見《李鴻章全集》第二五册，第二四頁。

注：

【一】吴大澂，字清卿，號愙齋，江蘇吴縣人，時任湖南巡撫。

【二】此處原文即此，疑有誤。

【三】李光久，字健齋，湖南湘鄉人，江蘇候補道員，湘軍宿將李續賓之子。

【四】熊錢生，記名提督，在湖北統兵。

日來知須
養息未敢奉詣寓書達
覽（仍發還）頃在署得北洋未刻電旅威海有倭船八
探船二、戰船一、木船三（共六船）向東北行擬闖過當其
衝惟其養而赴危機殊為可慮李光久統錢
生兩軍初三日本擬歸寓調遣旋又節去容面陳
夫子大人鈞生名心叩 初八燈下

漢三公山神碑

湖耆

〔七〇〕張蔭桓函　［九月十二日］

手示謹悉。換給部票一層，微特╱部權不旁落，事歸畫壹，此中╱妙用，尚有不必明宣者。此票皀╱行，則不鈔之鈔，設外間或有顧╱慮，持以抵解部款，庫中亦樂收╱之，以示大信。收一萬則省一萬利息╱

令示謹悉換給部票一層徽持
部權不旁落可歸畫壹此中
妙用尚有不必收宜在此票處
行則不鈔之鈔設外間翻販
處持以抵部款庫中亦要收
之至大信收一萬只省一萬利息

〖七〇〗張蔭桓函［九月十二日］

若使部庫充裕，不嫌多收。設／仍絀支，則歲定抵解數目，借期／未滿，借券先歸，此亦幸事。借款／已供軍實，并非虛收紙幣也／。信義既孚，庫中以此搭放，由漸／行之，便與鈔票無異，若由外／

若使部庫充裕，不嫌多收。設仍係支絀，歲定抵撥，借期未滿，借券先歸，此之平可借款，以供軍實，並非虛收紙幣也。信義攸關，庫中以此搭放，由漸行之，便與鈔票無異。若由外

〖七〇〗張蔭桓函〔九月十二日〕

省發照，似無如許功用也。琴軒／諸君苟慮部票多發，終爲經／手之累，則此可不商耳。幸／賜酌之。頃訂粵電，似有借數，無／年期，記憶不清，并求／再核。今日庫中收放六十餘萬，委／

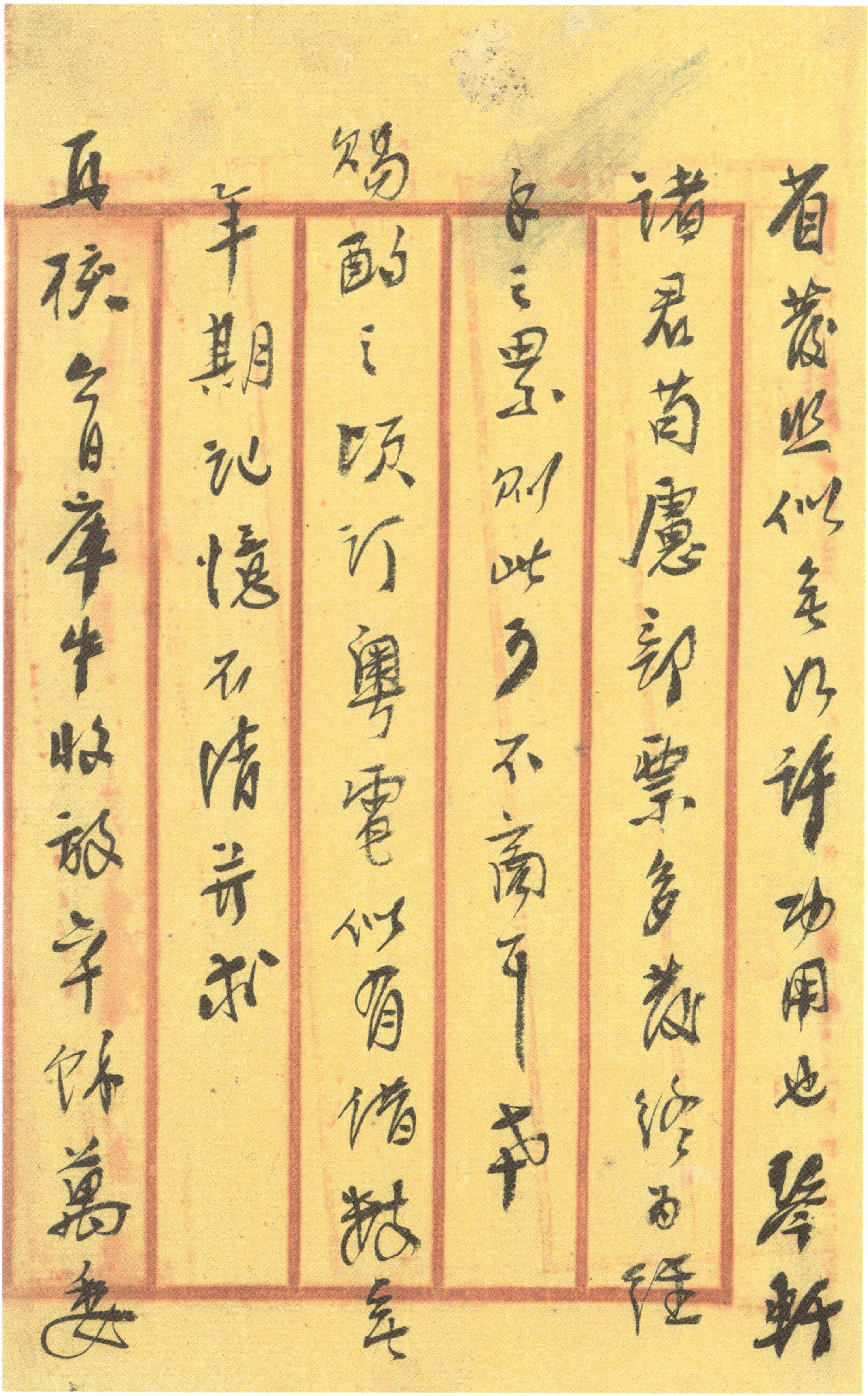
看叢照似無所許切用也琴軒
諸君苟屬部票多數終由經
手之票則此可不商耳也
賜酬之項行粵電似有續撥矣
年期記憶不清并求
直核。合肯庫平收放并頌萬安

〖七〇〗張蔭桓函 ［九月十二日］

頓不可言。新嘉坡函，明日不／識能交卷否？北洋轉葉電／，此數日內宜有戰事，跂聽捷／音而已。敬承／晚安不次。桓頓首上／，叔平六兄大人閣下。十二晚。

抱不可言新嘉坡圖明日不
識能送來否越洋路葉電
此報日西宜有戰可致聽捷
音而已敬承
曉安弟蔭桓頓首上
林平宗兄大人閣下　十二晚

〖七一〗張蔭桓函〔九月十三日〕

今早商催赫德借款，遲公亦甚着／意，當告總辦章京往詢之。乃退／直，至南廳閱總辦所呈早事，赫德／已詳覆，無待促之矣。惜此兩函，樞／堂徑發總辦攜去，未能在樞中一／閲，遂煩筆談。兹特飭抄呈／

今早商催恭德借款遲之又久甚着
急弟告譯擬章京往詢之乃退
直玉南廳閱接擬所呈早四恭德
已詳後年約信之矣請此兩圖框
查匯蕊擬擬攤去未能在框中一
閱遂煩箸祺蔭持擬呈

【七一】張蔭桓函 〔九月十三日〕

覽。赫德經手一竿[一]，交款不能速，其勢／使然。因其初議交款之期，中國自／定，走遂要以奉／旨後五日或七日，赫言不克踐，而借款／不虛。祇可屬總辦，告以代擬合同／，再行核奏。至滙豐管事人[二]今日來／

注：

【一】「一竿」，時人對一千的俗稱。

【二】「管事人」，陸本誤作「管司人」，今據原件改正。

院英德經手一筆定款不能違其勢
使與因其初議定款之期半國自
定之意遂要以奉
旨限五日或七日英言不克踐而借款
不慮其可屬總署若以代擬電同
再行核奏玉滙豐管日人今日來

倭韓新事

〖七一〗張蔭桓函［九月十三日］

京，不便接晤。赫欲該行面訂，慮疑其／辦事不切實耳，亦告以暫不必來見／，俟定立合同之日接晤不晚也。又／粵中借華債事，赫電杜稅司[一]辦／法六款，亦應有之義；惟第五款／銀號酬金歸稅司，爲借款辦公／

注：

【一】「杜稅司」，即粵海關稅務司杜德維，美國人。

京不便接晤恭邸談節函訂慮疑其
難且不切實耳已先作暫不必來見
俟定立合同之日接晤不晚也又
粵中借華債日前電杜挽回離
此款亦應有之義惟第五款
銀號酬金歸挽日內借款難予

〖七一〗張蔭桓函　〔九月十三日〕

經費，似近攫取，且欲形之奏牘╲，尤不得體也。告總辦駁之，大約總須╲與之訂晤一次始能周匝╲，鈞意謂然否？幸╲酌示。明日擬出城，會議不到班矣。今日酉正始知庫内帑收竣矣。即承╲叔平六兄大人著安，桓白。九月十三日酉正〔一〕。

注：

【一】「酉正」，陸本誤作「酉上」，今據原件改正。

經費似近攫取且擬形之奏牘
尤不得體之甚纔難駁之大錯撥泛
與之計時之次始能周匝
鈞意謂然否耶
今日酉正始到庫內帑收訖矣
酌示明日擬出城會議不到班矣即承
林平六兄大人著安　桓頓首　臘月十三日酉正

【七二】孫毓汶函［無日期］

頃與相見，渠有豫籌／，兄之言驗矣。此特一綫之／路，第略遲耳。明晨／晤言／。瓶兄惠鑒，弟名頓首。

按：此函陸本未收，係孫毓汶筆迹，時間待考。

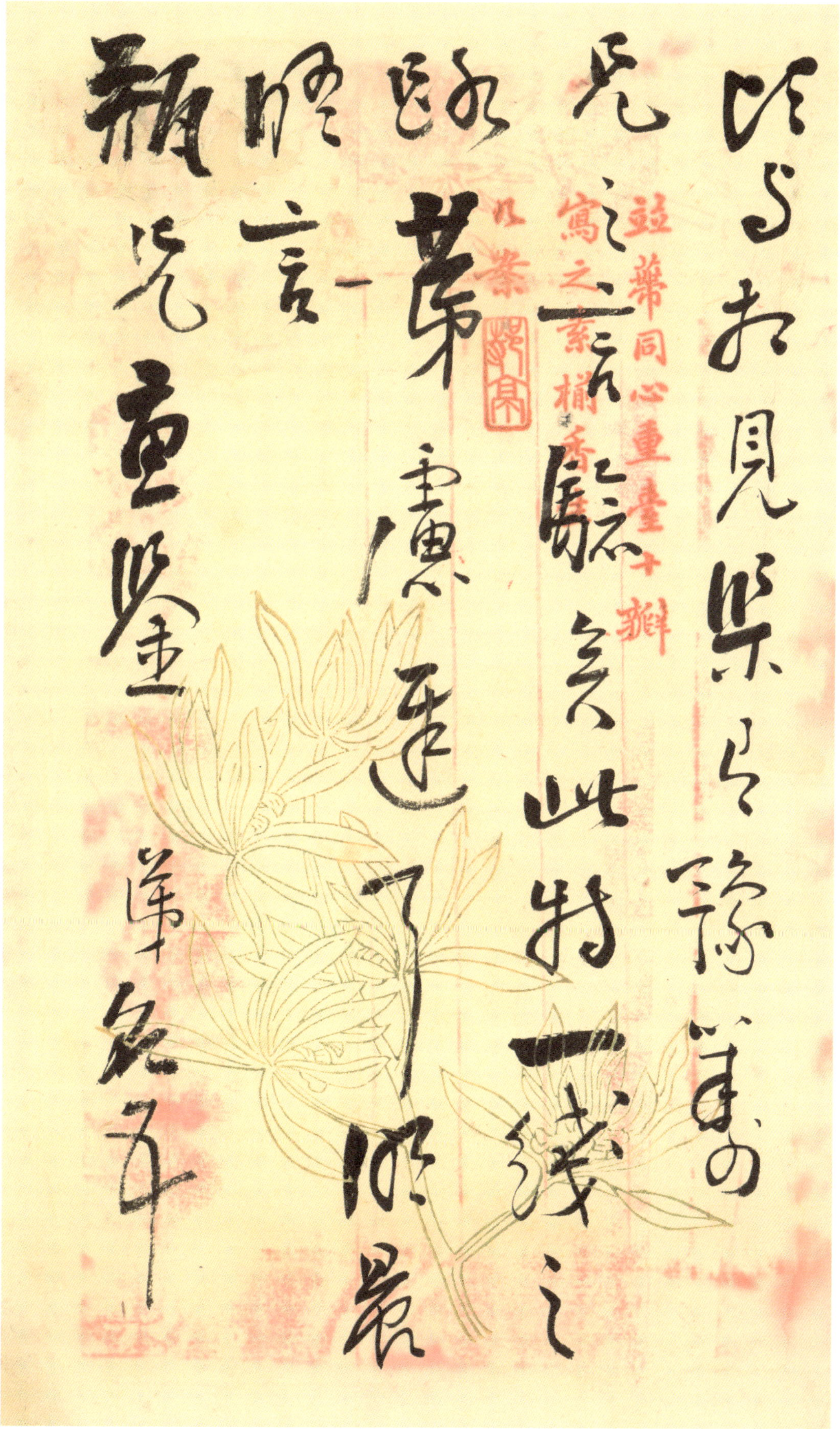

〔七三〕張蔭桓抄覆津海關電〔無日期〕

江亥電悉。即由津關與立合同，何處交／收，另電達。

豪酉／覆津海關。

按：此爲電報抄件，陸本未收，應爲張蔭桓致翁同龢某函之附件。「江」「豪」爲初三、初四代碼，唯月份不可考，故單列於後。

張蔭桓抄覆津海關電

江蘇電悉即由津關與之會同河屬文

收弟電並豪首

覆津海關

甲午時期翁同龢朋僚書札輯證

倭韓近事

倭韓近事

〖〇一〗張　謇函　［六月初六日］

朝鮮事起以來，宣南士大夫所聞，言人人殊。甚／者至謂日本兵逾萬，早據漢城，脅王立向非中／國藩屬之約。而中國之兵狃於慶典，不開邊釁／，翱翔海上，已將朝鮮八道拱手授之他人者。其曹／者乃謂朝鮮已無事。無從確探，至用憤悶，姑就／所聞，策畫其事，私於／

朝鮮事起以来宣南士大夫所聞言人人殊甚者至謂日本兵踰萬早據漢城脅王立向非中國藩屬之約而中國之兵狃於 慶典不開邊釁翺翔海上已将朝鮮八道拱手授之他人者其曹者乃謂朝鮮已無事無從碻探至用憤悶姑就所聞箋畫其事私於

〔〇一〕張謇函〔六月初六日〕

左右，以備／采擇。謹具別紙，伏乞／鈞覽。恭上／夫
子大人侍右，受業謇叩頭叩頭狀上。

左右以備
采擇謹具別紙伏乞
鈞覽恭上
夫子大人侍右

受業謇叩頭叩頭謹狀上

〖〇一〗張　謇函［六月初六日］

朝鮮爲東三省屏蔽，國家根本，非琉球、安南、暹羅可／比，雖販夫走卒皆知之，無事究說。即壬午八、九月，謇條陳／直督張[一]，請乘慶軍朝鮮得手之後，會同南洋，分兩道出／師，徑薄日本，規復琉球。及爲吴武壯公[二]條陳合肥，請增兵／治防，大興畜牧蠶桑，以固東藩。一切未行者，蹄筌之棄亦／無足惜。惟爲今日計，除／朝廷明降諭旨，揭明從前／太后聖意在息事安民，故於琉球、安南各國權置不論今日[三]。／

注：

【一】「張」，指張樹聲，字振軒，安徽合肥人，淮軍將領，官至兩廣總督。光緒八年壬午李鴻章丁憂期間曾短暫署理直隸總督。

【二】「慶軍」，即慶字營，淮軍早期四營之一，統領吴長慶，字筱軒，安徽廬江人，官浙江提督。光緒八年曾率慶軍六營援朝，平息壬午兵變。

【三】戚其章主編《中國近代史資料叢刊續編　中日戰争》第六册所收《張謇致翁同龢密信》（因所據爲陸史一抄本，故以下仍稱「陸本」）中脱「今日」二字，今據原件補。

朝鮮為東三省屏蔽　國家根本非琉球安南暹羅可
比雖販夫走卒皆知之無事究説即壬午八九月謇條陳
直督張請乘慶軍朝鮮得手之後會同南洋分兩道出
師經薄日本規復琉球及為吳武壯公條陳合肥請增兵
治防大興畜牧蠶桑以固東藩一切未行者歸咎之棄亦
無足惜惟為今日計除
朝廷明降諭旨揭明從前
太后聖意在息事安民故於琉球安南各國權置不論今日

蓋壬午七月，我兵馳入漢城而日兵即退者，當時我兵／迅速，日本未測我之虛實也。今中國持重無遠略，而北／洋敷衍，及其未死而無事之意，各國皆知之。且日本恐／俄人鐵路成而朝鮮先爲所據，故先發制人，此時舍／大張旗鼓，攻其所必救，則朝鮮之事無可望其瓦全／。且西人之法，不輕用戰，惟中國懼戰，乃屢以戰脅之／，故日本如此無理，而各國并不引公法以講者，一以覘／量中國之舉動，一以中國無戰之勢，則是以朝鮮[一]明／

注：

【一】「鮮」，陸本脱，今據原件補正。

蓋壬午七月我兵馳入漢城而日兵即退者當時我兵迅速日人未測我之虛實也今中國持重無遠略而北洋敷衍及其未死而無事之意各國皆知之且日本恐俄人鐵路成而朝鮮先為所據故先發制人此時舍大張旂鼓攻其所必救則朝鮮之事無可望其瓦全且西人之法不輕用戰惟中國懼戰乃屢以戰脅之故日本如此無理而各國並不引公法以講者一以覘量中國之舉動一以中國無戰之勢則是以朝鮮明

讓日本，無所爲争，安所用和，而有所藉口也。若一旦破／向來之例，出其不意，則各國必有出而講和，日人必且易／於就範，是又所謂必能戰而後能和之說也。北洋[一]暮氣／雖甚，然鞭策而用之，猶愈於用兩目將盲之劉銘傳／[二]。時事日棘，至不堪想，振作一年，或可冀十年安静／。漆室之憂，不能不耿耿也[三]／。

將才實難，就曾在淮軍者言。淮軍樹、鼎兩軍[四]已／無人，銘軍[五]半皆第二輩。聞章高元[六]尚可用，不知其／

注：

【一】「北洋」，指李鴻章。

【二】劉銘傳，字省三，安徽肥西人。淮軍將領，「銘字營」統領，首任臺灣巡撫，後因病開缺鄉居。甲午戰争爆發後，清廷多次詔令其復出，因病未應命。

【三】「漆室之憂」，陸本作「□□愛」，今據原件改正。

【四】「樹、鼎兩軍」，指淮軍初創時張樹聲統領的「樹字營」和潘鼎新統帶的「鼎字營」，後來均爲淮軍主力。

【五】「銘軍」，即劉銘傳「銘字營」。

【六】章高元，安徽合肥人，字鼎臣，時任登萊青鎮總兵，率部駐守膠州。

讓日本無所為爭安所用和而有所藉口也若一旦破
向來之例出其不意則各國必有出而講和日人必且易
於就範是又所謂必能戰而後能和之說也北洋暮氣
雖甚然鞭策而用之猶愈於用兩目將盲之劉銘傳
時事日棘至不堪想振作一年或可冀十年安靜
漆室之憂不能不耿耿也
將才寔難就曾在淮軍者言淮軍樹鼎兩軍已
無人銘軍半皆第二輩聞章高元尚可用不知其

『〇一』張謇函［六月初六日］

人何在。慶軍則蔡金章、楊岐珍，小統將之才也。二人／謹重明白而不貪。蔡曾署廣東陸路提督，現似閑居／粵省；楊任厦門提督。蔡未甚得意，故尤可用。廣州協／副將李先義，戰將之才，條理稍短，其次也。旅順防營／記名提督張光前〔一〕，即壬午先入朝鮮者，頗知愛好，而／局量不大，又其次也。葉志超亦慶軍舊部，沾染官場／習氣，且誇誕，恐不足當大事。聞此同去之聶某〔二〕平／日尚有勇毅之氣耳。西人頗震劉永福〔三〕之威名，／

注：

〔一〕張光前，字仲明，淮軍將領，記名提督銜總兵。甲午戰爭爆發後率慶軍三營駐守旅順。

〔二〕「聶某」，即聶士成，字功亭，安徽合肥人，淮軍將領，太原鎮總兵。甲午戰爭爆發後，奉命統兵赴朝鮮增援葉志超部。

〔三〕劉永福，字淵亭，廣東防城人，創黑旗軍，中法戰爭期間在越南抗法，後清廷授福建南澳鎮總兵。甲午戰爭爆發後，奉旨率兵援臺。

人何在慶軍則蔡金章楊岐珍以統將之才也二人謹重明白而不貪蔡曾署廣東陸路提督現似閒居粵省楊任廈門提督蔡未甚得意故尤可用廣州協副將李先義戰將之才條理稍短其次也旅順防營記名提督張光前即壬午先入朝鮮者頗知愛好而局量不大又其次也葉志超亦慶軍舊部沾染官場習氣且夸誕恐不足當大事聞此次同去之聶某平日尚有勇毅之氣耳西人頗震劉永福之威名

官則總兵，大可用也／。

用哥老會人須以義氣激厲之，亦消内地無窮之隱患／。北

洋如果駐紮威海，居中調度策應，署直督者似宜／及此，

即用湘人，俾分淮勢而約劑之，似乎茶陵〔一〕之望尚／稱／。

籌餉之策，上之上者得／懿旨以慶典款撥用，如此則聲威

益振，士卒益鼓舞。又外／間傳聞／

注：

【一】「茶陵」，指兩廣總督譚鍾麟。譚氏，籍贯湖南茶陵，字文卿。

官則總兵大可用也
用哥老會人須以義氣激厲之亦消内地無窮之隱患
北洋如果駐紮威海居中調度策應署直督者似宜
及此即參用湘人俾分淮勢而約劑之似乎茶陵之望尚
稱
籌饟之策上之上者得
懿旨以慶典款撥用如此則聲威益振士卒益鼓舞又外
間傳聞

【〇一】張謇函［六月初六日］

禧聖［一］尚有儲款二千萬，若果有之，似亦可請。

按：《張謇日記》甲午年六月初六日：「聞朝鮮事，言人人殊。上常熟師書。」（第三八〇頁）該信内容分爲兩部分，前者爲正式信函，後附者則爲「别紙」，即提供翁氏作參考的各類消息，所用箋紙也有所區别。戚其章主編《中國近代史資料叢刊續編 中日战争》第六卷中將正函與别紙，分爲兩函，今合爲一通。

注：

［一］「禧聖」，即慈禧太后。

禧聖尚有儲款二千萬若果有之似亦可請

〖〇一一〗張　謇函　［六月十三日］

夫子大人侍右：前以不得東事確狀，不勝憤激，粗有陳／說，不復知其過當否也。昨稍稍得聞一二，奔走上謁，直／師未歸，所欲陳吐無由而達，謹申前說未竟與更應求／慎者，一畢其愚。徑薄日本之說，所以解救朝鮮也，然／聞中國各海口，紛紛請辦海防，是又從前并無戰爭／，便費無算之幣。今爲可進可退、亦戰亦守之活著計，中國／可戰鐵船約二十餘艘，約四分隊，每隊五六船，各以經事／

夫子大人侍右前以不得東事碻狀不勝憤激粗有陳說不復知其過當否也昨稍稍得聞一二奔走上謁直師未歸所欲陳吐無由而達謹申前說未竟与更應求慎者一畢其愚經薄日本之說所以解救朝鮮也然聞中國各海口紛紛請辦海防是又從前並無戰事便費無算之弊今為可進可退亦戰亦守之活著計中國可戰鐵船約二十餘艘約分四隊每隊五六船各以經事

提鎮統之，密授方略，時時游弋於中國、朝鮮、日本之╱間，忽東忽西，忽南忽北。使彼牽掣顧忌，不敢分兵擾╱我邊海，則我之南北洋海防，但就本有營壘，嚴飭將╱士，謹候望備戰守而已，而我之兵船規利圖便，遇有可╱乘之機，颷馳前進，或毀其船廠，日廠皆在海濱。或沉其戰船，此則聲╱勢相援，虛實迭用之道，而亦海軍練膽╱海防固圉之要施╱。至援護[一]朝鮮之兵，應由水陸兩路。葉志超牙山之兵裁╱

注：
【一】「護」，陸本脱，今據原件補正。

提鎮統之密授方略時時游弋於中國朝鮮日本之間忽東忽西忽南忽北使彼牽掣顧忌不敢分兵擾我邊海則我之南北洋海防但就本有營壘嚴飭將士謹候望備戰守而已而我之兵船覘利圖便遇有可乘之機飈馳前進或毁其船廠（日廠皆在海濱）或沈其戰船此則聲勢相援虚實迭用之道而亦海軍練膽海防固圉之要施至援護朝鮮之兵應由水陸兩路葉志超牙山之兵裁

〖〇二〗張　謇函　［六月十三日］

二千五百，應添調三四千人，參用商船運往，壬午亦奏用商船。而以戰／艦一隊護之。其陸路應調旅順防軍十營，由大同江口進／發，以四營駐平壤爲後路，六營徑壁漢城，與水軍約期／夾擊。其行營仍仿壬午之法，一營化作兩營，踐更屯／紮，以張聲勢而免衝截。計旅順距大同江水程約一日，大／同江口至平壤百餘里，平壤至漢城約三百里，所分十二營／亦應踐更前進，而選將馭將，正兵奇兵，應付得宜，尤爲至／

二千五百應添調三四千人叅用商船運往壬午亦叅用商輪而以戰船[illegible]隊護之其陸路應調旅順防軍十營由大同江口進發以四營駐平壤為後路六營徑薄漢城與水軍約期夾擊其營壘行仍仿壬午之法一營化作兩營踐更屯紮以張聲勢而免衝截計旅順距大同江水程約一日大同江口至平壤百餘里平壤至漢城約三百里所分十二營亦應踐更前進而選將馭將正兵奇兵應付得宜尤為至

要。聞已起用劉銘傳，似宜并用劉錦棠〔一〕，以劑湘淮之平。而╱統率游弋之軍，就所素知，似蔡金章、楊岐珍、章高元、李╱先義皆可用。陸路之兵，張光前曾在朝鮮得力，所統尚╱有三四營，宋慶〔二〕軍可撥四五營，宋故曾隸袁端敏〔三〕部╱，與袁世凱有舊，而亦曾與袁世凱同事，必尚能聯絡一氣╱。世凱此次來電，聞多可采，且聞重爲倭人所忌，敵之所╱忌，即我之所當護也。前╱

注：

【一】劉錦棠，字毅斋，湖南湘鄉人，湘軍將領，曾官新疆巡撫，此時鄉居賦閑，七月病逝。

【二】宋慶，字祝三，山東蓬萊人，時任四川提督，奉命會辦奉天防務，率部移駐旅順。

【三】「袁端敏」，即袁甲三，字午橋，袁世凱從祖父，曾以欽差大臣鎮壓撚軍活動，官至漕運總督。謚端敏。

要聞已起用劉銘傳似宜並用劉錦棠以劑湘淮之平而統率游弋之軍就所素知似蔡金章楊岐珍章高元李先義皆可用陸路之兵張光前曾在朝鮮得力所統尚有三四營宋慶軍可撥四五營宋故曾隸袁端敏部与袁世凱有舊而張亦曾与世凱同事必尚能聯絡一氣世凱此次來電聞多可采且聞重為倭人所忌敵之所忌即我之所當護也前

【〇一二】張　謇函　［六月十三日］

明降諭旨云云，聞譯署於此頗持重〔一〕，似亦有見，惟少遲／明諭尚可，若不及早嚴密部分則大不可。而尤爲樞紐之要，則在／上有不貪小功，不怯小敗之獨斷；下有務收眾策，務爲萬全之／遠謀。謇於國事不免新婦移薪之躁，而於吾／師無所用，其亦愛我鼎之嫌。塵露區區，伏乞／鑒擇。抑願吾／師勤見士大夫，收諸葛君集思廣益之效也。未及而／

注：

【一】陸本此句作「前明降諭旨云，聞□□於此頗持重」，茲據原件補正。

明降諭旨云云閣譯署於此頗持重似亦有見惟少遲
明諭尚可若不及早嚴密部分則大不可而尤為樞紐之要則在
上有不貪小功不怯小敗之獨斷下有務收眾策務為萬全之
遠謀謇於國事不免新婦移薪之蹤而於吾
師無所用其亦愛我鼎之嫌塵露區區伏祈
鑒擇抑顧吾
師勤見士大夫收諸葛君集思廣益之效也未及而

〖〇二〗張謇函〔六月十三日〕

言，悚惕無已，幸〳賜宏宥。受業謇叩頭叩頭謹上。

按：原函無日期。據《翁同龢日記》甲午年六月十三日記云：「是日奉派會議朝鮮事。」（第六卷，第二七五三頁）《張謇日記》同日記：「上常熟書。」（第三八一頁）十四日，翁氏又記：「張季直函論東事。」（第六卷，同頁）并覆函云：「北艦尚可用，南船殆虛設，俟細考。旅順分兵，頃亦建此議。湘劉之起，眾未謂然，當再陳也。昨失迓，甚歉！」（《翁松禪致張嗇庵手書》第十五件）。可見，十三日得知翁同龢奉旨會議韓事，張曾往拜翁氏，未能見到，遂有上書獻策之舉，并於十四日送達翁氏。「湘劉」即劉錦棠。

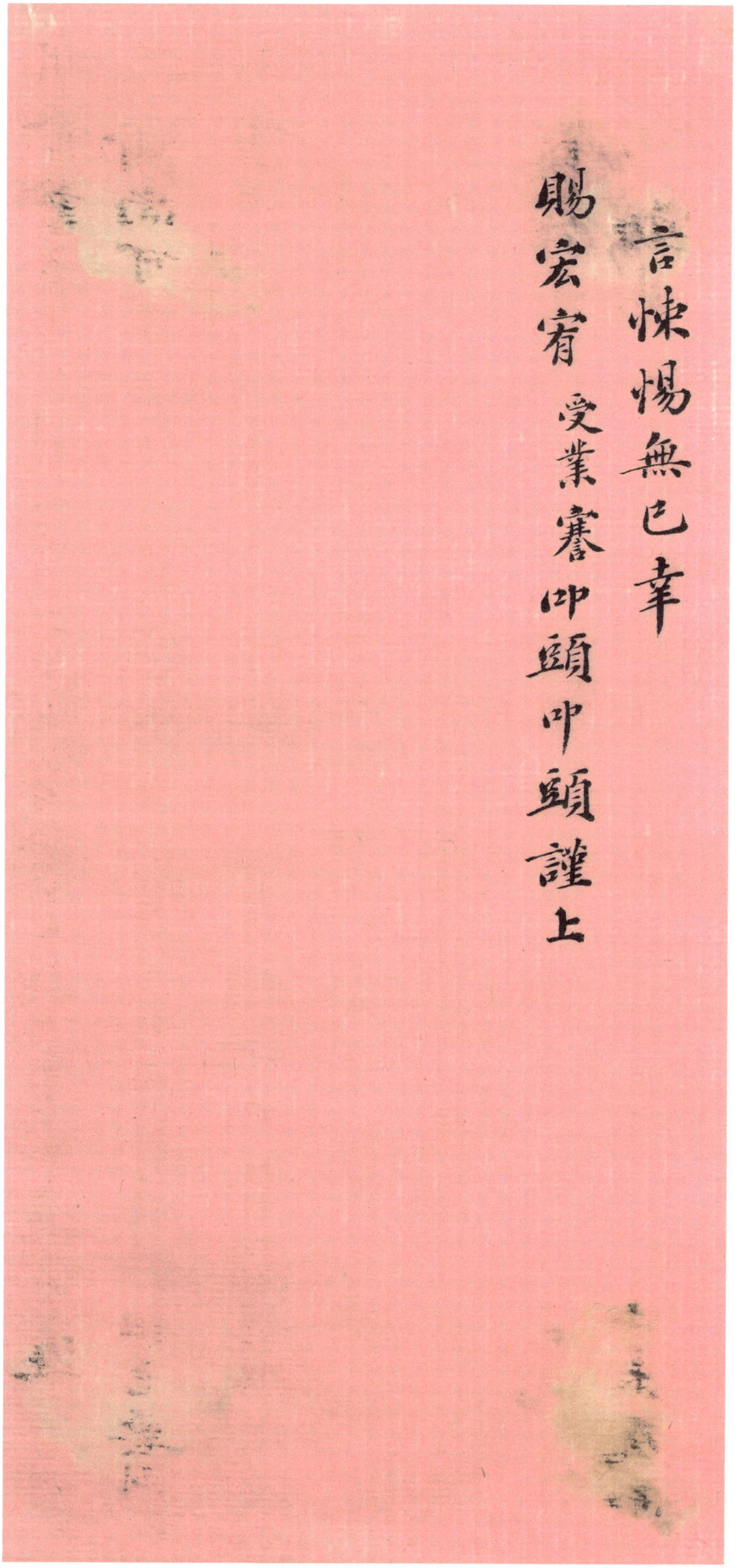

言悚惕無已幸
賜宏宥 受業謇叩頭叩頭謹上

〖〇三〗張　謇函〔六月十九日〕

夫子大人賜覽：

游弋之師，必有後路。南洋則臺灣最／便，厦門爲輔，而舟山次之；北海則威海最便，烟臺爲輔，而／旅順次之。北洋大臣若移駐威海，則北洋〔一〕之勢重而策應／靈。惟臺灣迹近張惶，殆不足恃。比有盛稱義寧、長沙／二陳者，長沙之陳〔二〕，從前意氣尚囂，而比官江南，一切認真／可喜；義寧之陳〔三〕，固曾久於行列，磊磊有志節者也，似可／擇一替之／。

注：

【一】「北洋」，陸本誤作「北海」，今據件本改正。

【二】「長沙之陳」，指陳湜。陳湜，字舫仙，湖南湘鄉人，湘軍將領，時任江蘇按察使。

【三】「義寧之陳」，指陳寶箴，字右銘，江西義寧人，時任湖北按察使。

夫子大人賜覽：游弋之師必有後路。南洋則臺灣㝡便，廈門為輔，而舟山次之；北洋則威海㝡便，煙台為輔，而旅順次之。北洋大臣若移駐威海，則北洋之勢重而策應靈。惟臺灣距近張皇，殆不足恃。比有盛稱義甯、長沙二陳者，長沙之陳從前意氣尚踔厲，而比官江南，一切認真可喜；義甯之陳固曾久於行列，磊磊有志節者也。似可擇一諮之。

【〇三】張　謇函　［六月十九日］

壬午在朝鮮，請佈置善後，有規大軍根本於平壤、東顧／元山以防俄、西顧大同江以犄角旅順、北通鳳皇城[一]驛路、南／拊王京之背之説，曾爲朝人録去。頃聞平壤已爲日據，此／訊如實，則大同江口必且有防，然料日人易視中國，未必遂能／如此嚴密佈置。宜速令旅順防營偵探明白，若無重防，刻／日進兵，據江口而攻平壤。若更遲疑，此路一斷，我兵必須取／道義州，緩不濟急，師亦勞矣／。

注：

【一】「鳳皇城」，即鳳凰城。

壬午在朝鮮請布置善後有規大軍根本於平壤東顧
元山以防俄西顧大同江以犄角旅順北通鳳皇城驛路南
樹王京之背之說曾為朝人錄去頃聞平壤已為日據此
訊如實則大同江口必且有防然料日人易視中國未必遂能
如此嚴密布置宜速令旅順防營偵探明白若無重防刻
日進兵據江口而攻平壤若更遲疑此路一斷我兵必須取
道義州緩不濟急師亦甚勞矣

〖〇三〗張　謇函　［六月十九日］

人議湘劉[一]，毀譽不一。毀者謂其席故叔餘蔭[二]，僥倖成功而／無實際；譽者謂其人進退有禮，茶陵因事忌之，頗短於／人，故名稍稍減。謇所見者其章奏耳，意其左右固有人／也／。

聞劉永福上書合肥，願率舊部徑攻日本，合肥不答。又／聞閩浙海防，意專屬之永福[三]。果爾，則厦門提督楊岐珍／不必他調，永福可將所部先駐臺灣，名爲防臺，相機東／

注：

【一】「湘劉」，指劉錦棠。

【二】「席故叔餘蔭」，指劉錦棠隨叔父劉松山率部在西北鎮壓回民軍，松山死難，所部遂由錦棠接手統帶。

【三】「之」，陸本誤作「劉」，今據原件改正。

人豫湘劉毀譽不一毀者謂其席故材餘蔭僥倖成功而無實際譽者謂其人進退有禮茶陵因事忌之頗短於人故名稍稍減謇所見者其章奏耳意其左右固有人也

聞劉永福上書合肥願帥舊部往攻日本合肥不答又聞浙閩海防意專屬之永福果尔則廈門提督楊岐珍不必他調永福可將所部先駐臺灣名為防臺相機東

〖〇三〗張謇函〔六月十九日〕

渡。湘劉幫辦南洋，淮劉[一]幫辦北洋，取其目前將士一氣，亦／可統游弋之師／。合肥次子[二]與都人訊，有云日兵未動以前，其父即策知必有今／日之事，曾請督兵自往朝鮮，以樞府、譯署不允而罷。竊意／此必無賴委過之言，然亦可見津謀之無實，而都中人之不／善自爲地矣／。

頗有人欲奏調湘撫[三]，此公送黑頂子沮喪朝鮮，賣假／

注：

【一】「淮劉」，指淮系將領劉銘傳。

【二】「合肥次子」，指李經述，字仲彭。

【三】「湘撫」，即吳大澂。

渡湘劉幫辦南洋淮劉幫辦北洋取其目前將士一氣亦
可統游弋之師
合肥次子与都人訊有云日兵未動以前其父即策知必有今
日之事曾請增兵自往朝鮮以樞府譯署不允而罷竊意
此必無賴委過之言然亦可見津謀之無實而都中人之不
善自為地矣
頃有人欲奏調吳湘撫此公送黑頂子沮袁朝鮮賣假

古董之好手，辱没世界，烏可也／。

中夜[一]大風雷雨，不能安寢，復有所思，寫以上白。自謂中／國蟣虱之臣之一，不自覺其剌剌，幸／鑒宥之。

受業謇謹狀／。六月十九日。

按：《翁同龢日記》甲午六月十九日記：「得張季直論東事函。」（第六卷，第二七五五頁）翁氏覆函云：「所示磊磊大策，人謂虱其間者可贊一二，不知非也。最後二條極是。明晚得暇，能來一談耶？名頓首。十九」（《翁松禪致張嗇庵手書》第十一件）。

注：

【一】「中夜」，陸本誤作「日夜」，今據原件改正。

古董之好手辱沒世累焉可也
中夜大風雷雨不能安寢復有所思寫以上白自謂中
國蟣蝨之臣之一不自覺其剌剌幸
鑒宥之　受業謇謹狀

六月十九日

〔〇四〕張　謇函　〔六月二十二日〕

六月二十三日[一]

日本鐵甲船五：「金鋼」「比睿」「龍驤」「東艦」[二]「扶桑」／。「扶桑」最堅，「金鋼」「比睿」次之，「龍驤」「東艦」不足道。但見過／光緒十四年顧厚焜《日本新政考》云：「按日本五船，其三船／皆造於英廠，圖式爲英前監船官爾利德所定。『扶桑』一船／仿士斐梯布侖德之制，爲甲艦純式；『金鋼』『比睿』以木質傅／甲底包銅片，乃有甲快船之例，船甲太薄，在今時已難適／用。『龍驤』『東艦』惟求舊，蓋無識矣。」照抄／。餘二十九艦皆名巡海快船，無鐵甲也，亦遠不及我快練船／。

注：

【一】此後各函均無稱謂和署名。該日期應是張謇在六月廿三日送到翁宅時添加的，該函實寫於廿二日。詳見本函按語。

【二】「龍驤」「東艦」係當時誤傳，日本實無此艦名。

六月廿三日

日本鐵甲船五 金剛 比叡 龍驤 東艦 扶桑

扶桑最堅 金剛比叡次之 龍驤東艦不足道 但見過

光緒十四年顧厚焜日本新政考云 按日本五船 其三船

皆造於英廠 圖式為英前監船官亦利德所定 扶桑船

仿土斐揚布倫德之製 為甲艦純式 金剛比叡以木質傅

甲 底包銅 除乃有甲 快船之例 船甲太薄 在今時已難適

用 龍驤東艦 為非衆舊 蓋無識矣 照鈔

餘二十九艦 皆名巡海快船 無鐵甲也 亦遠遜不及我快練船

『〇四』張謇函［六月二十二日］

丁須即拔[一]，丁常與將士共博，士卒習玩之。亦不能進退一士卒。以武毅軍江提督[二]代之，似亦可免淮人復據╱海軍。惟江非水師，恐與駕駛事不習，轉爲士卒所輕，則╱左翼之林泰曾[三]、右翼之劉步蟾[四]似可擇一。若論有詞[五]╱，可以策厲，似林逾於劉。譚文煥[六]以總兵改候補道，聞曾歷[七]游德、法各╱國，膽氣粗豪，似可由惲莘雲[八]致之一見，以細察之，若╱有條理，似可歸海軍以備將領之選╱。

臺灣事至要，亟應改弦更張，庶來者尚可稍得佈╱置之暇。細思之，江陳[九]似逾於湘陳╱。

注：

【一】「丁須即拔」，指將丁汝昌革職，撤銷其對北洋艦隊的指揮權。

【二】武毅軍前身是李鴻章六弟李昭慶在鎮壓捻軍時招募的淮勇各營，「江提督」係何人，不詳。

【三】林泰曾，字凱仕，福建侯官人。北洋艦隊左翼總兵，管帶「鎮遠」號。

【四】劉步蟾，字子香，福建侯官人。北洋艦隊右翼總兵，管帶「定遠」號。

【五】陸本此句作「若論者有詞」，衍「者」字，今據原件改正。

【六】譚文煥，字子雲，江西人，直隸候補道。

【七】「歷」，陸本脱，今據原件補正。

【八】「惲莘雲」，即惲祖翼，字菘耘，也作蓀雲、莘雲，江蘇陽湖人。時任湖北漢黄德道，兼江漢關監督。

【九】「江陳」，即陳寶箴。

下須即拔以武毅軍江提督代之似亦可免淮人沒據丁常與將士共博士卒習玩之而不能進退一士卒

海軍唯江北水師悉之駕駛事不習轉為士卒所輕則

左翼之林泰曾右翼之劉步蟾似可擇一或論者謂

而以策屬似林愈於劉譚文煥以總兵改候補道閩曾歷游德法及

國勝氣粗豪似可由惲莘耘致之一見以細察之或

有條理似可歸海軍以備將領之選

臺灣事亟宜亟應改經安張唐未來尚可稍待布

置之暇細思之江陳似愈於湘陳

蔡金章前署粵陸路提督，頃知蔡之賦閑以不願用錢，此蔡之所以較優也。若電由粵督令飭蔡／刻日入都／陛見，似亦好。蔡與劉永福相熟，亦可多得劉軍舊事，亦／可察蔡精力如何／。

河南、安徽之間，背槍極能命中致遠，俯地而擊。將來必應有／此一軍。吴武壯曾欲練數百人，分置爲各營選鋒，未／果也。蔡於此頗熟，以其籍固隸壽州也／。

牙山之軍移駐水原府城，較得進退之便，去王京亦／

蔡金章前署粤陸路提督，其宦由粤督令飭蔡（須知蔡之賦閒以不願用錢，此蔡之所以校優也）
到日入告
陛見似亦好。蔡與劉永福相熟，亦可爲得劉半舊事，亦
不衰。蔡精力如何？
河南安徽之間皆鎔捻雜命中故遠，將來必應有（併地而管）
此一軍，吳武壯於舊練過數百人，分置爲各營選鋒，亦
果也。蔡於此亦熟，以世籍圖録壽妙也。
牙山之軍移駐水原府城，於得進退之便，查王氏亦

【〇四】張　謇函［六月二十二日］

一日程耳。朝鮮本設有留守。但須相事會行之，事緩猶可＼，亦不知日本曾據與否？若事機已亟，不如深溝高壘以待平壤陸師之＼援＼。

宗室八旗中能得將才，先歷練於水陸前敵之間，後＼令督練禁兵以衛根本[一]，此尤至計。但見聞之中無此＼人也。如何如何？若海軍總辦恩佑[二]，闒冗小夫，曾在金州知＼之，决不足恃＼。六月二十二日。

按：此函應屬別紙性質，寫於六月二十二日，箋紙同六月初六日函所附別紙同，所用箋紙都是文苑閣八行欄箋。《張謇日記》六月二十一日記：「詣常熟師。」（第三八一頁）同日翁氏亦記：「張季直來，飯而去。」（第六卷，第二七五六頁）二人對韓事應有議論。次日，張謇有感而發，又寫信給翁氏，但此信當日未送到翁宅，廿三日才將此函與新寫之函一併呈送翁同龢。

注：

【一】陸本此句誤作「後先督練禁兵以衛根本」，有脱字，今據原件補正。

【二】恩佑，字保廷，隸蒙古正黄旗，曾官金州副都统，時任海軍衙門總辦章京。

一日程耳（朝鮮本設有兩守）但須相事會行之事緩於前（亦不知何人爲授與者）此事機已亟不如深溝高壘以待平壤陸師之

援

宗室八旂中能得將才先歷練於北洋前敵之間使

今精練整兵以衞根本此尤至計但見聞之中無能

人也如何如何此海軍綜辦恩依劉究小失爲去全將知

之決不具　侍

六月二十二日

大椿印

〖〇五〗張　謇函〔六月廿三日〕

瑞安[一]、意園[二]均須銷假祝＼嘏，若能＼特旨起之，尤足以鼓勵士大夫之正氣。惟意園尚可作官＼，瑞安則退志至堅，恐不易轉耳＼。言路無論如何，開總逾於塞。而言者過於龐雜紛紜＼，不特見輕於疆吏，亦恐＼上聽易炫也。朱一新[三]、屠仁守[四]忠清既直，海内所知，能＼起用之，必有禆益。廿三日。

按：此函也屬别紙性質，寫於六月廿三日。

注：

【一】「瑞安」，即黄體芳，字漱蘭，浙江瑞安人，官至兵部左侍郎。光緒初年清流派的活躍人物，後因病乞退。

【二】「意園」，即盛昱，字伯羲，號意園。宗室，隸滿洲鑲白旗。時官國子監祭酒。

【三】朱一新，字鼎甫，又字蓉生，浙江義烏人，官御史，因言事降職，遂乞歸。

【四】屠仁守，字梅君，湖北孝感人，官御史，因言事觸怒慈禧太后被革職。

瑞安意園均須銷假耽
擱若能
特簡起之尤足以鼓厲士大夫之正氣惟意園尚可假寬
瑞安則退志已堅恐不易轉耳
言路無論如何開綜危於塞而亡者過於庬雜紛紜
不特見輕於畫史亦恐
上聽易熒也朱一新屠仁守忠清篤直海內所知能
起用之必有裨益

廿三日

文苑閣

〖〇六〗張　謇函　［六月廿六日］

六月廿六日

一、即日聲明倭人不守約章知照派兵，不遵公法，遽╱先開釁，佈告各國明〔一〕絶其交，撤回中使，謝去〔二〕倭使╱，中國各口通商，倭人一例禁止出入╱。

一、倭虜韓王，本意中事，喪君有君之説，刻不可╱緩，所以示中國固有東藩之據，亦絶倭人要脅╱之謀也。韓王子弱，恐并被虜，似即可立其大院╱

注：

【一】「明」，陸本脱，今據原件補正。

【二】「去」，陸本誤作「絶」，今據原件改正。

六月廿六日

一即日聲明倭人不守約章知照派兵不遵以清邊

先開釁布告各國明絕其交撤回中使諭令倭使

中國各口通商倭人一概禁止出入

一倭虜韓王本意中事畏其有異之說則亦可

緩所以示中國固有東藩之權亦絕倭人窺伺

之謀而韓王子弱照舊被虜似即可立其大院

〖〇六〗張謇函 ［六月廿六日］

君李昰應，韓讀若夏。然昰應本倭所忌[一]，此時或存或亡／，俱未可知。韓王長兄李載冕之子，本昰應所喜／，若不得昰應，即可立之。此事宋祝三[二]亦可行，但／慮載冕之子方在圍城中耳／。

一、左軍不應尚在義州，衛軍不應尚在全州。揖／讓救焚，分明示人以不欲戰而無聊待和之狀／。

注：

［一］「本」，陸本誤作「東」，今據原件改正。

［二］「宋祝三」，即宋慶。

韓讀吾友

君季思應我思應來傳所忌此時或屬（存）或害（已）何未可知韓王長兄季戰勇之子來思應所書安不得思應即可主之此乎宋視之而行但思戰勇之子方在圍城中耳

一老軍不應為在義州衛軍不應為在金州按擬援兵引明示人以不能戰而無聊待和之狀

現在必應以十數營進薄韓京，約葉軍會攻／。韓城不甚高堅，二丈稍零。因利乘便，必易得手。其／後路仍應留在平壤／。

一、倭既虜韓王，志必不僅此而已。臺灣無人，非常／可慮，倉卒之間，似可即以唐替〔一〕，唐習於劉永福／，將來亦易浹洽也／。

注：

【一】陸本此句作「似可以唐代唐（邵）」，今據原件補正。「唐」，指臺灣巡撫唐景崧。這裏張謇似誤將邵友濂寫爲唐氏，本意應是以邵替唐。

現在必經以十萬營進蒔，鄙人約兼軍之政
鄙揚不甚爲壁，二三主稍管國利，宗使必易得手，其
後路仍經爲左平議
一隊兕虜，鄙之志必不僅此而已。台灣之無人，非常
可慮。三在專之間，似可即以麇諸產習於劉永福
將來亦易浹洽也

『〇六』張謇函［六月廿六日］

一、丁須速拔，仍令效力前鋒，戴罪自贖。李[一]本／勢利人，非鞭策不可，則調度乖方、接應失機／之罪，薄科其罰，亦應照東捻北竄故事，拔翎／褫褂。而爲聲勢計，仍以移駐威海較長／。若津防卒不得人，而即反用[二]李撫夷自重之計，姑留之津亦可。

一、淮軍俱東，津防略薄，他無可調之淮軍，亦不當／

注：

【一】「李」，指李鴻章。

【二】「反」，陸本脱，今據原件補正。

一丁須速拔，仍令效力於錄，戴罪自贖。李東揚於人非難，策亦可，則調度兼方，援應失機之冤，舊科其罰，亦應照東撫此亂，救了拔翊福謝，而為聲揚計，仍似移駐戎海校長五津防卒，亦乃人而即反用李捴象自重之計，然為之津亦可。

一淮軍但東津防勝舊，他無可調之淮軍，亦不當盡付淮軍也。湘劉募軍必易，若得帶兵北來╱，亦可稍分淮勢，而不起之何也╱？

一、重賞嚴罰，方可激勵將士，似須╱明諭及之。

一、豫籌續餉，若得假撥用╱慶典款，勞軍爲名，既足感動人心，亦可陰折╱。

委付淮軍也。湘劉募軍必屬孝侯帶兵，此來
三三面精於淮勢，而久不起之，何也？
一、重賞罰。方面嚴厲，將士仍須
明諭及之。
一、豫籌續饟等項，備撥用。
慶與設募軍為名，既足感動人心，又可陰折

虜計／。以上似均宜一時併發，以爲兵聲。若一／誤再誤，再來劫局益幻，下子益難，直有／割肉喂虎之勢，如何如何！

按：此函仍係附紙性質，前署日期「六月廿六日」，或是寫信的時間。《張謇日記》甲午六月廿七日記：「上常熟書。」（第三八一頁），似乎次日才呈送翁氏。

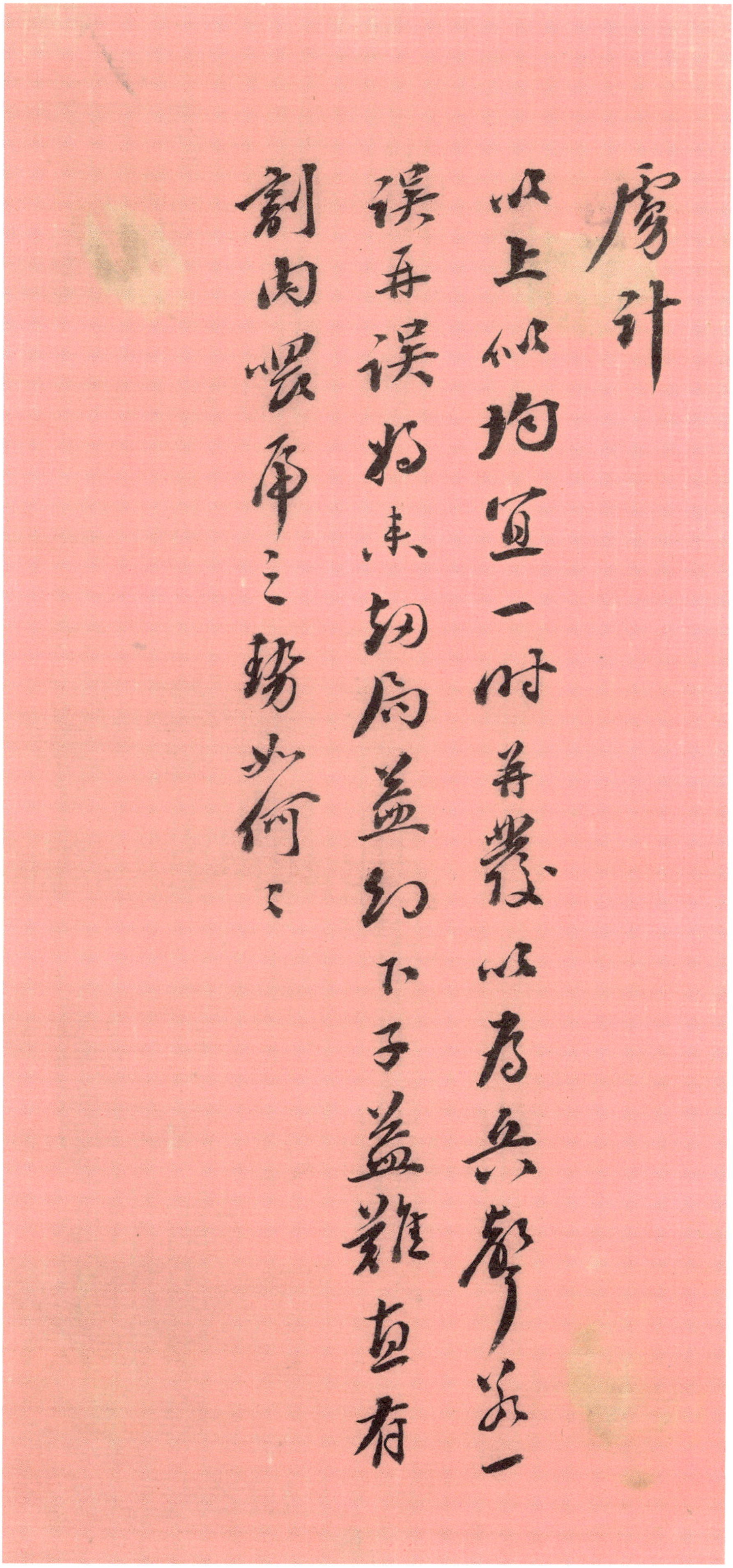

膠州

以上似拘宜一時并發，以為兵端矣。一

誤再誤，將來朝局益紛，下手益難。查有

割肉喂虎之勢，如何如何。

〖〇七〗張　謇函　〔六月廿七日〕

六月廿七日

考證昨聞，或不盡實，情形既異，應付宜殊，其部╱分之輕重先後，惟多算而慎持之，庶事有變幻，不致╱無措╱。

倭但囚王，而未虜去，則我兵仍宜速進，防倭之先占。駐大隊於╱平壤，以偏師駐韓京四五十里之内，深溝高壘，堅與相持╱，遙爲牙軍聲援，而時出奇兵，相機以攻略之，以能占╱

六月廿七日

奉諭昨閱或不盡實情形既異應付宜殊其部分之輕重先後惟多算而慎持之庶事有變可不致失措

倭但因王而未露之則我兵仍宜速進先占防倭之駐大隊於平壤以備師駐距彼四五十里之內深溝高壘堅與相持遙為牙軍聲援而時出奇兵相機以攻擊之以疲之

『〇七』張　謇函〔六月廿七日〕

地勢須居高臨下。爲上／。此次陸軍由鴨緑江口而不由大同江口，計程遠六七百里，計日遲十日，宜倭之侈矣。「濟遠」〔一〕既能鏖戰而回，當時戰狀，其管駕〔二〕方伯謙必能盡／悉，宜令李詳問以報，略嘉獎之。丁爲提督，何以并不／前往？此時李雖有令丁再去仁川之説，然亦太便宜／矣／。衛汝貴之軍，下不信服其上，頗慮倭人猝然犯之／，

注：

【一】「濟遠」，陸本誤作「儕遠」，今據原件改正。

【二】「管駕」，陸本作「管帶」，今據原件改正。

地勢雖下須居高為上　此次陸軍由鴨綠江口而不由大同江以計程遠六七百里計日遲十日宜備之備矣

鎮遠既能鏖戰而回當時戰狀其管駕方伯謙必能盡悉宜令李詳詢以艱敗素契之丁為提督何以並不前往此時李雖有令丁再至仁川之說殊亦太便宜矣

則此發之軍下不信服其上號令須人擇能之

〖〇七〗張謇函［六月廿七日］

其衆易潰。似衛不可[一]當前敵，宜令李就其軍選一＼爲下所服者率數營爲先鋒＼。

倭船鐵甲三艘，乃十八年後所購。而我軍之穿板＼鐵甲至受數百彈而未毀，可見水戰更不可無堅＼船利炮，而尤争下手之先。此次較損於倭者＼，倭鐵甲亦大創。我兵未有必戰之心，防之疏而應之遲，不得爲敗也＼。

注：

【一】「可」，陸本脱，今據原件補正。

世衆易潰似斷不可當前敵宜令李鈍甘軍退一為不敗衆者率數營為先鋒

倭船鐵甲三艘乃十六年所購而我軍之管帶鐵甲亟交英而彌而未毀而見此戰使不可無堅船利礮而尤爭呼吸之先速決殺換於倭者

亦大劍

倭鐵甲

我兵未有必戰之心防之疏而應之遲不得為敗也

【〇七】張　謇函　［六月廿七日］

法越之役，我兵一戰以後，遽爾議和，致成輕率〳，而李細[一]之易成若宿構者。此次宜以堅忍持之，庶將〳來和約吃虧略少〳。

海軍左右翼林、劉皆熟於水師事例而巧〳。頃始聞下旗而後戰者，西人無此例，中國恪守此說〳，不知所始。

按：此函仍屬附紙性質，寫於廿七日，應在將上次那些信送呈翁氏之後。據《張謇日記》甲午六月二十八日記：「上常熟書。」（第三八一頁）則此函於次日送交翁氏。

注：

【一】「細」，陸本脱，今據原件補正。

法越之役我亦一戰以後遂不識和致成輕率

而李鴻章之成易苟安前擇者此次宜以堅忍持之庶將

未知約要辭鮮少

海軍老者罷林劉皆熟於水師學術而巧

須姐閣下辭而從戰去西人善此術中國協守此說

不知所如

〖〇八〗張　謇函　〔七月初二日〕

七月初二日

聞陸戰一負一勝，負不必懼，勝不足喜也。此時似＼宜電購穿板鐵甲二艘，聞德廠有造成者，似一＼月可到。此於實事則爲將來海軍[一]游弋之資，於＼虛聲則示日本以不輕於和之勢。且及此借用＼慶典款事較易成，用亦歸實，能行似好＼。此時士大夫至於販夫走卒，爲直擣日本之説者居多，日人刺探不能無所聞，若再添購鐵甲，明無直擣之説而隱有，若作直擣之勢，或亦可知日人之心，俾不爲我海邊之擾。

注：

〔一〕「海軍」，陸本脱，今據原件補正。

七月初二日

閩陸戰一負一勝負不必懼勝不足喜也此時似
宜電購穹板鐵甲二艘聞德廠有造成者似一
月可到此於實事則為將來海軍游弋之須於
虛聲則示日本以不輕於和之勢且及此借用
舉典頗可挍易成用亦歸實餘行似好
直擣日本之說或未易日人刺探不能無所聞或再添購鐵甲所云
此時士大夫正於
題未查卒為
直擣之說而隱有或作直擣之勢或亦可制日人之心俾不為我海道之擾

〖〇八〗張　謇函　〔七月初二日〕

臺紳林維源，當法人滋事時，聞其遷運家貲〔一〕，去船／脚一二十萬元，此時似可令購鐵甲一號駐臺／，諭中即聲明爲國即保家之説／，殊恩重賞，所謂上出於口而無窮也，惟下亦須一善言／語人説之耳／。有治兵議，遲二三日録上，急切固不能行者也。

按：《張謇日記》甲午年七月初二日記：「上書常熟書。」（第三八一頁）

注：

【一】「家貲」，陸本脱，今據原件補正。

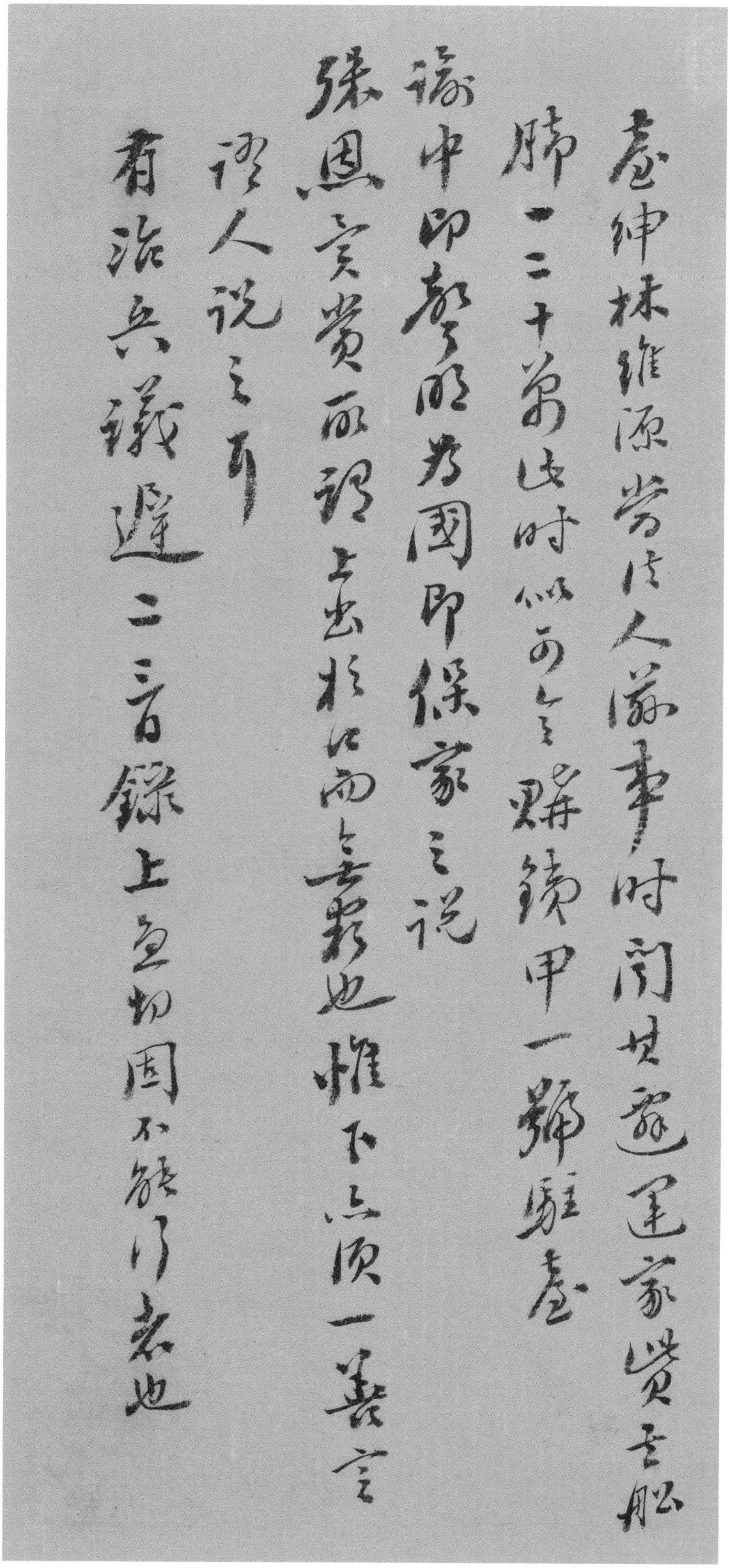

臺紳林維源嘗使人籌事時聞其遷運家貲去船
舶一二十萬戰時以為之辯鎮甲一歸駐臺
務中即教所為國即保家之說
張園實費取頭之出於江南之義也惟下亦須一長言之
請人說之耳
有治兵議選二三首錄上急切固不能行者也

〖〇九〗張謇函〔七月初三日〕

援軍遲發十日而又不由大同江進，此爲定計決戰∕後一大錯，然兵在津，錯故在津也。葉軍之勝，所謂∕死地生而危地存，而三千餘人之客勢，要不能當一∕萬餘人之主勢，爲葉軍目前計，祇有堅壁待援。凡∕倭人來攻者，炮力不及之候不發炮，槍刀不及之∕候不開槍，如從前多、鮑軍故事〔一〕，極危險以極安∕閑應之。其實不安閑亦無別法，但不知其用之何如耳。而爲援葉軍計，計義州∕至平壤五百餘里，十數日來，左、衛、豐、馬之軍當有∕

注：

〔一〕「多、鮑軍故事」，陸本作「鋌軍故事」，今據原件改正。按，「多、鮑軍」，指多隆多、鮑超，皆同治時期清軍鎮壓太平軍和捻軍的將領。

援軍遲發十日而又不由大同江進此為定計決戰
之一大錯然兵在津錯猶在津也葉軍之勝所謂
死地生而危地存而三千餘人之安危不能當一
萬餘人之主勢為葉軍目前計祇有堅壁待援凡
倭人來攻者敵力不及之地彼不發敵援力不及之
彼不闌援如從前每絕軍攻事趨危險以趨安
閫庭之其實不安閫亦乞別法但不知其用之何如耳而乃援葉軍計計義務
至平壤五百餘里十八日來左衛豐馬之軍當有

到者〔一〕，惟度平壤必已有倭兵〔二〕，必不能保無戰事＼。我軍喘息未定，勝負正不可知，必應選韓民爲導＼，并探倭狀。更番屯紮，步步爲營，節節前進。仍應添派張＼光前率三千人由大同江登陸＼，與旅順東西直對〔三〕，約八百餘里，能進兵否，旅順必能偵探。與左、衛、豐、馬軍合勢，一面分軍赴援，一面佔據平壤＼部分後路。要之，援軍日集則葉軍之膽壯而守志＼亦堅，暫闕糧餉，韓民必能接濟＼。以壬午事卜之，韓民於大軍所至，無不歡聲載路。所猶慮者，倭兵或更番輪戰，軍火不足耳＼。

注：

【一】「左、衛、豐、馬之軍當有到者」，陸本誤作「尚有到者」，茲據原件改正。「左、衛、豐、馬」，指左寶貴、衛汝貴、馬玉崑和豐升阿。豐升阿，字厚齋，隸滿洲正白旗，時任奉天盛字馬步練軍總統，奉命與左寶貴同率兵赴朝鮮援助。

【二】「必」，陸本脱，今據原件補正。

【三】「直」，陸本誤作「宜」，今據原件改正。

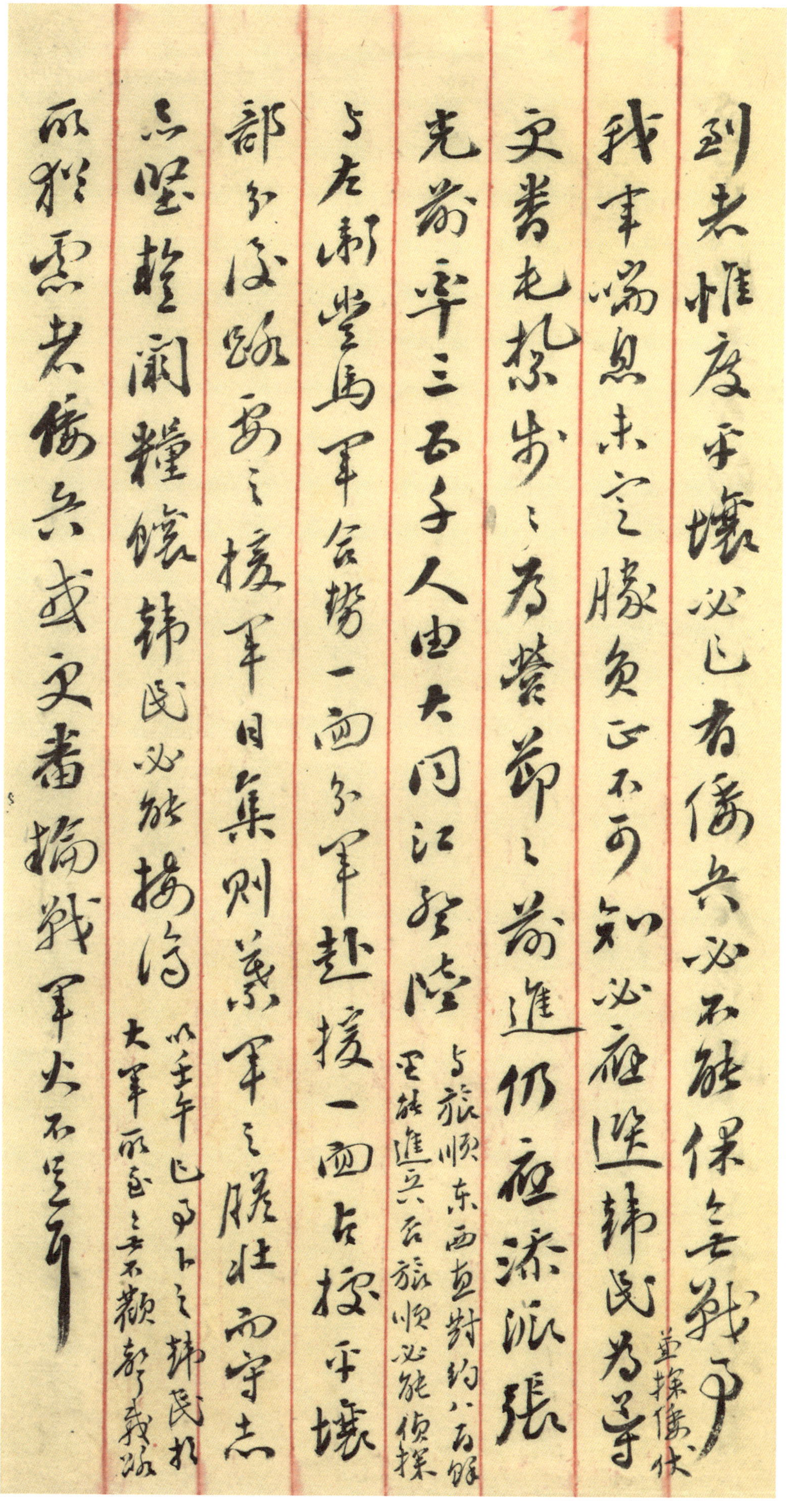
到者惟度平壤必已有備兵必不能保無戰事我軍喘息未定勝負正不可知必應從緯民爲導並探伏更番也孤懸步步爲營節節前進仍應添派張光前率三四千人由大同江登陸（與旅順東西直對約八百里至旅進兵旅順必能偵探）與左衛豐馬軍會攻一面分軍赴援一面占據平壤部分後路要之援軍日集則葉軍之膽壯而守志亦堅槍械糧餉緯民必能接濟（以壬午已事卜之緯民孔大軍所至無不歡欣郊迎）所慮者倭兵或更番擣戰軍火不足耳

〖〇九〗張　謇函　〔七月初三日〕

聞倭兵在平壤大同江口者尚不多，此必須以死力／争之，以全力守之，爲我軍內海饋餉、偵探休替／之後路。其東與大同江共一水者爲元山津，距對馬／島千里，恐倭兵不得於此而彼是圖，以掣我後路／。應俟後路部分略定，分三數營用西洋活炮臺／法并水雷、旱雷持守之。元山距平壤三百餘里／。諒山之捷書將至，天津之和約已成〔一〕，失算昧機，撤／兵喪地，聞當時軍士多有掩面號哭者。前車／

注：

〔一〕「諒山之捷書將至，天津之和約已成」，指甲申鎮南關大捷後李鴻章與法國簽訂條約事。

聞倭兵坐平壤大同江口者爲不多，此必須以死力爭之，以全力守之，爲我軍内海鎖鑰。偵探休稽之後路，貫东與大同江出一水者爲元山津，距對馬島千里，此倭兵不得於此而從是圖以擊我之後路，應俟從路部分駐定，分三路營，用西洋法礮台法，并收宜早宜請守之。元山距平壤三百餘里。諒山之捷書將至天津，津和約已成，失算昧機，撤兵裹地。聞當時軍士多有捲西歸笑太前車

〔〇九〕張謇函〔七月初三日〕

之覆，後車之鑒也。此次津意亦何嘗欲戰，迫於／上旨，而倭人故又輕躁，致不能圓成津局，此津之不幸／。然津之玩京朝官也已熟矣，以爲京朝官遲回却顧／，至發一／明諭而智已無餘，而兵柄在彼，至發兵而能一戰，戰而／能一二勝而責已可謝。竊料津之爲和約稿，已／在其胸中矣，必襲越南故事，不賠兵費，讓實／地而剩虛名。夫不賠兵費者，所以俾京朝官强／

之寇遼東之鑒也此次津兵亦何嘗非戰退於
上方而倭人攻又輕躁致不能固戍津局此津之不守
於津之玩兵綱安也亦然矣以為兵綱安遲迴卻顧
正發一
所豫而智已無餘而兵柄在彼正發兵而能一戰戰而
能一二勝而責已不謝竊料津之為和約轉已
在其胸中矣必張我南坡事不賠兵費讓賓
地而賠兵費不賠兵費者所以俾兵綱安強

顏以謝／上，而得實辭名固西法之通義，倭人之所大願也。然區區／之意則以爲大不可，和必視我之時，我軍能大戰而／據漢京，日兵退出，則和之時也。和必有我之地。倭／改舊約，認明朝鮮係中國藩屬，英、德、美約皆有此語。倭衹／可與朝鮮通商，而駐兵保護，專歸中國，則和之／地也。否則，雖十戰而五勝負，相持極一年之久／，毋言忍也，倭豈能十戰而十勝，而又撦拄一年／

顧以論
上而何變發各國西法之通義倭人之所大願也然區區
之意則以為士不可和必視我之時我軍能大戰而
捷後氣自兵退出則和之時也和必有我之地倭
以舊約認明朝鮮係中國藩屬英德美俄約皆有此證倭祇
可與朝鮮通商而駐兵保護等歸中國則和之
地也否則雖十戰而五勝負相持極一年之久
毋寧忍也倭豈能十戰而十勝而又撐拄一年

〖〇九〗張 謇函 〔七月初三日〕

哉╲？

昌黎有言，「利害必明，無遺錙銖」，「有得有喪，勃╲然不釋，然後一決於書」，[一]爲書言之也，正可用之今╲日。今日之事，安得所謂先爲不可勝以待可勝╲，正當先爲可敗以求不敗耳。必須╲宮庭深明此意，乃爲根本之要╲。聞增購鐵甲，是游弋之事可望矣。不勝慶倖╲！七月初三日夜分。

按：此件所寫皆爲「治兵」內容，或謂上封信所言「治兵議」。

注：

〔一〕見韓愈《送高閑上人序》。韓愈本來是説張旭治草書之術，這裏借用表述應對外交和戰的謀略。

試

巴黎者言利害必明至遂錙銖者得有表勸
我不釋我以一使於盡為盡言之也正可用之今
日今日之事要得所理先為不可勝以待可勝
正當先為不可敗以救不敗耳必須
宮廷深明此意乃為根本之要
閱報購鐵甲足游弋之具可望矣不勝慶幸

七月初二日 [illegible]

『一〇』張　謇函　〔七月初四日〕

頃聞津以衛汝成[一]接應衛汝貴，此意尚合。惟於／朝鮮情形，不及張光前之熟耳／。張光前於漢京以南道路皆熟，韓人與熟者亦多。

前聞聶士成尚忠勇，今審勢不退，而力戰取勝／，固有效矣／。諭津時應問及之，俾疲玩者亦相觀而奮。似此人即可爲／丁將來之替，既有成效，而其人又能盡心，不虞林、劉／之不折服也。初四日。

按：此件寫於七月初四日，似乎與上一封初三日夜所寫的信，一併於這天早晨呈送翁氏。自六月二十一日拜晤翁氏後，張謇一直没有再往翁宅，而是致函傳達己見。七月初四日晚，翁同龢覆函云：「前後七函均銘泐，不佞止贊得百分一二耳。樂浪以東，步步荊棘，勢難長驅，牙軍殆哉！憂心如搗。元山檢地圖不得，極悶。論津語皆透骨，知此意者培、衡兩君也。客在座，草草奉覆，餘勿吝教。惟鑒。名頓首。初四晚。」（《翁松禪致張嗇庵手書》第十三件）函中所説「樂浪」，係西漢設置的郡，代指朝鮮；「培、衡」，指沈子培（曾植）、丁叔衡（立鈞）；「津」，北洋大臣駐地，借指李鴻章。從翁氏覆函及本書所見張謇信函原件看，從六月二十三日後，張氏總計上翁氏七函，討論韓事，各函均未署上款，亦未署名，都以附紙的形式積極「獻策」。

注：

【一】衛汝成，安徽合肥人，衛汝貴之弟，淮軍將領。

頃聞津以衛必戍接應衛必與此合當合惟於
紳解情形不及張君之熟耳　張君於北洋京以面　述政皆熟鄙人亦熟
老亦多
前聞嘉土戍出忠勇令審勢不退而力戰取勝
固有殺矣
諭應（津此）同及之仰欽玩者亦相觀而傳似此人即不為
可將來之諸將者成殺而其人不能老心不虞林倒
之不折服也
謇

【一一】張　謇函〔七月初四日未刻〕

昨元山與大同江東西一水之説，乃以所記憶言之／。頃得天津局刻朝鮮圖證之，元山祇陸路通平壤／，約三百五十里，至漢京五百七八十里，此不足慮其／分掣，可不必分兵防守。將來如駐兵善後，仍須防守。大同在平壤／西南，尾與黄海道月塘江合，往時偵探者統名之／曰大同江。江外三四十里有許沙浦，倭人意必於此設／防，若倭猶未據，我軍即可據此以規進取，將來／守口兵船亦宜據此也。圖并呈／覽。初四日未刻上。

按：此函寫於七月初四日下午未刻，爲本日所寫第二封信。寫此信時，還未接到上函所引翁氏回信。詳見下函按語。

非元山与大同江东西一水之说乃以所记忆言之顷得天津局刻朝鲜图证之元山祗陆路通平壤约三百五六十里至汉城五百七八十里此不足虑耳分击可不必分兵防守（将来如驻兵善后仍须防守）大同在平壤西南尾与黄海道月塘江合注时侦探者统名之曰大同江注外三四十里有许沙浦倭人意必于此设防如倭兵未据我军即可据此以规进取将来守口兵船亦宜据此也图并呈

〖一一二〗張　謇函〔七月初四日戌刻〕

奉／賜答，爲不怡久之。然我軍若陸路能得平壤，水／路能得大同江，則倭必奪氣，而我軍之進取／有機，自須有一番苦戰，而所争祇此箭筈之／鋒耳。我軍既渡海，能反顧哉／？

大同江口若倭勢已重，續進之兵或折而南，由／黄海道長淵縣登陸進發，先據海州，次據開／

覽　初四日未刻上

奉

賜答爲不怡久之結我軍若陸路能得平壤水路能得大同江則倭必奪氣而我軍之進取有壘棧自須有一番苦戰而取爭祗此前箸之鋒耳我軍既渡海能反顧哉大同江口若倭勢已垂殘進之兵或折而南由黃海道長淵登陸進發先援海州次援開

【一一二】張　謇函〔七月初四日戌刻〕

城。長淵至漢京五百二十里，較平壤近三十里／，大同口至平壤亦百餘里，合之近百四五十里。在大同、仁川之間，越浿水南百／七八十里矣。海州故有牧使，開城故有留守，皆／有城可據。抑或在長淵南館梁浦亦可。館梁／者，江南山東漁船魚汛時聚泊之所，昔曾有山／東漁船失事於此，而軍中送之歸者，故猶能憶／之。却仍須暫留一二兵船綴於大同江口外，以掣其／阻我分道進兵之路，而亦遙爲平壤軍之／

城長淵至漢京五百二十里較平壤近三十里（大同口至平壤亦百餘里合之近百四五十里）在大同仁川之間越洞水南百七八十里矣海州城有牧使開城城有留守皆有城可據抑或在長淵南館梁浦亦可館梁者江南山東漁船魚汛時群泊之所昔有山東漁船失事於此而軍中送之歸者故程能憶之卻仍須（暨）為一二兵船綴於大同江口外以掣其阻我分道進兵之路而亦遥為平壤軍之

【一一二】張 謇函〔七月初四日戌刻〕

聲援，此急救牙軍之一策也∕。能以倭毀英船激英，以德救我兵親德，商借其∕船，接躋〔一〕牙軍糧餉軍火否？由北洋啖以重利∕，或者可行。此事似公法所禁，而他國與中國有∕事，似嘗有之∕。初四戌刻上。

按：該函是七月初四日張謇寫給翁氏的第三封信，時間是晚上戌刻，應是接到翁氏覆函後所寫，故有起首有「奉賜答」一語。該信是接續第二封寫的，箋紙上內容相連。故可以斷定，翁氏是日晚覆函時，祇看到這天的第一封信。至於後兩封信何時被送到翁宅，時間不詳，翁、張日記中均未言及。

注：

【一】「接躋」，陸本作「接濟」，今據原件改正。

聲援此急救平軍之一策也
能以僞毀英船假英以德械錢兵親德商借貸
船擔運平軍糧械軍火若由北洋啗以重利
或者可行此事似公法所禁而他國與中國有
事似嘗有之

初四日戌刻上

【一一三】張謇函〔七月初十日〕

公州距京三百二十里，度距牙山不過二百里[一]，此必有韓／民爲導。公州有城有兵有糧，尚可小休而必招大敵，其水／出錦江，距口不遠。應益[二]調三數千人，商托英、德船，乘日不備／，駛至錦江口登陸，救援葉軍，叔蘅[三]所謂南洋船由錢江口者尚合。而資其糧／餉軍火，否則托英、德船，以錢雇用亦可。至錦江口姑將葉軍救出／。爲目前計，亦祇有此二策。而救而出之，不如添兵往援之／

注：

【一】「度距牙山不過二百里」，陸本脫，今據原件補正。

【二】「應益」，陸本脫，今據原件補正。

【三】丁立鈞，字叔衡，也作叔蘅。

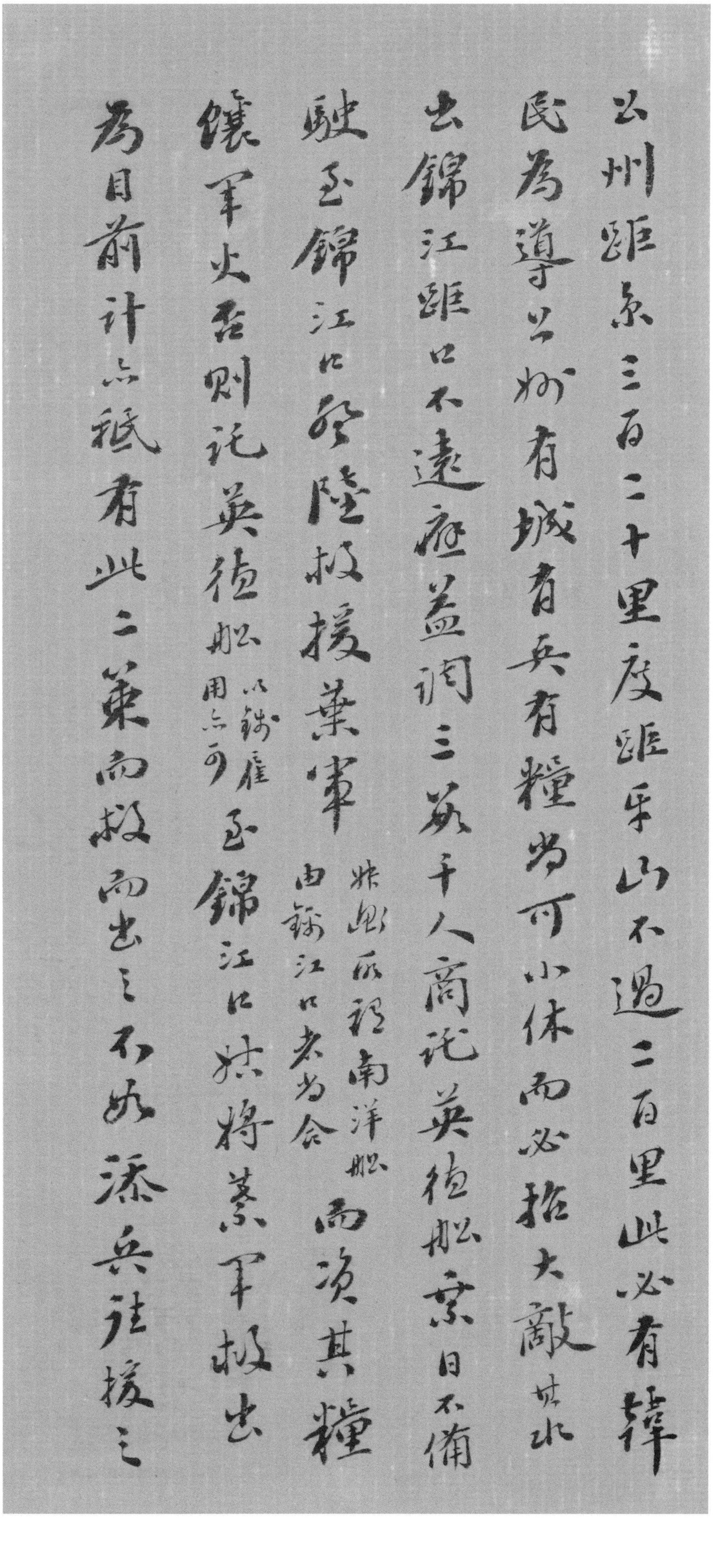

公州距京三百二十里度距平山不過二百里此必有韓
民為導公州有城有兵有糧尚可小休而必拾大敵其北
出錦江距口不遠應益調三營千人商託英德船京日不備
駛至錦江口登陸救援葉軍非郵所經南洋船由錦江口亦為合而資其糧
餉軍火急則託英德船以鐵崖用亦可至錦江口扶將葉軍救出
為目前計亦祇有此二策而救而出之不如添兵往援之

【一一三】張謇函〔七月初十日〕

爲得勢也。此時英、俄各有舉動，倭人漢京之兵、仁川╱之兵、大同之兵，必不敢撤，則其分而困我葉軍之兵必╱不能甚[一]多。安得戰艦三五艘，以重兵徑薄倭東京灣也╱?辦海軍十年，而臨事一無所[二]措手，欺罔誤國至於此，極╱欲得而食其肉矣╱。

倭之度支，必已不堪。國中議院必有變局，惜無能偵倭事者。必尚╱

注：

【一】「甚」，陸本脫，今據原件補正。

【二】「所」，陸本脫，今據原件補正。

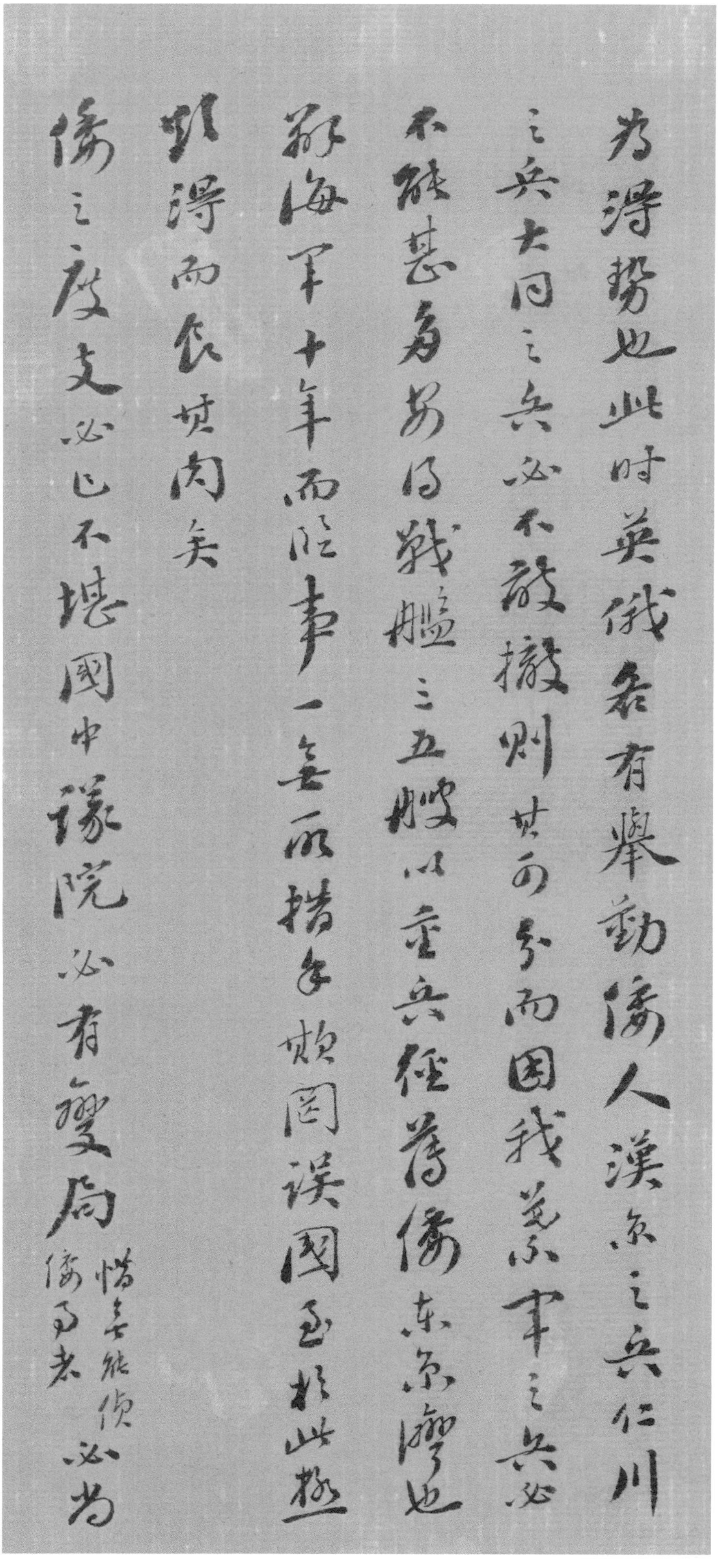

為得勢也此時英俄各有舉動倭人漢城之兵仁川之兵大同之兵必不敢撤則其可分而困我萬衆軍之兵必不能甚多苟得戰艦三五艘以重兵經營倭東京灣也那海軍十年而所事一無所措手頓困漢國至於此極非得而食其肉矣倭之度支必已不堪國中議院必有變局惜無能使倭師老必為

有一番恫喝之聲，以冀速和，必廣布奸民流言於都／下，以熒京朝官之耳目。此時除却堅持絶無他法，堅持／則可以懈敵人之氣而窺其瑕，堅持則以量[一]京津之／局而觀其變／。

壬午津謀[二]，委一垂敗之肉於衆狗，使不得專饜一狗之／飽，而我收虚名於局外，以爲旦夕之幸也。智短謀疏，釀／

注：

【一】「量」，陸本缺，今據原件補正。

【二】「壬午津謀」，指壬午李鴻章與伊藤博文關於朝鮮問題達成的協議。

有一番恫喝之聲以冀速和必廣布此說流言於都
下以熒惑綱官之耳目當時除卻堅持絕無他法堅持
則可以懈敵人之氣而窺其瑕堅持則可以量京津之
局而觀其變
去年津沽議款一垂敗之內於恩狗使不得專屬一狗之
能而我收虛名於局外以為旦夕之華也稍經議踐釀

【一三】張　謇函　［七月初十日］

成今日。今姑爲收局計，最下之下者，劃鴨緑江；下之下者/，劃大同江；下者又不如，即仍津謀，俾歸英、德、法、俄、美各國保/護，而中之與倭亦在各國之列，各占口岸，各設兵防，而中/國所猶應以全力争者，則必占大同江口也/。俄占元山，倭占釜山，英占仁川，德、法、美分占鬱陵、巨文、□江、長淵、館梁。英、法我仇也，俄、倭我近災也，此外[一]各國亦孰不有利[二]中國之心/，

注：

【一】「此外」，陸本脱，今據原件補正。

【二】「利」，陸本脱，今據原件補正。

成。今日今姑為收局計，最上之上者劃鴨綠江，下之下者劃大同江。下者又不如，即仍津議，俾歸英、德、法、俄、美五國保護，而中之與倭，亦在五國之列，各占口岸，設兵防，而中國所控扼以全力爭者，則必占大同江口也。俄占元山，倭占釜山，英占仁川，德、法、美各占鬱陵、巨文、綠江、長淵、鎮東。英、法，我讎也；俄、倭，我近寇也。此外五國，亦孰不有利中國之心

【一·三】張謇函［七月初十日］

則其所爲親我愛我者，非我可恃以爲自立之道也／。然萬變蜂午之會，我不可不早尋[一]一猶可相藉之地以／駐足。綜觀西局，英之防俄，十倍於我之防倭，則英於／今日，其必有引近中國之心，勢迫之也。而英國必不遽焉／助中以制倭。倭則無賴之潑皮，中則破落之大户。自／守則收合餘燼，大户猶遠勝於潑皮，創鬭則輕進／

注：

【一】此句，陸本作「我亦可示早尋」，誤，且有脱字，今據原件改補。

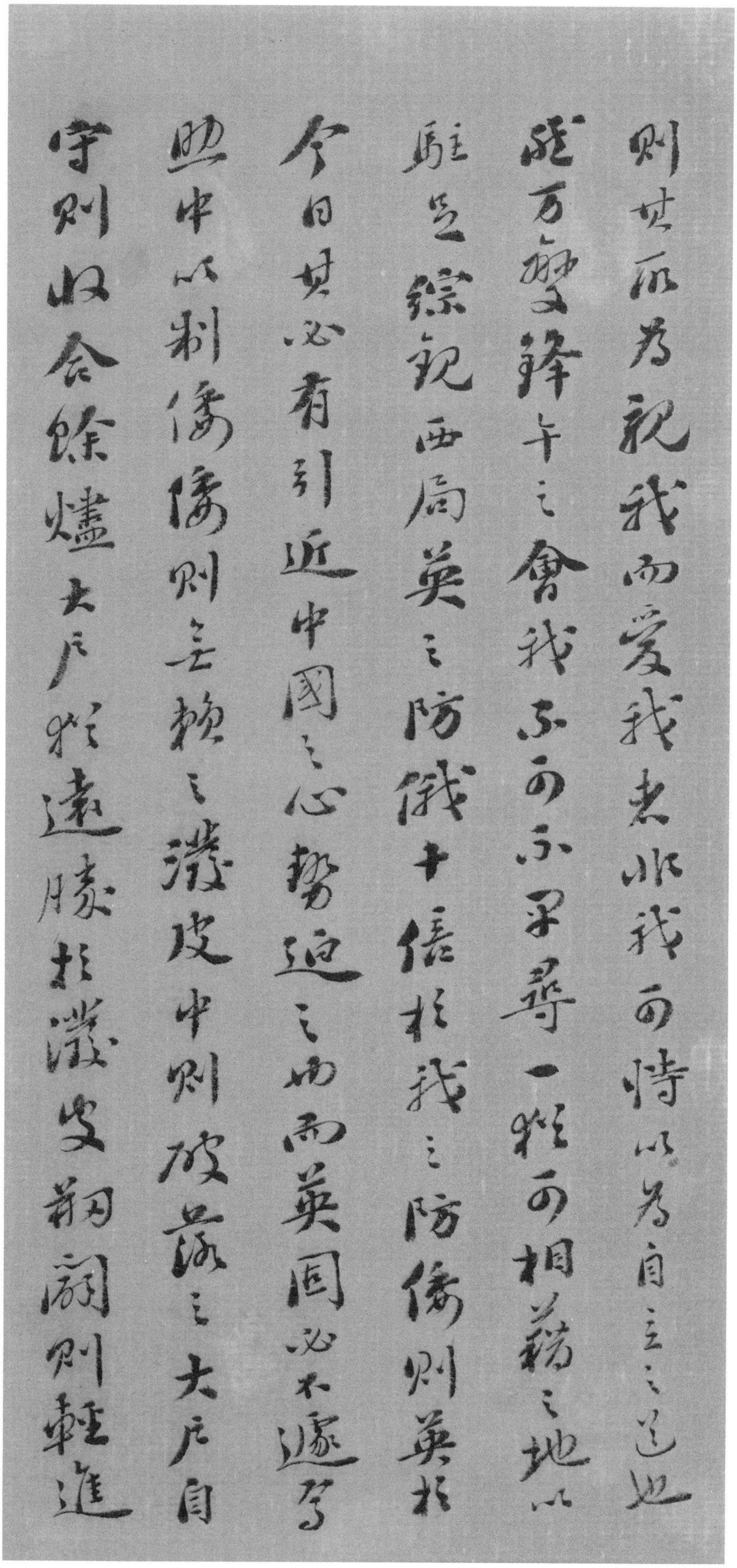

則其所為親我而愛我者非我而恃以為自立之道也雖萬變蜂午之會我不可不尋一將可相藉之地以駐足綜觀西局英之防俄十倍於我之防倭則英於今日其必有引近中國之心勢迫之也而英固必不遽為與中以制倭倭則無賴之殘寇中則破敗之大局自守則收合餘燼大局於遠勝於殘寇翱翔則輕進

敢爲，潑皮豈甘等類於大户！是助中則中無氣而／不足與有爲，制倭則又懼倭之折而附俄，而傅虎以翼／也。然則爲英計，以毀「高陞」爲名，脅倭以兵占仁川，設炮／臺，爲口岸而已。就中國今日之勢，而苟不奮，焉爲補牢／之計？竊恐一二十年後，將爲朝鮮之續，聽各國保護／矣。則與其信近災不可測之俄，毋寧聯仇而遠而猶／

敵為殲定豈甘等類於大局是明中則中之無氣而
旁皇與有為制俄則又懼俄之報而附俄而傅虎以翼
也然則為英計以高陸〔麗〕為名脅俄以兵占仁川設礮
台為以保而已就中國今日之勢而論不籌高為福宗
之計竊恐二十年後將為朝鮮之續隨各國保護
矣則與其倚之變不可測之俄毋寧經營而遠而難

有聯我之意之英矣。仁川與大同近也，劫棋豈有〳萬全，權兩害而擇其輕者，可乎〳？朝局陰陽，疑戰尚不能一，安問境外？率此以往〳，不知稅駕之所〔一〕矣。如何如何〳！七月十日三更。

按：《翁同龢日記》甲午七月初九日：「張季直、丁叔衡同來。」（第六卷，第二七六一頁）次日，張氏又有所感，故致函表達，即此信。十一日，翁氏覆函云：「觀君下策，不勝累欷。今且勿爲收子計，其爲應著計。昨日卯，彼以二十一艦撲威遠，無所得，轉而成山，又試而東南，今早撲旅順。此傳聞，却確。入我堂奥，遠則斷鴨綠，窺瀹關，近則逼津沽，而我陸軍則單薄，疲極，如何如何？日内必有一突，泄泄夢夢，又將如何也。名頓首。十一申。」（《翁松禪致張嗇庵手書》第五件）

注：

【一】「稅駕」，本意是解駕、停車；「稅駕之所」，即官員解職後的居處。

有似我之意之英矣仁川与大同近必翔楚豈有萬全權而實而擇其輕者而平斯局陰陽皆我当示臉一安间境外辛此以訖不知祝駕之戚矣如何如何

七月十日三更

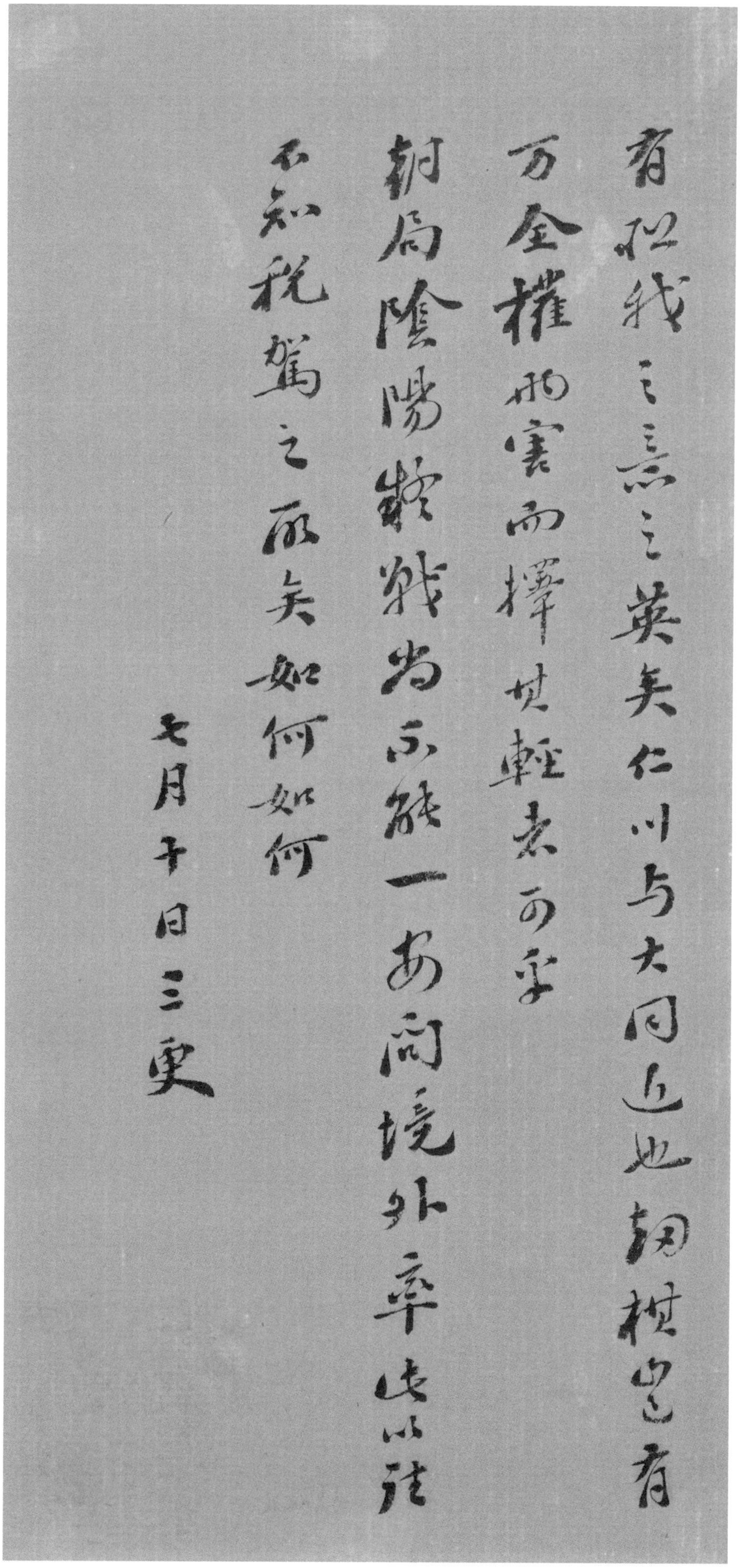

一四　張謇函［七月十二日二更］

前聞倭有重兵在大同，即慮必有撲犯旅順〳之事。不知旅順、威海、大沽，何以水雷、魚雷全無〳豫備？醉生夢死，將奈之何！六艦又何往矣？可怪〳！倭艦不盡可戰，其聯二十二艘來犯者，一示不因前〳有毀船而餒，一即前説游弋之意，而倭能用之〳。大半用意在虛聲。

前聞倭有重兵在大同，即慮必有撲犯旅順之事。不知旅順、威海、大沽何以水雷、魚雷全無豫備，醉生夢死，將奈之何。六艦又何往矣，可怪。倭艦不盡可戰，其餘二十二艘未犯者，一示不因前有毀船而餒，一即前說游弋之意，而倭能用之。

大半用意在虛聲

一四　張　謇函〔七月十二日二更〕

倭不可謂無人。倭能布遠勢而我并無近防〻，奈何〻！庚申北塘之覆轍〔一〕，須時時提醒夢中諸人，尤〻宜戒津嚴備堅持〻。陳湜起行有日否？七月十二日二更。

按：本函是張謇收到上引翁氏十一日申時覆函後所寫，雖署「七月十二日二更」，實則寫於十一日深夜凌晨間。十二日翁氏收到後，又覆函云：「聞牙山二十八日一軍皆殲，彼以數艦襲我甲仗，唱凱而歸。此友人書言之，官電無一字也。平壤後路亦殊可慮，衹一營兩旗分置定宣，豈非兒戲？渝關空虛，處處便於登陸，倭此來不僅虛聲也。湘陳安能即來？根本之計，日夕籌此至熟也。旅順一見尚無續耗。名頓首。十二日申正。」（《翁松禪致張嗇庵手書》第六件）函中「湘陳」，指陳湜。

注：

〔一〕「庚申北塘之覆轍」，即咸豐十年庚申六月英法聯軍在天津北塘登陸，塘沽、大沽炮臺相繼失陷，清廷被迫簽訂和約之事。

倭不可謂無人倭能布遠勢而我並無近防奈何

庚申北塘之覆轍須時時提醒夢中諸人尤宜戒津嚴備堅持

陳湜起行有日否

七月十二日二更

丁不能拔，即已；如其可拔，須極密，毋令有他／虞也／。七艦查《中樞備覽》〔一〕之數。既不能援葉軍，又不能游弋中東／海面，豈不能守渤海，與旅順、大沽炮臺相輔，爲渝／關〔二〕外蔽耶？陸路亦應早佈置，尤宜派船巡緝漢奸，至要至要！十二日申刻。

注：

【一】《中樞備覽》，清代武職官員名録，分春、夏、秋、冬四季，每季出一册，與《縉紳録》《爵秩全函》等，都是民間藉以瞭解官員任職情況的參考物。

【二】「渝關」，即榆關。

丁不能拔即已如其可拔須極塞毋令有他虞也

七艦查中樞備覽之矣既不能援葉軍又不能游弋中東海面豈不能守渤海與旅順大沽礮台相輔為渝關外嚴匪陸路亦應早布置尤宜派船巡緝漢

蘇丞弟弟

十二日申刻

〖一五〗張　謇函　〔七月十二日申刻〕

同治朝軍務，樞廷嘗問軍前戰狀，及詰其╱奏報與情形不合之處，今何并此而無之╱？

海氛如此╱，禧聖〔一〕盡知之否？此根本之計也╱。

按：是函當爲接到上引翁氏十二日申正覆函後所寫，對於李鴻章不及時向朝廷如實奏報戰況（即翁氏所言「官電無一字」）提出批評。

注：

〔一〕「禧聖」，指慈禧。

同治間軍務樞廷嘗問軍前戰狀及詰其奏報與情形不合之處今何並此而無之

海氣如此

禧聖盡知之否此根本之計也

【一六】張謇函［七月十四日］

海疆有事，江南尤重，督撫必有理幹之人，奎[一]之望／實實不能當，裁可當皖耳。如能以皖李[二]易吳奎／，於吳中全局有事無事皆有益／。

倭於江、浙、天津，皆托别國購糧，其數聞甚巨，應／電南北洋知照各國洋商，中倭既有戰事，煤、米、軍／械一例封禁，能截斷此路大宗，小小漢奸之所／

注：

【一】「奎」，奎俊，字樂峰，隸滿洲正白旗，時任江蘇巡撫。

【二】「皖李」，指兩廣總督李瀚章；「吳奎」，指江蘇巡撫奎俊。

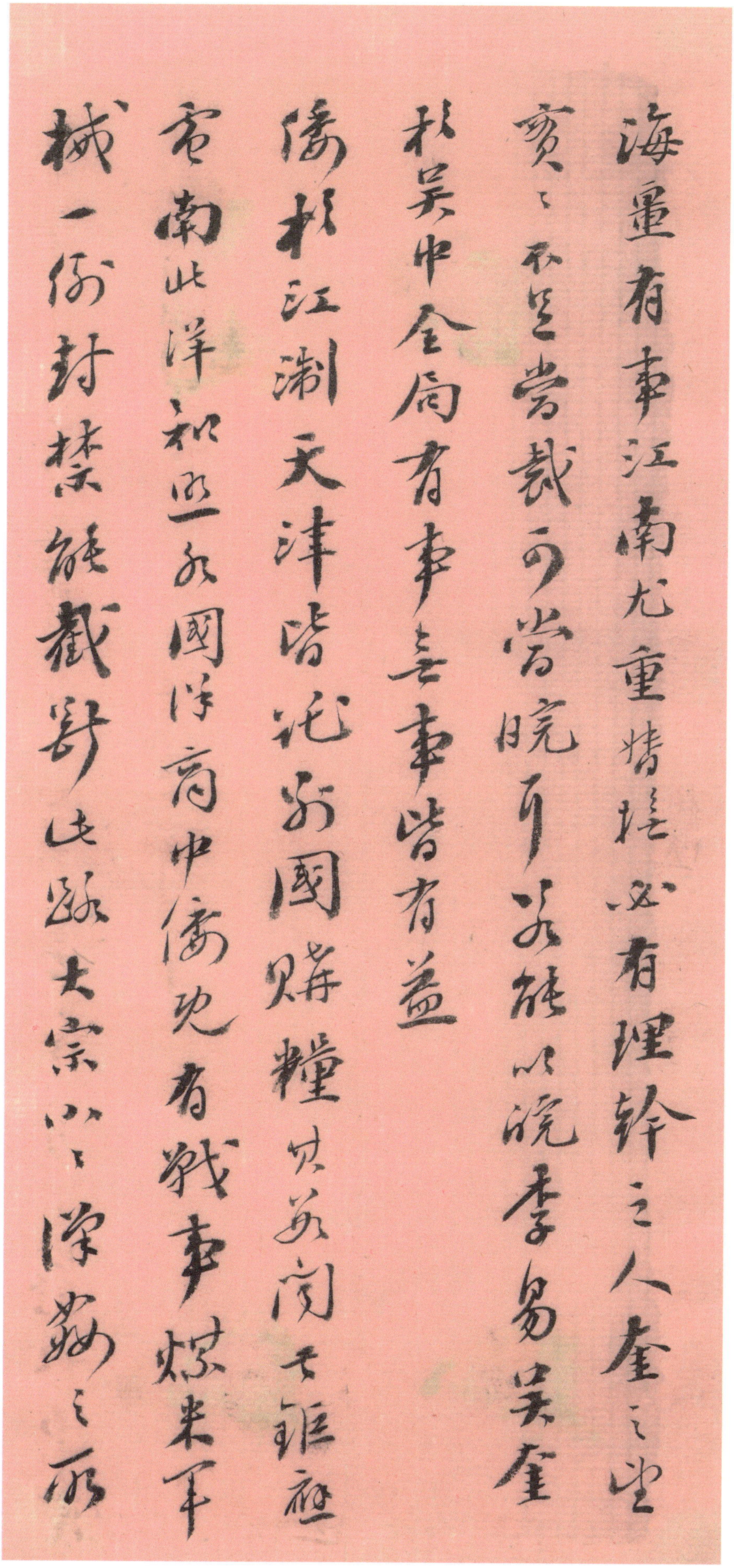

海疆有事江南尤重措注必有理幹之人奎之望
實ゝ不足當裁可當皖耳若能以皖李易吳奎
於吳中全局有事無事皆有益
倭於江浙天津皆託外國購糧其英美之鉅艇
宜南北洋知照各國洋商中倭既有戰事煤米軍
械一例封禁能截對此路大宗以ゝ漕蘇之所

〔一六〕張　謇函〔七月十四日〕

爲尚不足慮。但亦須電各督撫，嚴飭可靠水師營／哨官率領炮船沿江邏緝耳／。濱江南北必應有距水四五十丈、高八尺、闊二丈之堤／。漲岸須距水遠，坍岸須距水近。無事以之捍潮防災，有事以之藏兵禦敵。但須／不甚壞之地方官，甚不壞之紳士督民爲之。日内擬設法／留通牧〔一〕，通牧頗强敏也。外二訊仍求擲還。七月十四日。

按：是日，翁氏接到該函，覆函云：「米北開南禁，且欲開南禁，南未之許也。封豕誠可易長庚，但恐此星照別處。范公堤一時辦不到，兩函奉繳，童昏可憎。不一。通爲誰，未詳。名頓首。十四日。」（《翁松禪致張啬庵手書》第七件）《史記·天官書》中有「奎曰封豕」之說，「封豕」爲奎宿的別稱，這裏代指當時的江蘇巡撫奎俊。「長庚」，古代別稱金星，即太白金星，結合張謇所指，轉借李太白之意，代指李鴻章之兄李瀚章。

注：

〔一〕「通牧」，即通州知州。「牧」，知州的別稱。

為尚無意，但亦須覓取精捷巡舫可靠水師營哨官率領礮船沿江邏緝耳。濱江南北必極有距水四五十丈、高八尺、闊二丈之隄（漲府須距水遠，坍府須距水近），無事以之捍湖防，實有事以之藏兵禦敵。但須不甚壞之地方官、甚不壞之紳士精民爲之，日內擬設法商通牧，通牧頗強敏也。外二訊仍求擲還。

七月十四

〖一七〗丁立鈞函　［七月十四日］

夫子大人函丈：渤海之警，聞已嚴密佈置，當可＼無虞。今時大計，惟「堅定」二字最要亦最難，非獨＼立不回不足以支拄大局。各口守備向以山海爲最＼弱，且地勢曠衍，非得馬隊勁旅聯絡策應，不足＼以資堵禦。計現時可調而最近者，莫如豫省防＼軍，未知昨日徵調之檄亦及此否？韓地軍事，葉耗有＼

夫子大人函丈：瀚海之警，聞已嚴密，布置當可無虞。今時大計惟堅定二字最要，亦最難，非獨主不回不足以支柱大局，名曰守備，向以山海為最弱，且地勢曠衍，非得馬隊勁旅聯絡策應不足以資堵禦。計現時可調而最近者莫如豫省防軍。未知昨日繳調之檄亦及此否。韓地軍事葉耗有

【一七】丁立鈞函 ［七月十四日］

而丁耗又無聞。平壤覆電以令威遨游海上，消／息久不通，是北洋大隊海軍當吃緊之時，置無用之地／，不太可怪耶？其尤奇者，中日開釁以後，倭人取我／開平煤而北洋不之禁。津令獲倭諜劉姓，已供／出倭擊英船，即係彼爲通信，而北洋不提審、不正法／，且聞有縱之之說，是何居心耶？恐此皆預爲款敵／

而丁耗又無聞平壤後當以全威遨遊海上消
息久不通是北洋大隊海軍當吃緊之時置無用之地
不太可怪耶其尤奇者中日開釁以後倭人取我
開平煤而北洋不之禁津令獲倭諜劉姓之供
出倭藉英船中作假商通信而北洋不提審不正法
且聞有縱之之說是何居心耶恐此皆豫有款敵

【一七】丁立鈞函　［七月十四日］

地步，陰謀詭密，不可不防。鈞杞憂妄談，伏希／鑒察是幸。

受業立鈞謹上。七月十四日。

再，亳人陳長慶係吳壯武部下，甲申年與袁觀察[一]共平／韓亂，頗著威聲。現自津來京，主於張遜之[二]處。鈞昨與晤談／，人極誠樸，熟於韓中近事及沿海各口情形，現其人爲姜桂／題[三]等軍營務處，一二三日內即行赴津，吾／師如願賜延接以擴見聞，請徑語遜之，飭令趨前，或由鈞處轉告／，伏候／裁酌。又啓。

注：

【一】「袁觀察」，即袁世凱。觀察，清代道員的别稱。

【二】張孝謙，號巽之，也作遜之，河南商城人，時任翰林院編修。

【三】姜桂題，字瀚卿，安徽亳州人。早年投入宋慶毅軍，累功升總兵。後隨宋慶駐防旅順，爲毅軍重要將領。

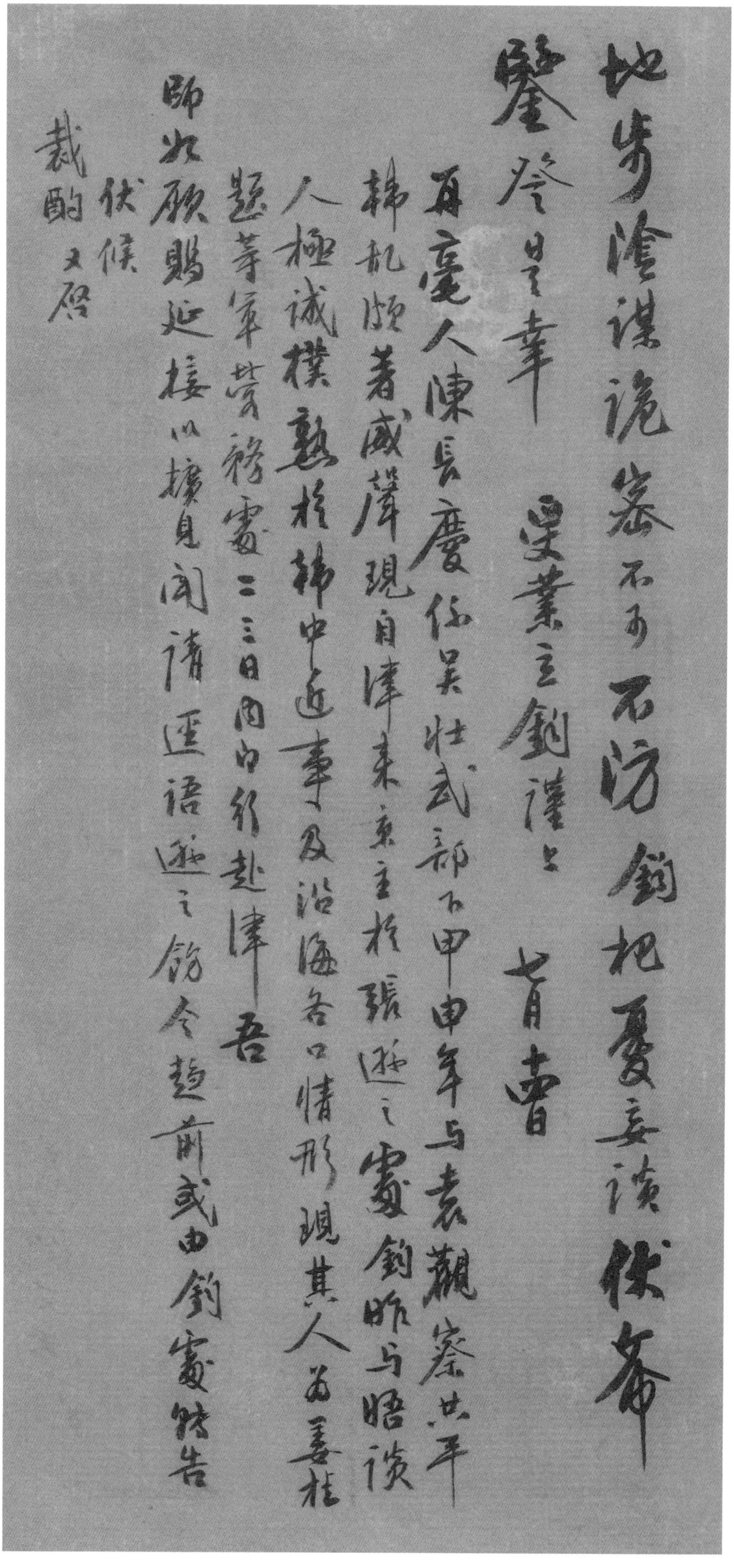

地步。滄謀詭密，不可不防。鈞杞憂妄讀，伏希
鑒察是幸。愚業主鈞謹上 七月書
再，庽人陳長慶係吳壯武部下，甲申年與袁觀察共平
韓亂，頗著威聲。現自津來京，主於張邈之寓。鈞昨與晤談，
人極誠樸，熟於韓中近事及沿海各口情形。現其人爲姜桂
題等營務處，二三日內即行赴津。吾
師如願賜延接以擴見聞，請逕語邈之，飭令趨前，或由鈞寓轉告。
伏候
裁酌。又啟

〖一八〗張　謇函　〔七月十五日〕

通州牧汪〔一〕，故紈絝而吏才殊長。并不識面，見其文告，其幕友亦佳。童世／兄〔二〕初任時不能了事，亦不要錢。再任益任意／。幕友、家丁亦壞。而童在京時，則無子弟之過，人真不易知。論人材，正／不宜設一格／。通牧汪以黠景將北來，昨擬設法留之，聞已將次京云。沿江大堤宜寬而不必甚高，若得好地方官率公正／耐勞紳士按地抽丁築之，亦不難。取土即在堤址／

注：

【一】「通州牧汪」，指通州直隸州知州汪樹堂，字劍星，浙江餘姚人，祖籍安徽歙縣，同治初年軍機大臣汪元方之子。

【二】「童世兄」，姓名待考，似是兩江總督劉坤一處候補官員，曾署理南通知州。

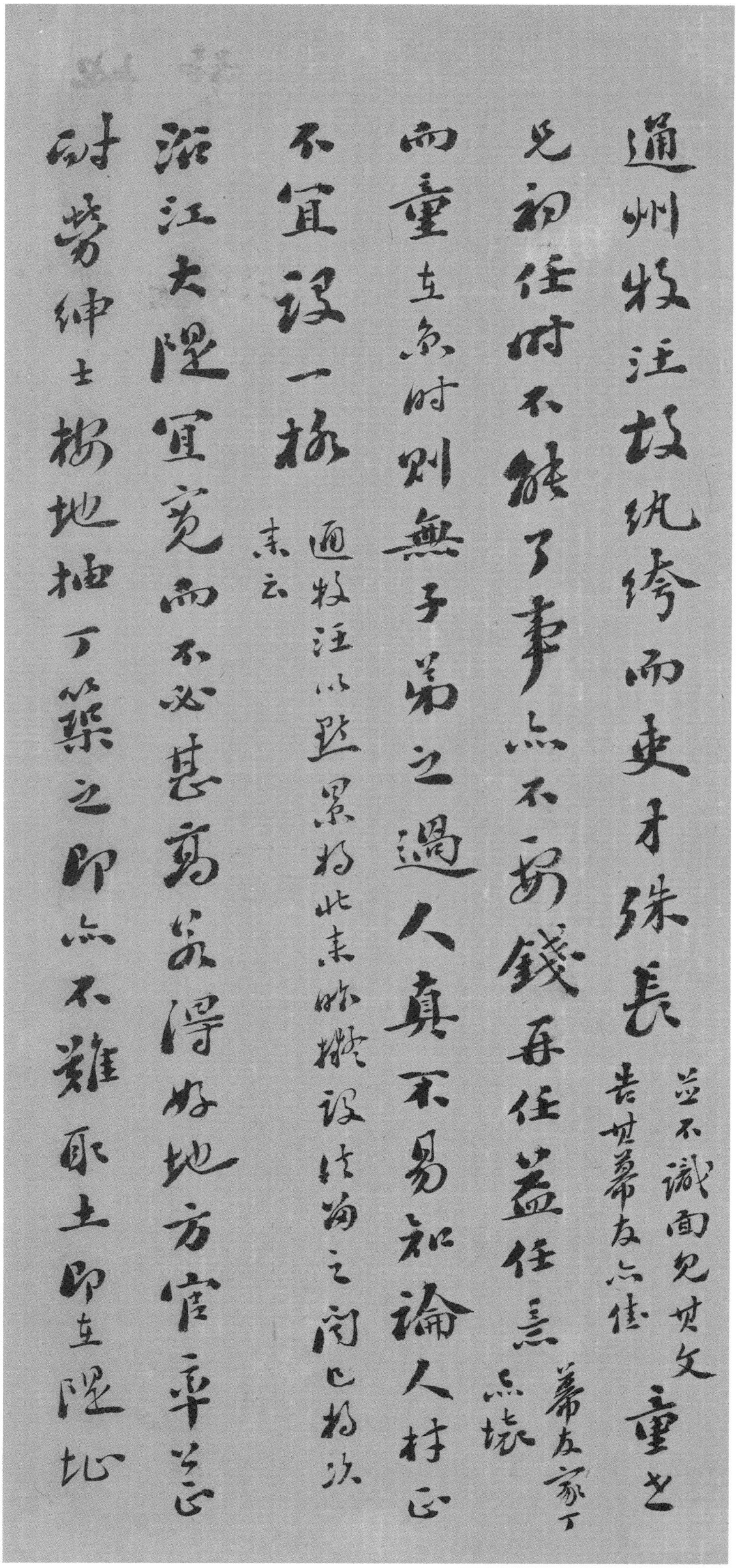

通州牧汪故紈袴而吏才殊長並不識面見其文告其幕友亦佳重之

兄初任時不能了事亦不要錢更任益任意幕友家丁亦壞

而童在京時則無子弟之過人真不易知論人材正

通牧汪以賠累得此來昨擬設法為之開已得次來云

不宜設一格

浙江大隄宜寬而不必甚高要得好地方官乃善

附勞紳士擲地抽丁築之即亦不難取土即在隄地

【一八】張謇函 〔七月十五日〕

外一丈，堤址内二三丈，因爲裏外壕制槍炮彈亦有／小用／。

就江輪綫路論江防扼要，吴淞第一，寶山、崇明／第二，白峁第三，通州蘆涇港第四，如皋周圩港第／五，泰興天興港第六。若鄉團防禦得宜，亦足以守／，但各處皆須有兵以部勒之，多則五百，少則三百。有槍炮以實之／。

外一丈隄址內二三丈因為裏外濠則椿礅彈亦有
小用
就江橋綫路論江防扼要吳淞第一寶山崇明
第二白茆第三通州第四泰興（蘆涇港）如皋周圩港第
五泰興天興港第六其鄉團防禦得宜亦足以守
但所要皆須有兵以部勒之（多則五百少則三百）有椿礅以實之

〔一八〕張謇函〔七月十五日〕

無洋槍則土抬槍最好，無大炮則中小劈山炮最好。吴淞、寶山本有營，崇明、通州有兵而少，白茆、如皋、泰興則無。城南大有丁已拔之説，而未見報。丁已有下落否？意／必在東省石槽、和尚、小平、羊頭諸島〔一〕間也／。漢城至釜山、元山路程摺、漢城至義州路摺未寄來。吴武壯〔二〕擬辦東事摺／底并奉上，或請抄録後發還。不全之件甚多，無從得矣／。斷倭接濟，想已有／

注：

〔一〕「島」，陸本誤作「岸」，今據原件改正。

〔二〕「吴壯武」，即吴長慶。

之浮棧則土棧棧家好之之大櫬則中小磐山磯家好吳淞狼山李有營
崇明通州有兵而少白節如華東興則之
城南大有丁巳拔之說而未見觀丁巳有不旅名之
必立東嶺不禮和為小平草頭話忽聞也
漢城至釜山元山經程捌
漢城至義州捌
捌未審末
吳武壯捌殉東捌
應并奉上或請抄錄並還不全之件七為之之從偏矣
對條接倚把巳有

【一八】張　謇函〔七月十五日〕

嚴切之諭。此真性命要著，必不容忽者也[一]╲。聞倭人有潛入吴淞炮臺以磺强水毁我炮者，已╲被擒獲，不知已斬梟否╲？津不戮奸細[二]，不禁煤、米，是和稿已成十之六七矣，非甘心賣國何╲？倭尚有留此之人[三]，電局三等電須設法查防，風聞不一╲，要須加意耳。寫奸者津軍械所書辦劉姓。十五日巳刻。

按：該函提及童世兄任通州牧及修築江堤等事。是日，翁氏覆函：「童再任不佳，隔江亦聞之，大堤未知能辦否？江防極要，聞佈置尚從容。津不戮奸，大奇，想南不至此。丁安能拔？日前報歸威。抄件遲日再繳。僕日來肝疾作，夜不寐，甚頓。名頓首。十五日。」

（《翁松禪致張嗇庵手書》第八件）

注：

【一】此句，陸本作「此要著必不要［可］忽者」，誤，且有脱字，今據原件改補。

【二】「細」，陸本脱，今據原件補正。

【三】此句，陸本作「非甘心賣國於倭，何尚有留此人」，今據原件補正。

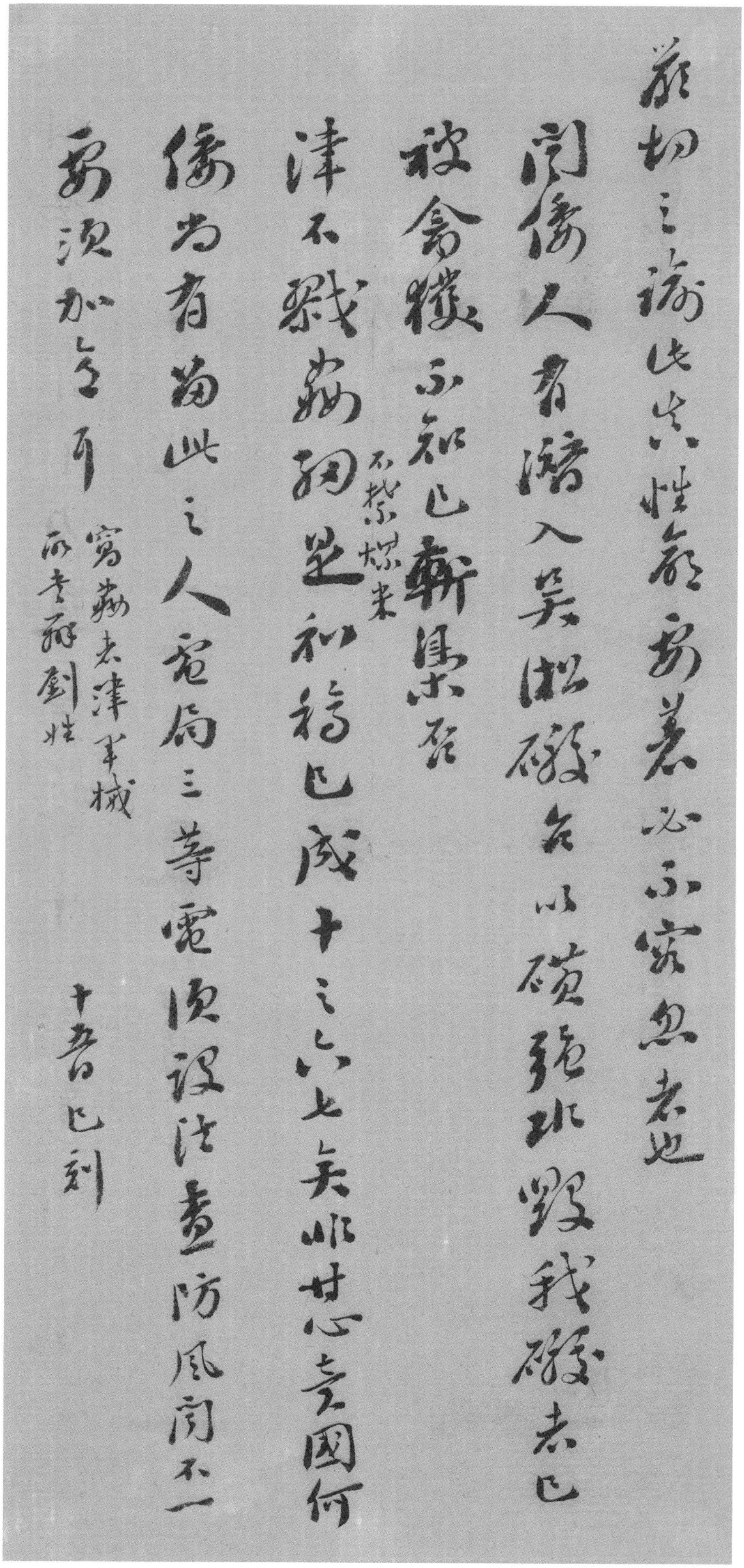

剴切之論此次姓蕭務甚必不容忽者也
聞倭人有潛入吳淞礮台以硝強水毀我礮者已
被拿獲不知已斬否
津不戮竊詢遂和約已成十之六七矣非甘心亡國何
不探探來
倭為有備此之人電局三等電須設法盡防風聞不一
務須加意耳
寄款去津軍械
所云雅劉姓
十七日巳刻

〖一九〗張　謇函〔七月廿一日〕

湘撫〔一〕之請自效，適與令津舉幫辦之説事會／相湊，豈有天耶？遂許之來，不安滋甚，豈獨目前／之可憂耶／？即以目前論，北來之後，一切漢奸將益得勢。聞孝穆案〔二〕上，今乃有東圖而朱規之者，且聞其有／上令每事必告會議、而會議者〔三〕推委之説，此殆白於人／云爾。然與前之力持和局者，其語異矣。願益堅持／、

注：

【一】「湘撫」，湖南巡撫，指吴大澂。

【二】「孝穆」，即遼代大臣蕭孝穆，外戚，淳欽皇后的弟弟。這裏借指珍妃之兄志鋭。七月十六日志鋭上摺嚴參孫毓汶，所謂「孝穆案」即指此事。

【三】「而會議者」，陸本脱，今據原件補正。

湘撫之請自劾適與今津舉幇辦之說事會相湊豈有天耶遂許之來不啻滋甚豈獨目前之可憂耶卽以目前論此來之後一切漢務將益乃撓

聞孝穆榮上今乃有東圖而未視之者且聞其有

上令每事必告會議而會議者推爲之說比殆向於人云爾孫與爲之力持和局若其說異矣頗益堅持

〖一九〗張　謇函　〔七月廿一日〕

以待變相／。葉、聶皆全，非常之幸，聞已至陽德。倭雖從元山／來，不能截也。平壤應以軍助葉、聶，分紮於平壤／之南，百里内外。以規進薄漢城之計。若再以葉、聶合屯，是以／萬八千人相視而坐老，甚非策也／。大同口倭兵多少，既無確耗，何以平壤軍〔一〕亦絶／

注：

〔一〕「軍」，陸本脱，今據原件補正。

以待變相
藥蒭皆全非常可笑聞已至陽德倭陸從元山
來不能截也平壤應以軍與葉軍分紮於平壤
之南百里以外以窺進薄漢城之計若再以葉軍合屯是以
萬八千人相視而坐老甚非策也
大同以倭兵多少既無確耗何以平壤軍亦絕

不分兵攻扼大同，疑津必有密授。丁所云大同口／至平壤徑路崎嶇，不便轉餉之説，此蓋掩其不敢／窺大同一步之詐，不可信。若論朝鮮地勢，岡巒／複疊，無處無山，安所得中國蕩蕩千百里之坦／途而行之耶？宜令平壤軍探實詳報／。津須益二萬人方可進戰之説，糞土也。試問倭何／

不予兵攻扼大同將津必有委授下所云大同以至平壤径路崎嶇不便轉餉之說此蓋據貞示政前大同一步之詐不可信矣論朝鮮地勢固然設壘在要在山而所得中國論之予為望之坦途而行之耶宜令平壤軍採實詳報津須益二万人方可進戰之說蓋與土也試問倭何

〔一九〕張謇函［七月廿一日］

如髮捻，而須八十營耶？直延宕以局和而已。總之／，我不能戰，戰不能再勝，必無可和之理，斷斷無疑／。孟子强爲善一言〔一〕，是今日安身立命處，正賴自／上而下，一二君子有咬釘嚼鐵之功，而惜乎其太／少也。文已沮却，如何／？七月廿一日二更。

按語：《張謇日記》七月十八日記：「見常熟，知朝局又變，可爲歎息痛恨於無窮矣。」廿一日又記：「叔衡、子封來談。書箴來談。」（第三八二頁）叔衡，即丁立鈞；子封，即沈曾桐，字子封，曾植之弟，翰林院編修；書箴，即蔣錫紳，字書箴，浙江烏程人。諸人所談皆與時局有關，深夜張氏又執筆寫此函致翁氏。

注：

【一】「孟子强爲善一言」，指《孟子·梁惠王》中「若夫成功，則天也。君如彼何哉？强爲善而已矣」一句。

如敵挺而須八十營耶直臣宜以局和而已揔之
我不能戰，戰不能再勝，必無可和之理，斷斷無疑
蓋子疆為善一言足今日安身立命之正賴自
上而下一二君子有斬釘截鐵之功而惜乎其太
少也文臣沮御史何

七月廿一日二更

【二〇】張謇函〔七月廿三日〕

「廣乙」林管帶聞在葉軍，此人出萬死之餘〳〵，宜詢問其下落而撫諭之〳〵。可特令先副不可拔之丁，[一]但必不可復問津耳。沈壽昌[二]宜特恤〳〵。

既有人彈「濟遠」事，亦宜確詢戰狀，能戰者勇〳〵丁亦宜超拔。此宜可不必仰津之頷矣〳〵。

注：

【一】此句，陸本作「可特令問不可拔之丁」，衍「問」字，脱「先副」二字，今據原件補正。

【二】沈壽昌，字清和，江蘇洋涇人，北洋艦隊「濟遠」號大副，甲午六月豐島海戰中殉職。

廣乙林管帶聞在葉軍此人也乃死之餘
宜詢問其下落而撫諭之
可特令先副不可拔
之丁但必不可復問津耳
沈壽昌宜特卹
既有人彈濟遠事亦宜確詢戰狀能戰者勇
丁亦宜超拔此宜可不必仰津之領矣

【二一〇】張　謇函　［七月廿三日］

昨晚歸寓，見旅軍探訊并圖件呈／覽，圖或乞重橅[一]件，或乞摘録。仍乞并前朝／鮮陸路程里、津局朝鮮圖遲日／賜還。若案上無津局圖，此件即請留存。其海軍提督下平壤下[二]云云，則淮／人説淮事，例也。實則淮人無服丁者／。另小條必須即行電飭，至要至要！夫子大人侍右，受業謇叩頭叩頭。

按：原函無日期。據《翁同龢日記》甲午七月二十四日記：「又覆張季直昨日書。此時清議大約責我不能博采群言，一掃時局，然非我所能及也。」（第六卷，第二七六六頁）翁日記中所謂「昨日書」，應即該函，故該信繫於七月廿三日。當時因時局危急，翁氏對清議言論也多摒棄不用。廿四日，閲過張氏信函的翁同龢覆函云：「葉等既集於平，當少休，進圖黄州以南。此前不入大同，今成畏途，雖指麾，庸我聽乎？許來者不能止，亦不足憂，堅持二字敬銘之，其他謝不敏矣。名頓首。」（《翁松禪致張嗇庵手書》，第九件）。從内容看，這封信是對張氏七月廿一日二更、廿三日兩函的一併回覆。此後翁張之間再無信函往來，八月初八日曾有一晤，直到平壤清軍敗訊傳來，九月十四日晚，張謇才又訪翁氏。是日翁氏日記云：「晚張季直來，危言聳論，聲淚交下矣。」（第六卷，第二七八二頁）在此期間，張謇於九月初七日曾上摺參劾李鴻章。

注：

【一】「橅」，通「摹」。

【二】「下」，陸本脱，今據原件補正。

昨晚歸寓見旅軍探訊并圖件呈
覽圖或乞重撫件或乞摘錄仍乞并前朝
鮮陸路程里津局朝鮮圖繕日
賜還（若案上無津局圖此件即請留存）其海軍提督下平壤下云云則淮
人說淮事例也實則淮人無服丁者（另小條必須即行電飭至要至要）
夫子大人侍右
受業謇叩頭叩頭

附録

主要人名索引

D

E

F

L

Z

主要參考書目

《近代史資料》總二八號，中國科學院近代史研究所編，中華書局，一九六三年版。
《中國近代史資料叢刊續編　中日戰爭》第一册，戚其章主編，中華書局，一九八九年版。
《中國近代史資料叢刊續編　中日戰爭》第六册，戚其章主編，中華書局，一九九三年版。
《中國近代史資料叢刊續編　中日戰爭》第十二册，戚其章主編，中華書局，一九九六年版。
《翁同龢日記》，翁萬戈編、翁以鈞校訂，中西書局，二〇一二年版。
《翁同龢集》（增訂本），謝俊美編，中華書局，二〇二一年版。
《翁同龢書札繫年考》，李紅英著，黄山書社，二〇一四年版。
《翁同龢書信箋釋》，趙平箋釋，中西書局，二〇一四年版。
《翁松禪致張嗇庵手書》，張氏扶海垞藏，民國石印本。
《松禪老人尺牘墨蹟》，高陽整理，臺北故宫博物院，一九七八年版。
《張蔭桓日記》（上下册），任青、馬忠文整理，中華書局，二〇一五年版。
《張謇日記》，李明勳、尤世瑋主編，上海辭書出版社，二〇一七年版。
《張謇日記箋注選存》，祁龍威著，廣陵書社，二〇〇七年版。
《李鴻章全集》，顧廷龍、戴逸主編，安徽教育出版社，二〇〇八年版。
《李鴻藻年譜》，李宗侗、劉鳳翰編，中華書局，二〇一四年版。
《那桐日記》（上下册），北京市檔案館編，新華出版社，二〇〇六年版。

《**近代史所藏清代名人稿本抄本**》第一輯，虞和平主編，大象出版社，二〇一一年版。
《**丁汝昌年谱**》，戚俊杰编著，山东大学出版社，二〇一六年版。
《**甲午戰争與翁同龢**》，常熟市人民政府、中國史學會合編，中國人民大學出版社，一九九五年版。
《**走近甲午**》，戚其章著，天津古籍出版社，二〇〇六年版。
《**龍旗飄揚的艦隊**》（上下册），姜鳴著，江蘇鳳凰文藝出版社，二〇二一年版。
《**光緒宣統兩朝上諭檔**》，中國第一歷史檔案館編，廣西師範大學出版社，一九九六年版。
《**淮系人物列傳——李鴻章家族成員·武職**》，馬昌華主编，黄山書社，一九九五年版。
《**甲午中日戰争人物傳**》，孫克復、關捷主编，黑龍江人民出版社，一九八四年版。
《**清季職官表（附人物録）**》，魏秀梅編，中華書局，二〇一三年版。

甲午時期翁同龢朋僚書札輯證

圖書在版編目（CIP）數據

甲午時期翁同龢朋僚書札輯證 / 馬忠文，
謝冬榮編著．— 北京：北京聯合出版公司，2023.7
（翁同龢舊藏名人尺牘輯證）
ISBN 978-7-5596-7123-3
Ⅰ．①甲… Ⅱ．①馬… ②謝… Ⅲ．①翁同龢
（1830-1904）－書信集 Ⅳ．①K827=52

中國國家版本館 CIP 數據核字（2023）第 122469 號

編 著 者：馬忠文 謝冬榮
出 品 人：趙紅仕
出版監製：劉 凱
封面題籤：朱育禮
特約編輯：張永奇
責任編輯：章 懿
整體設計：黃曉飛
出版發行：北京聯合出版有限責任公司
北京聯合天暢文化傳播有限公司
社 址：北京市西城區德外大街 83 號樓 9 層
郵 編：100088
電 話：（010）64243832
印 刷：北京富誠彩色印刷有限公司
開 本：880mm×1230mm 1/8
字 數：160 千字
印 張：58
版 次：2023 年 7 月第 1 版
印 次：2023 年 7 月第 1 次印刷
ISBN 978-7-5596-7123-3
定 價：680.00 元

文獻分社出品